KB265133

나는 세상이
원하는
물건이다—

나는 세상이 원하는 물건이다

초판 1쇄 발행 2013년 1월 11일

지 은 이 권혁유, 강자훈, 김경범, 김형민, 신용우, 윤형준
발 행 인 권선복
편 집 김정웅
디 자 인 김혜림
마 케 팅 서선교
전 자 책 박소은
발 행 처 도서출판 행복에너지
출판등록 제315-2011-000035호
주 소 (157-010) 서울특별시 강서구 화곡로 232
전 화 0505-613-6133
팩 스 0303-0799-1560
홈페이지 www.happybook.or.kr
이 메 일 ksb6133@naver.com

값 15,000 원
ISBN 978-89-97580-59-0   13300

도서출판 행복에너지는 독자 여러분의 아이디어와 원고 투고를 기다립니다. 책으로 만들기를 원하는 콘텐츠가 있으신 분은 이메일이나 홈페이지를 통해 간단한 기획서와 기획의도, 연락처 등을 보내주십시오. 행복에너지의 문은 언제나 활짝 열려 있습니다.

나는 세상이
원하는
물건이다—

김창배. 대학내일 마케팅 본부장

시중에는 대학생을 비롯한 청춘들에게 조언과 도움이 되고자 하는 책들이 즐비하다. 청춘들의 삶에 조금이나마 도움이 되고자 하는 저자들의 마음이 충분히 담겨있는 책들이 대부분이다. 자신의 경험에서 배운 교훈들을 후배들에게 들려주는 훌륭한 멘토의 역활을 하고 있다고 생각한다. 여기 여섯 명의 선배들이 들려주는 이야기도 그런 마음이 충분히 느껴지는 내용이다. 나 또한 대학내일에서 많은 대학생들을 만나고 있고 그들의 고민을 들을 기회가 많다. 300만 명의 대학생들에게는 공통된 고민이 있다. 졸업후에 뭐하면서 살아야 하나? 가 바로 그것이다. 어려서부터 위인전을 읽고 대학생이 되어서는 멘토와 롤모델을 찾고 인생의 밑그림을 그리기 시작한다. 스케치가 잘되면 색깔을 칠하기가 쉽지만 그렇지 않다면 어디에 어떤 색을 칠해야 하는지 고민이 될 수밖에 없다. 혹시나 내가 그리고 싶은 그림이 아니고 선생님에게 칭찬받기 위한 그림이거나 심사위원들에게 점수를 잘 받기 위한 그림이라면 감동을 주는 그림을 그리기는 어려울 것이다. 우리 인생도 마찬가지다. 사회가 정하고 있는 기준에 맞추거나 타인의 시선을 의식하면서 살아가는 방법은 감동이 없다. 성공보다는 감동을 느낄 수 있는 삶을 적극 권장한다. 누군가의 눈시울을 촉촉하게 할 수 있는, 신문의 구석 지면에 작은 미담으로 소개될 수 있는 삶을 목표로 살아가는 청년들이 많은 사회가 됐으면 하는 바람이다. 대기업 오너의 삶을 부러워하기 보다는 주변의 불의를 외면하고 있는 삶을 부끄러워 할 줄아는 청춘들이 많아지길 바란다. 여기 여섯 명의 청춘들은 지금까지의 인생처럼 앞으로도 우리 사회에서 부끄럽지 않은 당당한 청년으로 성장하기 바란다.

이인범. 평촌공업고등학교 교사

모르는 지역을 혼자 여행하게 되었을 때, 이미 그 여정을 돌아본 사람을 만나 함께 떠난다면 마음이 든든할 것입니다. 그는 자신이 이전에 걸었던 길에 대한 안내와 느낌을 수시로 말해 줄 것이며, 실수로 길을 잃었던 곳에 이르러서는 각별한 주의를 당부할 것입니다. 그가 들러보고 싶었던 길에 대한 아쉬움과 궁금함은 나의 여정에 또 다른 선택, 새로운 도전이 될 것이며, 설혹 그 경로를 선택하지 않는다 할지라도 그의 경험을 빌어 손익을 미리 따져 볼 수 있으므로 마음이 한결 편할 것입니다. 그가 여행을 위해 준비했던 자료는, 내가 준비한 자료에 더하여 좋은 안내서

가 되고, 이것은 뒤에 오는 사람들에게 소소한 유익과 기쁨이 될지도 모릅니다. 무엇보다 시간의 절약이 크겠습니다. 필요한 자료 찾느라고, 엉뚱한 길에 들어서서 헤매는 수고를 덜게 되므로 아껴진 힘을 또 다른 희망의 곳에 쓰게 되니 그 이득이 귀합니다. 진작 들었던 말이 생각납니다. 자기보다 다섯 살 많은 사람 5명과 사귐이 있다면, 인생에 큰 실패는 없다는 것입니다. 사회생활 이제 막 시작한 젊은이들의 자신들이 이룬 작은 성취에 관한 이야기는, 그 뒤를 잇는 꿈을 가진 분들에게 좋은 동행이 될 것으로 기대합니다.

송철기. 국립 경상대학교 기계공학부 교수

신문이나 방송에 '청년 실업' '일자리 창출' 등에 관한 내용이 사회적으로 이슈가 된 지도 꽤나 오래된 것 같습니다. 많은 학생들이 대학(university)에서 다양한(universal) 대학생활을 보내면서도, 한편으로는 졸업 후 취업을 위해 어학공부, 봉사활동, 동아리 활동, 캡스톤디자인 등 스펙 쌓기에 열중하고 있는 현실입니다.

대학 공부의 목표가 "취업"이 되어버린 지금, 취업에 성공한(?) 몇몇 청춘들이 모여 그들의 성공담을 한 책에 모았다고 합니다.

이 책을 통해 여러분과 비슷한 상황의 학생들이 어떻게 대학생활을 보냈고, 어떤 방향으로 취업을 준비했는지 충분히 느낄 수 있을 것입니다.

대학생활 동안 인생 목표를 세우고, 또 그 목표에 접근하는 노력을 얼마나 하느냐가 중요할 것입니다. 그 목표를 향해 가기 위하여 무엇을 준비해야 하고, 어떠한 경험을 쌓아야 하는지를 알아야합니다. 남들과 다른 조그만 그 무엇을 갖춘다면 그것이 나중에 자신만의 큰 경쟁력이 될 것이고, 다양한 인생을 더욱 맛나게 하는 양념이 되리라 생각합니다.

이 책을 읽는 모든 이들이 취업은 물론, 다양하고 멋진 대학생활을 즐길 수 있기를 바랍니다.

박희석. 홍익대학교 산업공학과 교수

저는 김형민 군의 대학 재학시절 지도교수로서, 금번에 출판하는 『나는 세상이 원하는 물건이다』의 추천사를 쓰게 되어 매우 기쁘게 생각합니다. 최근 침체된 글로벌 경제의 영향 등으로 인하여 우리나라의 경제사정이 악화되고 있고, 청년들에게는 취업이 가장 큰 인생의 관문이 되었습니다. 이에 『나는 세상이 원하는 물건이다』는 장래를 기획하는 모든 젊은이들이 귀담아 들어야 하는 이야기입니다.

김형민 군은 재학 중 학업에만 열중한 것이 아니라 인턴 등 다양한 대외활동을 하였으며, 여러 자격증을 취득하였고, 학술단체와 기업체에서 상을 받은 경력을 자랑하는, 그야말로 우리 사회가 탐낼 만한 우수한 젊은이입니다. 자신의 성공을 혼자만 누리는 것이 아니라, 그동안의 노력을 책으로 엮어 세상에 전달하고자 하는 노력을 칭찬하고 싶습니다.

『나는 세상이 원하는 물건이다』는 여타의 취업전문 서적이나 자기계발 서적들과는 달리, 진솔하고 독자와의 진정한 소통이 가능한 책입니다. 저자는 전문 저술가가 아닌 만큼, 이야기의 전개와 문장력은 다소 정제되지 않은 면이 있을지 모르나, 저자의 부단한 노력과 뜨거운 열정은 그러한 면을 덮고도 남습니다.

잔뜩 어깨가 쳐져 있는 우리나라 젊은이들의 앞날에 『나는 세상이 원하는 물건이다』가 기여할 바가 많을 것으로 확신하며, 본 책을 모든 청년들에게 추천하는 바입니다.

홍성한. 데일 카네기 코리아(Dale Carnegie Korea) 본부장

6명의 취업에 성공한 청년들이 취업을 준비하는 후배들을 위해 직접 시간을 투자하고, 책으로 만들어 내기까지 노력한 과정에 대해 일단 감동했습니다.

대학교를 다니면서 취업에 이르기까지 자신들이 경험했던 남다른 과정들이 있었기 때문에 책을 펴내는 과정도 잘 극복해 냈을 것 입니다.

저는 여러 번의 강의를 통해 많은 사람들의 변화를 직접 보고 경험했습니다. 6명의 지은이들의 경험과 생각이 잘 정리되어 있어 이 책을 읽는 독자들에게 좋은 변화를 이끌어 줄 수 있을 것입니다.

사람들은 관계를 통해 움직이고 관계를 발전시키기 위해 노력합니다. 이 책은 단순히 취업만을 위한 내용이 아닌 취업에 앞서 사람들과의 관계 형성과 그를 통한 개인의 성장 그리고 취업의 성공까지 이르는 내용을 담고 있습니다.

기존의 전문가들의 지침서가 아닌 선배의 입장에서 자신의 경험을 바탕으로 쉽게 풀어 쓴 책입니다. 6명의 젊은 청춘들이 취업에 이르는 과정을 편하게 읽다 보면, 여러분에게 새로운 자극

제로 다가와 취업을 위한 자신만의 계획을 세우는데 큰 도움이
될 것입니다.

취업은 인생의 한 과정입니다. 젊은 그대들은 할 수 있습니다!
건승하세요!

박성일. LG디스플레이 인재확보팀 과장
취업뿐 아니라 자신의 미래를 고민하는 청춘들에게 추천합니다!

작게는 눈앞에 닥친 취업 문제로, 크게는 취업을 비롯한 자신
의 인생을 고민하는 청춘들에게 추천합니다. 기성세대의 눈높이
와 경험에 맞춘 조언과 가이드 제시가 아닌 여러분들과 똑같은 과
정을 거쳐 이제 막 사회에 첫발을 내딛은 청춘들이 직접 들려주는
청춘들의 이야기가 펼쳐집니다. 단지 취업을 위해 스펙을 쌓고자
노력한 것이 아니라 자신의 인생에 대한 만족과 보람을 찾기 위해
노력했던 다양한 활동들이 스토리가 되고 스펙이 되어 남들이 말
하는 거창한 성공은 아닐 지라도 같은 시대를 살아가는 청춘들에
게 이야기해 줄 수 있을 만한 작은 성공담이 펼쳐집니다. 신입 채
용 담당자로서 우리의 청춘들에게 들려주고 싶었던 이야기를 대

신 해준 저자들에게 깊이 감사드리며 이 책을 통해 자신의 앞날을
찾아가게 될 청춘 여러분들께도 미리 축하의 말씀을 전합니다.

책 기획자 **권혁유**

현재를 살아가다 보면 자주 주변에서 인생의 정답에 대한 이야기들을 하곤 합니다.

그런데 "○○해라" "○○하기 위한 방법" 등등, 서로 다른 사람들이 살아가는데도 하나의 길로만 가길 강요당한다는 생각이 자주 듭니다. 이승철 씨가 부른 〈아마추어〉란 노래처럼, 과거를 살아왔고 현재를 살아가며 미래를 살아갈 대부분의 사람들은, 사회에서 정해 놓은 정답의 길이 아닌 단지 자신들의 길을 걸어가고 있는 '아마추어'일 뿐이라고 생각합니다.

성공한 사람이든 실패한 사람이든, 모든 사람들이 걸어온 길에는 나름대로의 가치가 있습니다. 그러므로 성공한 사람의 길만을 무조건 쫓아갈 것이 아니라, 하나하나 좋은 예로 참고하여 자신만의 길을 걸어가야 한다고 생각합니다.

하지만 취업이란 문턱 앞에서 힘겨워하고 있는 친구들은, 그런 부분을 생각하기보다는 현실적인 정답을 얻기 위해 안간힘을 쓸 수밖에 없습니다. 사실 서점에 가서 취업 관련 서적들만 들춰 봐도, 단순히 취업을 하기 위한 정답만을 강조하고 있는 것이 우리의 현실입니다.

　이런 현실을 늘 안타깝게 느끼던 차에 저와 제 친구들이 의기투합하여, 지금 취업 문제로 밤잠을 설치고 있을 대학생 후배들에게, 저희들의 살아 있는 경험담을 들려주기로 했습니다. 당장 눈앞에 닥친 현실 때문에 남들과 똑같은 길로만 걸어가려 하지 말고, 여러분 자신만의 스토리를 만들어 가길 원하는 마음에서였습니다. 조금은 부족하지만, 문턱 넘기 힘들다는 대기업에 취업하게 되기까지의 저희들만의 다양한 경험담을 통해, 꼭 하나의 길만이 아닌 여러 개의 길이 있음을 알려주고 싶었습니다.

　특히 최근에는 과거와는 다르게 '열정'이란 단어를 쉽게 사용하면서도, 대학생들 자신만의 열정은 취업의 문턱 앞에서 정형화된 스펙을 따는 치열한 경쟁으로 변질된 듯합니다. 대학교 1학년에 입학하는 순간부터 자신만의 목표를 이루기 위해 스토리를 만들어 가기보다는, 남들과 비슷한 스펙을 쌓기 위해 노력하는 모습을 열정으로 생각하는 것 같아 간혹 당혹스럽게 느껴지기도 합니다. 과연 언제부터 학식과 인성을 키워주는 대학이라는 존재가 '취업사관학교'라는 말까지 듣게 됐는지 기억조차 나지 않습니다.

물론 대학을 졸업하고 직업을 가져야 하는 것은 당연한 일이지만, 이런 식으로 남들과 경쟁해서 남들이 가고 싶어 하는 길로만 간다고 해서 과연 행복한 삶을 살아갈 수 있을는지요?

안타깝게도 많은 친구들이 입사를 하고 나서 자신과는 맞지 않는다며 회사를 나가곤 합니다. 이런 경우는 본인에게도 손해일 뿐 아니라 사회에도 손해를 입히는 일입니다. 때론 남들과는 다른 목표를 향해 자신만의 스토리를 가지고 대학생활을 하다 보면, 어느새 자신에게 맞는 적성과 자신만의 길을 찾게 되어 취업이라는 관문을 저절로 통과할 수 있다는 말을 전하고 싶었습니다.

물론 가끔 이런 질문을 하는 친구들도 있습니다.

"그럼 정형화된 스펙보다는 스토리만 가지면 원하는 곳에 입사할 수 있을까요?"

졸업자 수보다 취업의 문이 좁은 이 시대에 아무런 노력 없이 원하는 곳을 갈 수 있다면, 그것 또한 말이 되지 않습니다. 그럼 어떻게 해야 하는 것일까요?

저희의 대답은 스토리를 만들기 위해서는 정형화된 스펙이 없어야 하는 것이 아니라, 남들과는 다른 자기만의 스토리가 있는 스펙이 있어야 한다는 점입니다. 가만히 앉아서 자신만의 스토리를 만들라고 하는 것이 아니라, 여러 가지 종류의 일들과 접해 직접 몸으로 자신의 길을 느낀 다음, 그 경험을 바탕으로 자신이 가고자 하는 목표를 향해 스토리 스펙을 쌓아가란 말입니다.

글을 함께한 친구들을 보면 각자 다양한 일을 하면서 자신이 이루고자 하는 목표를 빠르게 설정하였고, 그 목표를 향해 정말 수많은 경험과 피나는 노력을 한 것을 알 수 있습니다. 어떻게 보면 평범한 경험담일 수도 있지만 저희들의 구체적인 사례를 통해, 많은 분들이 긍정과 희망으로 대학생활과 취업준비를 할 수 있다면 참 기쁠 것 같습니다.

마지막으로 다들 회사 일과 각자의 길을 걸어가느라 바쁜데도, 우리가 선배의 입장에서 겪었던 일들이 누군가에게는 도움이 되지 않겠느냐는 제안을, 곧바로 수락하고 함께해 준 공동저자이자 인생의 평생친구들에게 고맙다는 말을 전합니다.

in the
such
, and
by N'P
imageh

LG디스플레이

권 혁 유

Chapter.1

LG디스플레이 권혁유

LG디스플레이 사업본부 경영기획관리/SCM담당 공급망 기획팀
동국대학교 산업시스템공학과 졸

인턴경험

2011. 06 – 2011. 08 LG디스플레이 하계 인턴사원(SCM)
2010. 12 – 2011. 02 Henkel Korea 동계 인턴사원(Marketing)
2010. 02 – 2010. 11 NYX Cosmetics INC 해외 인턴사원(Sales Admin. Logistics)

대외활동

2011. 01 – 2011. 07 LG디스플레이 블로그 운영진 2기
2008. 12 – 2011. 06 현대 모비스 통신원 6기, 해외특파원, 8기 멘토
2009. 11 – 2009. 11 삼성전자 대학생 중국탐방단
2009. 05 – 2009. 11 삼성전자 마케팅 리더 자이제니아 6기
2009. 07 – 2009. 07 현대기아자동차그룹 글로벌 청년봉사단 해피무브 3기(내몽고)
2009. 07 – 2009. 09 동부건설 대학생 기자단 1기
2009. 05 – 2009. 07 동부건설 홍보대사 1기
2009. 01 – 2009.06 한국선진화포럼 홍보대사 3기
2008. 12 – 2009.02 삼성SDI Eco Energy Frontier
2008. 12 – 2009.01 대한적십자 Global Leadership Academy
2006. 05 – 2006.09 사단법인 미래준비 삶의 스승, 삶의 제자 2기

수상경력

2011. 11 – 동국대학교 산업시스템공학과 학술대회 대상
2011. 08 – LG디스플레이 하계 인턴 팀 프로젝트 1등
2011. 07 – LG디스플레이 블로그 운영진 활동 우수상
2009. 11 – 삼성전자 마케팅 리더 자이제니아 최우수 팀
2009. 11 – 삼성전자 중국탐방단 최우수 팀
2009. 11 – 삼성전자 중국탐방단 최우수 개인
2009. 09 – 동부건설 대학생 기자단 파워블로거 상
2009. 07 – 동부건설 홍보대사 활동 우수상
2009. 06 – 한국선진화포럼 이사장 표창장
2008. 12 – 중앙경찰학교장 표창장
2008. 11 – 한국석유품질관리원 유사석유추방 아이디어 공모전 수상

우물 안 개구리

2004년 여름, 동국대학교 수시모집 1학기 전형에서 합격됐다는 소식을 접하며, 저는 남들보다 빨리 합격한 것에 대한 기쁨도 컸지만 대학생활에 대한 환상이 너무나도 크게 다가왔었습니다. 친구들이 수능공부를 하는 그 순간에도 대학교에 가게 되면 어떤 일을 할까 고민하며 부러움을 받는 학생이었습니다. 그렇게 시간이 흘러 대학교에 입학하게 되었고, 대학교 입학과 동시에 과대표로 선출되며 조금은 화려한 대학생활을 시작했습니다. 수많은 친구들과 친해지고 과 행사들을 기획하면서, 선배들과 친구들의 응원에 힘입어 무엇이든 할 수 있을 것 같았습니다. 고등학교 때 꿈꿔오던 동아리에도 가입하여 열심히 활동했고, 과의 여기저기 술자리 모임에 한 번이라도 빠지면 큰일이라도 나는 듯 열심히 참석했습니다.

1년이란 시간이 지나고 06학번 신입생이 들어왔을 때도 저는 단과대학의 새내기 배움터를 기획하는 데 참여했고, 실제 06학번 새내기들 앞에서 사회도 보며 학교생활에 푹 빠져 있었습니다. 당시 전 스스로 대학생활을 정말 잘하고 있다고 생각하면서, 공연 동아리 회장을 맡아 여러 곳에서 공연도 추진하며 더할 나위 없이 행복한 대학생활을 즐기고 있었습니다. 지금 와서 이때의 생활을 돌이켜보면 저 자신이 우습기도 하지만, 한편으론 저를 더욱 성장시켜 준 계기가 되었다고 생각합니다. 하지만 이렇게 스스로의 대학생활이 화려하다고 생각하던 2학년 어느 날, 약간 충격적인 사건 하나가 있었습니다.

친구들 주변에는 부모님이든 친척이든 조언을 들을 수 있는, 누구나 들으면 알 만한 유명한 사람들이 많았는데, 저는 지방 소도시에서 올라와서 그런지 주변에서 멘토로 삼을 만한 사람을 찾아보기 쉽지 않았습니다. 늘 그 점이 아쉬워하던 차에 우연히 길거리를 지나다가 한 사단법인 단체의 〈삶의 스승, 삶의 제자〉라는 제목으로 된 벽보를 보게 되었습니다. 명사들과 대학생들 사이를 멘토, 멘티라는 이름으로 결연을 맺어주는 프로그램이었습니다. 저는 곧바로 참가 신청을 했습니다. 이 프로그램에서 저는 당시 LG카드의 전무였던 허주병 스승님을 멘토로 모시게 되었고, "미래의 꿈이 무엇이냐?"는 질문에 "작고 행복한 회사를 만드는 것이 꿈."이라고 대답한 적이 있습니다. 누군가는 이왕 만드는 거 큰 회사를 만드는 게 더 행복하지 않겠냐고 했지만, '작다'라는 의미가 저 스스로에게는 다른 의미였기 때문에 그렇게 대답했던 것입니다.

허주병 전 LG카드 전무님과의 결연식

당시 스승님께서는 너의 생각이 마음에 든다고 하시며, 다른 분께도 자신의 제자는 작고 행복한 회사를 만드는 것이 꿈이라고 말씀해 주셨고, 아무것도 모르던 전 행복한 웃음만 짓고 있었습니다. 그러나 시간이 지날수록 웃음을 지을 수 없게 되었습니다. 말만 그럴듯했고 실제로는 어떻게 해야 제 꿈을 이룰 수 있는지 전혀 모르는 상태였기 때문입니다. 게다가 그 모임에서 막내였던 저에 비해 다른 대학생 형, 누나들은 이미 자신의 꿈을 향해 차근차근 도전을 시작한 상태였습니다.

한 형은 당시 유명한 포털 사이트에 대항할 만한 사업을 시작한 후였고, 다른 형은 세계 3대 컨설팅 회사에 입사를 했습니다. 방 한쪽 벽이 책으로 가득 차 있는 형과 누나들 집에 놀러 갔을 때도 그들은 서로의 인생 비전에 대해 토론하기에 바빴습니다. 또한 멘티들끼리 몇 가지 프로젝트를 진행하기 위해 회의를 할 때도 자신들의 생각을 배경지식과 함께 논리적으로 펼쳤고, 그에 대해 쌍방이 효과적으로 답변하며 해결점을 도출해 내고 있었습니다.

그때 저는 제가 얼마나 우물 안에서만 살아왔는지, 이렇게 자신만의 꿈을 향해 단단한 준비를 하고 있는 사람들도 있는데 왜 난 아무런 준비도 없이 스스로의 대학생활에 만족하며 살아왔는지 등에 대해 생각하며, 처음으로 정신적인 충격을 받게 되었습니다.

그러나 이때의 충격은 저를 우물 속에서 끌어내어 세상을 크게 볼 수 있는 시야를 갖게 해주었습니다. 이 시대의 대학생들이 모두 저와 같지 않다는 점과, 항상 앞서 나가고 있는 대학생들이 있다는 사실을 깨달았기 때문입니다.

긍정적인 사고가
큰 기회를 준다

군 입대를 앞두고 대학교 생활을 뒤돌아봤을 때, 동아리와 과 생활을 제외하고 제게 남아 있던 스펙이라고는 학점 3.1과 우물에서 벗어난 시야 두 가지뿐이었습니다. 2년 동안의 군 시간이 아깝게 느껴지기도 했지만, 사람을 워낙 좋아하는 탓에 새로운 환경에서 새로운 이들을 만난다는 기대감 하나로 입소를 했습니다. 논산 육군훈련소에서 차출된 곳은 전투경찰이었습니다. 중앙경찰학교에 입소할 때까지만 해도 저는, 군 생활 중에 기회라는 것이 찾아오리라고는 생각하지 않았습니다. 교육이 마무리될 즈음, 갑자기 연병장에 모이라는 방송과 함께 중앙경찰학교 직원과 대원 한 명이 저희를 둘러보며 한마디를 던졌습니다.

"전투경찰이 힘든 것은 알지? 남들보다 더 힘들게 근무해 보고 싶은 사람?"

저를 포함해 6명 정도의 교육생이 일어났고, 중앙경찰학교의 고위급 분들과의 면접이 이어졌습니다. 알고 보니 일선 전투경찰이 아닌 중앙경찰학교에 근무할 교육생을 뽑기 위해, 반대로 질문한 것이었습니다. 단지 그 정도의 각오가 되어 있는 대원을 모집하기 위해서였다고 합니다. 저는 그때 세상은 참 모를 일이라는 생각이 들었습니다.

면접 중 기억나는 부분은 "육군훈련소에서 전투경찰로 차출되었다는 소리를 듣고 어떻게 생각했나요?"란 질문에, "사실 전투경찰로 차출되었다는 소리를 들었을 때 특별한 걱정을 한 적은 없습니다. 어느 부대를 가든 어떤 일을 하든, 자기가 힘들다고 생각하면 힘든 것이고 배울 점이 많다고 생각하면 배울 점이 많다고 생각합니다."라고 대답한 것입니다. 나중에 들은 이야기지만 저를 행정병으로 뽑으려다가, 말하는 것과 당당함이 보기 좋아 교육생들을 관리하고 지도하는 부서로 뽑게 되었다고 합니다. 이때부터 저에겐 참 많은 기회가 생겼습니다.

매주 1,000명 정도의 신병들이 입소를 하는데 지도조교는 4명뿐이었습니다. 저는 선임자들의 행동과 말을 통해 제가 어떤 식으로 행동해야 교육생들이 잘 따라와 주는지, 어떤 식으로 강압적이 않게 말을 해야 효과적인지, 어떻게 마이크를 잡고 한꺼번에 신병 1,000명을 교육시키는지 등에 대해 배웠습니다. 발표를

할 때면 항상 떨려왔던 저의 언변과, 소수만을 상대로 하던 리더
십을 크게 키울 수 있는 기회로 다가온 것입니다. 2년의 군 생활
을 거치면서 언변과 발표력, 리더십 등을 키운 것 말고도 또 다른
기회가 찾아왔습니다.

조교 시절 후임과 함께

저는 1년 차이가 나는 서울대를 다니던 고참과 둘이서 생활했
는데, 3개월 정도 지나자 고참이 자신이 공부해서 이미 취득한
자격증 책 한 권을 주며 앞으로 자격증 취득이나 같이 하자고 말
을 건넨 것입니다. 이 일을 계기로 공부를 시작해 제대하기 전까
지 전공과 관련되거나 활용할 수 있는 7개의 자격증을 취득하였
는데, 이렇게 된 때가 남들은 생각하지 못하는 일병 때였습니다.
오히려 시간적 여유가 생긴 상병 시절에는 군대 안에서 더 이상
딸 자격증이 없었습니다. 그래서 찾아 나섰던 것이 한창 붐을 일
으켰던 공모전이었습니다. 처음에는 잘하지 못하는 광고 공모전

부터 시작하여 아이디어 공모전, 기획 공모전 등의 다양한 공모전들에 20회 정도 도전했는데, 20회 모두 낙방의 고배를 마셨습니다. 하지만 그렇게 떨어질 때마다 낙심하고 포기하기보다는, 수상한 친구들과 어떤 점이 다를까를 생각하며 한 가지씩 배우다 보니, 기술적인 면이나 시야적인 면에서 무형의 성장을 느낄 수 있었습니다. 그리고 마침내 전역을 앞두고 수상의 영광을 얻게 되었고, 이때의 경험을 바탕으로 향후 공모전 등에서도 지속적인 수상을 하게 되었습니다. 남들이 군대 가서 2년 썩고 나온다고 생각할 때, 저는 면접에서의 긍정적인 대답 하나로 수많은 스펙을 군대에서 쌓게 된 것입니다. 이처럼 긍정적인 마인드가 있고, 기회가 있을 때 놓치지 않고 꽉 잡는다면, 지금 자신이 어디에 있든 수많은 것을 얻을 수 있다고 생각합니다.

열정만 있으면 미친 듯이 바빠도 다 할 수 있다

제가 전역 후에 눈을 돌린 곳은 기업 대외활동이었습니다. 당시에는 대외활동이 지금처럼 많지 않았지만 막 붐이 일어날 때였습니다. 전역 한 달 전 〈현대 모비스 통신원 6기 모집〉이라는 공고를 보고 지원하게 되었는데, 서류가 통과되어 면접 보러 오라는 메일을 받게 되었습니다. 복무 중이었기 때문에 행정반장님께 말년휴가 중 하루를 당겨 달라고 해서 어렵사리 가게 된 면접이었습니다. 다양한 능력을 가진 친구들이 많이 왔기 때문인지, 저에게는 질문도 하지 않았습니다. 마지막에 면접관이 한 질문이라고는 "자네는 제대했나?"가 다였습니다.

실망감이 크긴 했지만 "저는 3주 뒤에 전역할 예정입니다. 발대식이 4주 뒤에 있는 것으로 알고 있는데 저는 이 활동을 정말 하고 싶은 마음에, 나올 수 없는 상황에서도 휴가를 얻어 서울까지 올라와 면접에 임하고 있습니다. 제 열정을 사주신다면 1년이라는 활동 기간 동안 열심히 노력하여 어느 누구보다도 큰 능력을 갖추어 나가겠습니다."라고 대답했습니다. 그러고 나서 2주 뒤 말년 휴가를 나왔을 때 합격 전화가 왔고, 지금은 친한 형님이 된 당시 면접관이 "너는 아무것도 없어도 그 열정과 당당함 하나로 뽑았다."고 얘기해 주었습니다.

이 활동을 시작으로 저는 다른 사람들은 어떻게 대학생활을 하는지, 다른 활동들에서는 어떤 것을 배울 수 있을지 등을 고민하며 미친 듯이 바쁜 3학년을 보내기 시작했습니다. 1학기와 2학기 모두 18학점을 들었고, 1년 동안 현대 모비스 통신원을 하며 자동차 산업과 신차 발표회 등의 취재활동과, 신사업 아이디어 공모 등을 열심히 준비했습니다. 또한 삼성SDI의 Eco-Energy Frontier란 활동에서 2차 전지에 관련된 홍보 프로모션 기획 및 활동을 3개월 동안 하였으며, 한국선진화포럼의 홍보대사 활동으로 대학생들과 6개월 동안 한국의 선진화를 위한 방안을 토론하고, 동부건설 홍보대사로 4개월 동안 아파트 산업에 대한 취재와 프로모션 아이디어 기획 및 진행도 하였습니다. 여기서 그치지 않고 삼성전자 마케팅 리더 자이제니아로 6개월을 활동하며 신제품

기획 및 온라인과 오프라인 프로모션 기획 등을 수행하기도 하였고, 현대기아자동차 그룹의 글로벌 청년봉사단 해피무브를 하며 중국 내몽고 차칸노르 사막에 황사 방지를 위한 나무를 심고 오기도 했습니다. 학교생활을 하며 한 번에 6개의 대외활동을 병행한 적도 있지만, 다이어리가 빼곡하도록 일정관리를 한 덕분에 어느 활동 하나 놓치지 않고 성실하게 수행할 수 있었고, 학교에서 또한 성적우수 장학금도 받게 되었습니다.

물론 저처럼 한 번에 많은 대외활동을 하라고 말씀드리는 것이 아니라, 한 가지를 하더라도 얼마나 그곳에서 자신의 역량을 키우고 펼칠 수 있는지, 단순히 스펙을 쌓기 위해 발만 담그고 활동하진 않았는지 등등의 질문을 끊임없이 스스로에게 던져야 한다는 것입니다. 지금은 그 시절로 다시 가도 그렇게는 못할 것 같다고 친구들과 웃으며 말하곤 하지만, 무엇 하나 하기도 전에 힘들어하는 소수의 학생들을 보면, 그들이 기업 면접에 가서 정말 자신에게 열정이 있다고 말할 수 있는지 묻고 싶어집니다.

성실함만 있어도
남들보다 나을 수 있다

제가 가고자 하는 분야에 대한 경험과 실제 프로젝트를 해보고 싶어 여러 가지 대외활동에 참여했지만, 사실 저는 다른 친구들에 비해 많이 부족했습니다. 친구들 중에는 기획하는 것을 좋아해 분위기를 주도하며 프로젝트를 진행하거나, 카메라를 좋아해 사진을 전담해서 찍는 친구, 디자인을 전공하거나 좋아해 PPT 디자인만 전문적으로 하는 친구들도 부지기수였습니다. 사실 대외활동을 시작할 때 제가 가진 것이라고는 열정을 바쳐서 열심히 하는 것뿐이었기에 첫 도전은 많이 힘들었습니다. 어떻게 하면 나도 저 친구들처럼 대외활동을 주도해 나갈 수 있을까 생각하다 보니, 남들이 지원하지 않는 분야의 기술을 익혀서 합격한 뒤에, 프로젝트를 하며 다른 친구들의 능력을 흡수하겠다는 다짐을 하게 되었습니다. 그래서 익혔던 능력이 UCC 제작이었습니다.

동영상 편집이라고는 군대에 있을 때 잘하는 동기에게 배웠던 게 고작이었지만, 그 당시만 해도 블루오션으로 통했던 UCC 분야를 공략하기 위해 프로그램을 설치하고 반복해서 연습했습니다. 처음 시작했던 대외활동 역시 UCC 분야를 통해서 합격 소식을 들을 수 있었습니다. 하지만 막상 활동을 하다 보니 저보다 잘하는 친구들이 많아 부끄러운 마음이 컸던 것이 사실입니다. 그래서 더욱 더 독하게 UCC 관련 책이란 책은 모조리 사서 공부하고, 잘 만들어진 영상들을 연구하며 실력을 키워 나갔습니다.

그렇게 한 가지 활동을 하면서 키워진 능력은, 다른 활동에 지원할 때 보다 쉽게 합격할 수 있는 계기가 돼 주었습니다. 또한 기획이나 디자인 분야 등도 배워보고 싶어, 저보다 많이 알고 있는 친구들 곁에 딱 붙어서 상대방이 귀찮아할 정도로 묻고 배웠습니다. 처음에는 그 친구들이 하는 것을 그대로 따라했는데, 계속 따라하다 보니 어느새 제 생각을 쉽게 표현할 수 있는 방법을 찾게 되었습니다. 시간이 지나면서 UCC 분야 외의 다른 분야에서도 합격 소식을 들을 수 있었고, 어느 누가 어떤 것을 시켜도 제대로 할 수 있는 멀티 플레이어가 되어 있었습니다.

삼성, 현대, LG 등 주요 기업들의 대외활동들에 빠짐없이 참여하며 느낀 것이지만, 제 생각보다 능력 있는 친구들은 훨씬 많았습니다. 그렇기 때문에 보통 활동이 끝날 때 몇 명에게만 주어지는 활동 우수자상은 처음부터 기대도 하지 않았습니다. 단지 저 스스로 경험과 능력을 발전시켜 나가자는 생각만 했습니다. 그러던 차에 운 좋게도 한국선진화포럼 최우수 활동상, 동부건설 대학생 기자단 파워블로거상, 동부건설 홍보대사 리더십상, 삼성전자 마케팅 리더 자이제니아 최우수팀, 삼성전자 중국탐방단 최우수팀, 삼성전자 중국탐방단 최우수 개인상, LG디스플레이 활동 우수상 등을 받게 되었습니다. 같이 활동했던 친구들을 살펴봤을 때전 그 친구들보다 능력이 뛰어나지도 창의적이지도 않았습니다. 그런데 어떻게 제가 저 친구들을 대신해 이런 상들을 받을 수 있었을까요?

각종 수상 경력들

그것은 아마도 하고자 하는 열정과 성실함이 제게 있었기 때문이라고 생각합니다. 전 한 달간 활동했을 때 주는 10만 원 상당의 활동비를 모아, 다음 활동을 위해 캠코더를 사거나 DSLR 카메라를 사는 등 투자를 하는 데 썼습니다. 어디에서나 마찬가지겠지만 대외활동을 할 때도 정말로 열심히 하는 친구들이 있는 반면, 능력이 있으면서도 단순히 이력서에 한 줄 늘리려는 생각으로 대충대충 하는 친구들도 꽤 많았습니다. 그러다 보니 초반에는 엄청 열심히 하다가도 활동이 끝날 무렵이 되면 흐지부지되는 경우를 자주 보았습니다. 보통 활동 우수상 수상자들을 보면 초반에는 조금 부족해도 갈수록 열심히 하는 친구들이었습니다. 그 이유는 발전되어 가는 모습이 보이기 때문입니다.

저 역시도 초반에는 다른 친구들에 비해 많이 부족한 상태였지만, 활동을 하면서 한 가지씩 배우고 재미를 느껴 갈수록 열심히 하려고 노력했던 것 같습니다. 아무리 능력이 좋아도 열정이 식거나 꾸준히 활동하지 못하면 좋은 결과도 얻지 못한다는 것을 깨닫게 된 소중한 경험이었습니다. 이렇듯 열정과 성실함만으로 노력하는 모습을 보인다면 자신의 능력을 키우는 것은 물론, 다른 친구들은 단순히 이런 활동을 했다고 말할 때 본인은 수상의 영예까지 가질 수 있는 것입니다.

혼자 있을 때가
더 나을 때도 있다

사회에서는 개인의 이기주의보다 "뭉쳐야 산다."는 말처럼 단체행동에 대한 중요성을 강조하곤 합니다. 하지만 저는 이런 풍조들이 가끔은 개개인의 도전의식이나 가고자 하는 길에 방해가 될 때가 있다고 생각을 합니다. 물론 주변 친구들과 함께하는 것이 가장 좋겠지만, 각자 정해 놓은 꿈이 있고 목표가 다르다 보니 사공이 많아 배가 산으로 가는 경우도 종종 생기게 됩니다. 어느 누구도 다른 이의 삶을 책임져 주지 않습니다. 그 때문에 저는 대학생활을 하면서도, 하고 싶은 일을 친구들에게 권하다가 관심이 없을 시에는 과감하게 저 혼자 뛰어들어 다양한 경험을 쌓았습니다.

2009년 3월 어느 날, 복학을 한 후 학교생활에 적응하던 중 저는 〈창업 동아리〉라는 모집공고를 보게 되었습니다. 신입생으로 들어온 것도 아닌데 새롭게 동아리에 가입을 한다는 것 자체가 친구들에게는 관심의 대상이 아니었기에, 함께 해보자고 제안을 했을 때 전부 거절을 당했습니다. 그렇지만 저는 '공대생으로서 창업에 대해서 함께 고민하고 교류하면 기업에 대한 시야가 넓어질 수 있고, 내가 속해 있던 분야와는 다른 사람들과 이야기해 볼 수도 있겠다'란 생각에 무작정 혼자 창업 동아리에 가입했습니다.

막상 들어와서 보니 1학년 때부터 알차게 대학생활을 하며 정기적으로 창업계획서를 만들고 새로운 사업구상을 하면서, 고학년인 저보다 창업에 대해 잘 알고 있는 저학년 학생들이 많았습니다. 부끄러운 마음이 들기도 했지만, 대외활동을 하면서 마케팅이나 PR에 대해 배우는 것과 과에서 배우는 공학적인 지식뿐 아니라 회사의 손익분기점과 재무적인 부분, 인재확보 및 인사 정책 등에 대해 관심을 가지게 되어, 오히려 그들 옆에서 배워야겠다는 생각이 들었습니다. 그렇게 학과 생활과 대외활동 등을 병행하면서 작은 시간을 나누어 창업 학회 활동까지 열심히 참여하다 보니, 1년 후에는 창업 동아리 출신 졸업생들이 평가하는 창업 아이템 보고에서 1등을 할 수 있었습니다.

 이 일을 계기로 저는, 기존의 무리에서 과감하게 뛰쳐나와 혼자서 도전을 해보는 것도 새로운 분야에 대한 이해와 새로운 사람들과 만날 수 있는 기회가 된다는 것을 깨닫게 되었습니다. 그리고 이런 경험을 통하여 언제라도 도전해 보고 싶은 일이 생기면 바로 도전할 수 있는 힘을 얻게 되었습니다.

어릴 적의 꿈을 간직할 것인가, 이룰 것인가

　　　　고향집 제 방 한쪽 벽에는 세계지도 한 장이 붙어 있었습니다. 어렸을 때 저는 그 지도를 매일같이 보며 '저게 우리가 살고 있는 곳의 전부야? 너무 좁다'라는 생각을 하곤 했습니다. 하지만 어린 시절의 그런 담대한 마음과는 다르게 중고등학교를 거치다 보니 친구들과 경쟁하는 것만으로도 너무 힘들었고, 그렇게 작게 보이던 세계지도가 어느새 범접할 수 없을 만큼 커 보이기 시작했습니다. 그러다가 문득 저 지도를 다시 어릴 적처럼 작게 보이게 만들어야겠다는 생각이 들었습니다.

그래서 시작된 세계일주가 어느덧 유럽과 아시아, 북미, 남미, 오세아니아, 중동 등 33개국의 나라가 되었고, 지금은 다시 세계지도가 작게 보이기 시작했습니다. 저는 단순히 관광지를 돌아보는 여행이 아닌, 그 나라만의 문화와 사람들의 생활습관, 현재 그 나라의 기업과 산업 현황 등을 파악하는 여행을 하려고 노력했습니다. 처음에는 저 또한 주변 친구들처럼 유럽 여행을 시작으로 남들이 항상 들르는 문화제 구경부터 했었습니다. 하지만 어느 정도 돌아다니 보니, 이런 문화제들은 역사책이나 인터넷을 보면 대부분 알 수 있는 것들이므로, 실제로 현지에 와서는 다른 것을 해보고 싶다는 생각이 들기 시작했습니다. 그러다 2006년 프랑스 여행을 다니며 날씨는 더운데 숙소에 에어컨이 없는 것을 발견하고는 현지인들에게 왜 에어컨을 설치하지 않았냐고 물은 적이 있었습니다. 그때 돌아온 답변은 "예전에는 날씨가 건조해서 따로 에어컨이 필요 없었는데, 최근 들어 지구온난화 때문인지 날씨가 더워져 앞으로는 에어컨이 필요할 것 같다."였습니다.

대답을 듣자마자 저는 주변 전자매장으로 달려갔습니다. 놀랍게도 수많은 에어컨 회사 중 불과 몇 개의 에어컨만이 구석에 전시되어 있는 것을 볼 수 있었습니다. '아, 앞으로 날씨가 더워질수록 이 나라 사람들은 에어컨을 많이 찾게 될 것 같은데, 만약 에어컨을 제조하는 회사가 이런 수요를 파악한다면 초반 시장을 장악할 수 있고 많은 수익을 올릴 수 있겠구나'라는 생각이 불현

듯 스쳐 지나갔습니다.

이 일을 계기로 여행을 다니면서 각 나라의 소비수요를 파악할 수 있겠구나 라는 생각이 들었고, 나중에 회사원이 되거나 사업을 할 때 점점 글로벌화 되어가는 세상 속에서 이런 부분들에 대한 시야를 키워놓는다면 큰 자산이 될 것이라 생각했습니다. 그때부터 쉬지 않고 세계를 향해 발걸음을 움직였던 것 같습니다. 한 나라의 특징을 발견할 때마다 이 나라에는 이런 제품을 팔면 잘 팔릴 거란 생각을 하니 미리부터 가슴이 설레었습니다.

대부분의 한국 기업들은 더 이상 한국 시장만으로는 성장하기 어려운 상황이기 때문에, 세계 시장을 대상으로 영업과 마케팅을 펼치고 있고, 그 결과 국내 기업들도 글로벌 기업으로 변모하고 있습니다. 저는 이런 글로벌 기업에 필요한 마인드가 바로 우물 안에서 벗어나 세계시장을 볼 수 있는 눈이라고 믿었고, 실제로 저의 이런 세계시장을 분석하고 돌아다닌 경험을 자기소개서와 면접 때 활용해서 말한 결과 여러 회사에서 최종 합격 통지서를 받을 수 있었습니다. 물론 여행비용 때문에 쉽게 할 수 없는 경험이긴 하지만, 여러 방법들을 동원해 경제적 부담을 극복해 냈습니다.

한번은 삼성전자에서 실시했던 중국탐방단에 지원하여 무료로 상해와 북경을 오가며 삼성전자 공장을 방문하기도 하였고, 현대기아자동차 그룹에서 실시했던 글로벌 청년봉사단 해피무브를 통해 내몽고 지역에서 봉사활동을 하기도 했습니다.

삼성전자 중국탐방단   현대기아차 해피무브

또한 해외 인턴십을 진행할 때 적극적으로 지원하여 캐나다와 미국 등지를 출장 차 맘껏 돌아다닐 수 있었습니다. 물론 부모님께 도움을 요청해서 일부 지원을 받기도 했지만, 돈이 모자랄 때면 집 근처 방앗간에서 떡 만들기 아르바이트 등을 하며 여행비용을 충당했습니다. 저는 지금도 자신의 부족함을 채우기 위한 노력과 열정만 있다면, 당장은 어려워도 여러 가지 방법을 통해 극복해 낼 수 있다고 확신합니다.

준비된 도전은
새로운 기회를 만든다

대학교 3학년을 마치고 저는 남들과는 조금 다른 미국 길에 오르게 되었습니다. 군대에 있을 때부터 현재 세계 1위의 경제력과 산업을 가지고 있는 나라에서 무엇인가 배워보고 싶다는 생각을 갖고 있었습니다. 무작정 영어 질문과 답변을 A4용지 4장으로 정리해서 외웠습니다. 영어 인터뷰를 보고 나니 출국 날짜가 잡혔고, 가게 될 곳은 미국의 떠오르는 색조화장품 회사인 NYX Cosmetics INC라는 회사의 Logistics Manager Assistant였습니다. 사실 저는 영업과 마케팅 쪽 직무를 원했지만 전공이 아니라는 이유로 전공과 연계된 물류부서로 가게 되었고, 이때부터 새로운 일터에서 외국 사람들과 함께하는 회사생활이 시작되었습니다. 처음에는 언어도 서투르고 일을 직접적으로 해본 적도 없어서 여러 가지 문제점이 드러났습니다. 전공에서 배웠다고 해도 이론만 알지 시스템에 대해서는 알지 못했고, 가장 중요한 사람들과의 소통이 안 되니 일을 배우는 것도 더디고 아이디어가 있어도 쉽게 제안하지 못했습니다. 그래도 새로운 기회다 생각하고 꾸준히 일하다 보니 3개월이 지난 무렵부터는 어느 정도 능숙해질 수 있었습니다.

미국에서의 1년간의 인턴 생활은 책임져야 하는 업무가 주어지고 그 결과에 대한 책임도 스스로가 져야 하기 때문에 보다 의미 있는 시간이 되었습니다. 일을 하면서도 평상시 관심이 많았던 영업과 마케팅 분야에 제 생각을 접목시켜 회사를 분석해 나가기 시작했고, 회사에서 이런 식으로 마케팅을 하면 어떨까 하는 방법들이 떠오를 때마다 PPT로 정리해 두었습니다. 같이 일하던 친구들은 여행이나 다닐 시간에 주말까지 투자해 남 좋은 일 시킨다고 나무라기도 했지만, 여행은 나름대로 충분히 하고 있었고 오히려 저는 제가 다니는 회사를 분석하고 전략을 세워 보는 재미에 푹 빠져들게 되었습니다. 그러고는 자료 수집부터 전략 단계까지를 PPT 100장 가량의 보고서로 만들어 마케팅 담당자와 매니저들에게 보내기 시작하였습니다.

그런 열정이 통했는지 또 다른 기회가 찾아왔습니다. 마침 인턴 한 명이 회사를 그만두는 바람에 영업 관리 팀에 사람이 부족하다는 것을 알게 된 것입니다. 저는 당장 담당자에게 제가 그곳으로 가서 빈자리를 채우고 싶다는 의사를 전했고, 그로 인해 물류에서의 저의 빈자리가 생기지 않게 양쪽 부서의 업무를 병행할 자신이 있다고 말씀드렸습니다. 며칠 뒤 사장님과의 면담을 통해 그간 제가 각종 기업들에서 했던 영업과 마케팅 관련 활동들을 소개하자, 두 직무를 병행해도 된다는 승낙이 떨어졌습니다. 양쪽 업무를 모두 소화해야 했기 때문에 인턴생활 중 가장 바쁜 시기를 겪었지만, 이때를 계기로 회사의 전반적인 업무들이 어떻게 운영되는지, 원하는 직무였던 영업과 마케팅 쪽은 실제로 어떤 업무를 하고 있는지 등에 대해 알 수 있었던 소중한 계기가 되었습니다.

기회는 이것으로 끝나지 않았습니다. 한국으로 따지면 코엑스나 킨텍스에서 열리는 전시회 같은 화장품 관련 각종 Trade Show에 회사가 참여하고 있다는 사실을 알게 된 것입니다. 매니저들의 각종 자질구레한 일이라도 열심히 도울 각오가 되어 있으니 함께 가게 해달라는 저의 요청이 받아들여져, 각종 Trade Show에 참가할 수 있었던 것입니다. 처음에는 라스베이거스를 시작으로 플로리다의 올랜도, 캘리포니아의 패서디나 그리고 캐나다의 토론토 등 총 7번의 출장이 이어졌고, 남들이 돈 들여서 여행을 다닐 때 저는 회사 비용만으로 미국 전역을 누비며 다닐

미국 인턴십 모습　　　　　　　　　　미국 인턴십 출장모습

수 있었습니다. 그렇게 1년 가까운 시간이 지나 인턴십이 끝날 무렵에는 회사의 영업과 마케팅, 물류와 구매 등 각 부서들의 연관관계와 역할에 대해 대부분 파악할 수 있었고, 어떤 식으로 업무를 하면 더욱 효율적인지에 대해서도 심도 깊은 고민을 할 수 있었습니다. 그야말로 영어도 배우고 여행도 다니고 일도 배우고 돈도 번 1석 4조의 효과를 거둔 시간이었습니다. 더불어 원하는 것이 있을 때 꾸준히 그것을 위해 준비해 간다면, 기회가 왔을 때 당당하게 잡을 수 있다는 점을 저에게 알려준 소중한 경험이었습니다.

직접 안 해보고 그 분야가
천직이라 생각하지 마라

저는 대학교 3학년 초반에 진로를 영업과 마케팅 쪽으로 확실히 정했습니다. 미국 인턴십을 통해서도 영업 쪽이 더 맞는 것 같았지만, 다른 분야를 경험해 보지도 않고 한 직무가 자기랑 완벽하게 맞는다고 결정하는 것은 큰 오류라고 생각했습니다. 그러던 찰나 미국 인턴십을 마치고 나서 한국으로 돌아온 뒤 개강하기까지 3달이라는 시간이 남아 있었는데, 이 시기에 토익 공부를 해 스펙을 만들기보다는 실제적인 일을 하면서 회사 전반에 대해 더 알고 싶다는 생각이 들었습니다. 그래서 지원한 곳이 'Henkel'이라는 독일계 글로벌 기업이었습니다.

서류가 합격되어 이례적으로 10명 정도 되는 면접관과 지원자 6명 정도가 면접을 보게 되었는데, 이때 저는 원하는 직무는 영업이고 제가 왜 영업 분야에서 뛰어난 인재가 될 수 있는지에 대해 어필하기 시작했습니다. 하지만 면접관 중 인사팀으로 보이는 상무님께서 이번 동계 인턴에서는 영업 분야 인턴을 뽑지 않는데, 무슨 생각으로 영업 쪽으로 가고 싶다는 말을 하느냐고 물어보셨습니다. 당황하긴 했지만 일단은 면접관들의 질문에 착실하게 대답하였고 마지막 질문을 받게 되었습니다.

"자네는 국내 대기업들에서의 마케팅 대외활동과 해외 인턴십을 하면서 이미 경험을 많이 쌓았는데 왜 굳이 한국에 있는 외국계 기업에서 일을 해보고 싶어 하는가?"

제가 대답했습니다.

"제가 국내에 있는 대기업들에서 대외활동을 할 때에는 국내에 있는 기업이 자국의 시장을 대상으로 하는 대학생 프로젝트 그룹이었고, 해외에서 일했던 기업은 해외의 시장을 대상으로 영업과 마케팅을 펼치고 있었습니다. 하지만 국내에 있는 외국계 회사는 타지에서 타 국민을 상대로 전략을 펼치기 때문에 그 안에서 분명히 다른 것을 배울 수 있을 것이라고 생각합니다.”

사실 영업 쪽은 티오TO조차 없는 상태여서 별다른 기대 없이 집으로 돌아왔습니다. 그런데 4시간 정도 지난 뒤 전화 한 통이 걸려왔고, Henkel에서 소비재 상품 마케팅 팀에서 합격을 시켰는데 마케팅 쪽에서 일할 생각이 있느냐는 내용이었습니다. 나중에 마케팅 팀의 차장님께서 면접 당시에 들어오셨던 면접관 중 여러 분이 저를 지목하셨다고 알려주셨습니다. 무척 감사하고 영광스러운 기억인데, 생각해 보면 영업이 하고 싶다고 외치던 저를 다른 부서 분들께서 뽑아주신 상황이 조금 아이러니하기도 하였습니다. 토익 점수도 없던 제가 우량 외국계 회사에 인턴으로 합격될 수 있었던 것은 능력 때문이 아니라, 면접 때 열정과 패기를 당당하게 보여줬기 때문이 아닐까 합니다.

이후 마케팅 부서에서 일을 하게 되었는데 영업과 마케팅은 떨어뜨려 놓으려고 해도 떨어뜨려 놓을 수 없는 관계이고, 만약에 여기서 마케팅에 대해 전반적인 것을 파악할 수 있다면 더할 나위 없이 좋겠다는 생각이 들었습니다. 그런 생각으로 인턴십 기간 중 상사 분들과의 술자리에도 빠지지 않고 참석했습니다. 술자리 얘기를 꺼내면 다른 학생들은 그런 인턴은 싫다고 얘기할 수도 있겠지만, 저는 오히려 이런 자리에 참석함으로써 많은 것을 배웠다고 생각합니다. 그렇다고 술 문화를 배운 것이 아니라, 술자리에서는 서로 얼굴을 대면하고 있기 때문에 마케팅에 대한 것도 업무 시간보다 쉽게 물어볼 수 있었습니다. 그리고 현재 우리 부서에서는 어떤 일들이 추진되고 있고 어떤 일들이 이슈가 되고 있으며, 선배의 입장에서 볼 때 마케팅이란 이런 것인 것 같고, 학생들이 흔히 아는 프로모션이나 홍보 쪽은 마케팅의 일부분일 뿐이라는 등등의 좋은 이야기도 들을 수 있었기에, 오히려 그 내용을 빠르게 흡수할 수 있었습니다. 또한 외국계 기업의 특성상 그리고 규모의 특성상 한 사람 한 사람이 하나의 브랜드에 대한 책임을 지며 여러 에이전시들을 두고 추진해 나가는 것에서, 국내 대기업과는 다른 세분화된 조직의 모습을 볼 수 있었습니다.

시간이 지나 인턴이 끝날 무렵에는 '이런 것이 마케팅이구나!'라는 정도는 알게 되었고, 마케팅 또한 멋진 직무라는 생각을 하게 되었습니다. 역시 처음의 생각처럼 한 분야만 경험해 보고 자신에게 맞는다고 확정짓는 것보다는, 여러 분야를 경험해 보면서 자신의 진로를 찾아가는 것이 더 좋다는 판단을 하게 된 계기가 되었습니다.

겸손이 자기 스스로에게
도움이 되지 않을 수도 있다

많은 사람들이 주변에 겸손해야 된다는 생각을 하며 사는 것 같습니다. 물론 겸손은 겸손하지 않은 것보다 그 사람에게 더 좋은 기회를 가져다줄 수도 있지만, 요즘은 자기 자신을 스스로 PR하지 않으면 주변에서 먼저 알아주는 시대가 아닌 것 같습니다.

1학년 때 과대표를 할 때 주변 친구들이 농담처럼 하던 말이 있었습니다. "학교에서 모르는 사람 있으면 혁유한테 물어보면 다 안다."란 말이었는데, 사실 제가 그렇게 많은 사람을 알고 있던 건 아니었습니다. "잘은 모르지만 알아봐 줄게."란 대답으로 저와는 상관없는 사람이라도 주변에 물어물어 찾아주곤 했습니다. 그 과정에서 저는 점점 더 많은 사람들과 친해질 수 있었고 제가 모르던 많은 것을 알게 되었습니다. '단순히 모른다고 넘기기보다 혹시 내가 알아볼 수 있는 부분이 있다면 그 과정에서 또 다른 부분에 대해서도 알고 넘어갈 수 있겠구나'란 생각이 바로 그것이었고, 그 이후부터는 마음을 조금씩 고쳐먹기 시작했습니다.

물론 항상 겸손하되 조금 부족한 부분은 열심히 알아보고 나서 마치 제가 그 분야의 전문가인 것처럼 말을 하였더니, 그 후부터 주변에서 여러 가지 질문을 받기 시작했습니다. 그렇게 주변 사람들이 저에 대해 기대를 하게 만들었고, 그 기대를 실망시키지 않기 위해 저와는 상관없는 분야도 공부를 하러 돌아다녔습니다. 가끔은 '내가 이렇게 쓸데없이 발품을 팔며 돌아다니는 것이 맞는가?'란 생각이 들기도 했지만, 이런 부분들이 습관이 되어 하나씩 상식이 늘어갔고 시간이 갈수록 어느 누구를 만나도 편하게 이야기할 수 있었습니다. 저는 이때의 시간들이 보다 많은 분야의 사람들과의 인맥을 넓혀 나갈 수 있는 좋은 발판이 되어주었다고 생각합니다.

취업하기 위해
도움이 되었던 습관

　　　　　　　　제 취업에 도움이 되었던 습관은 블로그입니다. 삼성전자에서 대외활동을 할 때는 삼성전자 제품에 대한 포스팅을 해야 했고, 동부건설에서 활동할 때는 동부건설에 대한 포스팅을 해야 했습니다. 현대모비스와 삼성SDI에서도 마찬가지였습니다. 그때 당시에는 조금 귀찮을 수 있었지만, 포스팅을 하려면 경쟁사와 그 기업에 대한 분석을 해야 하므로, 회사에 대한 지식이 자동으로 축적되었습니다. 이런 지식들은 자기소개서를 쓸 때나 어떤 면접장에서도 별도의 준비 없이도 잘 대처할 수 있는 자신감을 심어주었습니다. 그 장점을 알고 있었기에 전 4학년이 올라가던 때 한 가지 분야를 설정해서 블로그를 운영해 나가려고 했습니다. 하지만 누구도 시키지 않는데 스스로 시간을 투자해서 블로그를 운영하기란 보통 어려운 일이 아니었습니다.

　그래서 저는 타의로라도 블로그를 운영하기 위해 4학년 마지막 대외활동이라는 생각으로, LG디스플레이 D군의 〈This Play〉라는 대학생 블로그 운영진에 지원하였고, 하나 둘씩 LG디스플레이에 대한 분석을 하며 LCD와 디스플레이 산업에 대한 지식을 키울 수 있었습니다.

　블로그를 운영하면서 가장 좋은 점이 있다면, 자기가 개인적으로 얻고 싶은 정보가 있을 때 인터뷰 및 취재를 마음껏 할 수 있는 점입니다. 요새는 SNS와 블로그를 통한 파급효과가 커서 대부분의 기업이나 개인들도 블로그 포스팅을 한다는 핑계로 인터뷰를 요청하면 흔쾌히 응해주기 때문에, 저도 이런 점을 활용해 회사 인사 팀장님을 비롯해 신입사원들, 연구소 연구원들을 손쉽게 접촉하여 취재할 수 있었고 어느 누구보다도 빠르게 관련 정보들을 습득할 수 있었습니다.

　많은 친구들이 취업 시즌이 다가오면 급박하게 자기소개서를 복사해 작성해 놓고는 그 회사와 관련해 자기소개서에 쓸 내용이 없다고 한탄하곤 하는데, 만약 꾸준히 자신의 관심분야와 대외활동을 한 회사 소개 블로그를 운영했다면, 자기소개서를 더 쓰고 싶은데 쓰지 못하는 행복한 비명이 나올 것이라 생각합니다.

자기 자신에게 만족 못했다면
스스로 만족할 때까지

　　　　　　　　대학교 3학년 때부터 여러 가지 대외활동과 학교생활을 병행하다 보니, 노력을 해도 주목받지 못하는 대외활동이 생기게 마련인데, 제 경우는 현대 모비스 통신원이 그랬습니다. 18명 정도의 참가자 중 막내이기도 했지만, 그것보다도 자동차에 대한 관심이 저보다 훨씬 넘쳐나는 형들 때문에 상대적으로 자동차에 대한 관심이 부족했던 저로서는 함부로 나설 수가 없었습니다. 형들 대부분이 실제로 자작 자동차 동아리를 하고 있거나 자동차에 대한 수도 없이 많은 지식을 가지고 있었고 자동차에 대한 전문 블로그를 운영하고 있었습니다.

그렇게 다른 활동에 비해 조금 묻혀 지내면서 1년이란 활동 기간이 끝나자 아쉬운 점이 너무 많았습니다.

그래서 저는 해외 인턴십을 하기 위해 출국하기 전, 활동 담당자에게 한 가지 제안을 드렸습니다. 기존에는 없었지만, 제가 미국을 간 후에도 해외 특파원이라는 이름으로 계속 활동하고 싶다는 내용이었습니다. 해외에서 활동한다고 따로 활동비가 나오는 것도 아니었지만, 스스로에게 만족하지 못했기 때문에 만족할 수 있을 때까지 활동하고 싶었기 때문입니다. 담당자 분께서는 기꺼이 수락을 해주셨고, 저는 해외 인턴십을 진행하는 동안에도 주말이나 평일 저녁을 이용해 미국의 자동차 문화와 현대 기아자동차의 미국 내 다양한 프로모션 등을 취재하며 한국으로 글을 보냈습니다. 꼭 취재를 가지 않더라도 여행을 갔을 때 자동차에 관한 기삿거리가 있으면 발걸음을 멈추고 카메라를 꺼내는 것이 미국 생활에서 습관이 되었을 정도입니다. 그렇게 저는 한국에서 활동했을 때 느껴보지 못했던 만족감을 미국에서 1년간 활동하며 느낄 수 있었습니다.

한국에 돌아왔을 때 담당자 분께서 제 다음 기수들의 멘토로 활동해 보지 않겠냐는 추천을 해주셔서 국내 활동 1년, 해외 활동 1년, 그리고 멘토로서 6개월의 활동을 더 하게 되었습니다. 요즘 친구들을 보면 대외활동을 하는 것도 스펙으로 생각해, 이력서에 한 줄 첨가할 정도로만 대충 활동하고 바로 다른 것을 하려는 친구들이 많은 것 같아 안타깝습니다. 무엇보다 대외활동에 있어 중요한 것은 자기 자신이 스스로 세워둔 목표와 비교해서

모비스 통신원 활동 시절

얼마나 자신의 능력이 커졌고, 얼마나 그 분야에서 전문가가 되었는지 등에 대해 만족할 수 있어야 한다는 점입니다. 그래야 그 활동을 제대로 했다고 떳떳하게 말할 수 있을 테니까요.

든든한 인맥 네트워크가
기회를 만들어 준다

어떻게 보면 보통 동년배 간의 인맥 네트워크보다, 배움과 도움을 받을 것이 많다는 점에서 인생 선배들과의 인간관계가 더욱 중요하다고 볼 수 있습니다. 꾸준한 연락 하나만으로도 많은 기회가 주어지고, 한 사람과의 관계가 형성되면 그 사람의 주변 사람까지도 나의 인맥으로 연결됩니다. 저 역시 선배들과의 돈독한 관계로 인해 생각지도 못한 기회들을 얻을 수 있었습니다.

미국에서 인턴십을 하며 친해진 직원들이 있었는데, 한국에 돌아오고 나서도 이메일을 주고받으며 꾸준히 연락을 했습니다. 그러던 어느 날 남미 여행을 다녀오는 길에 비행기가 캘리포니아를 경유한다는 사실을 알고는 일정을 바꿔, 제가 일했던 회사의 매니저 분께 전화를 걸어 지금 공항에 왔으니 저 좀 챙겨달라고 부탁을 드렸습니다. 그 시간이 밤 10시경이었는데도 매니저는 한걸음에 달려 나와 저를 반겨주었습니다. 매니저 집에 머물면서 오랜만에 동료들과 인사도 나누고, 회사 임원 분들도 먼 길을 달려온 저를 위해 식사 자리를 마련해 주셨습니다. 제가 대학교 4학년이라는 것을 모두 알고 있던 터라, 먼저 요청하기도 전에 다시 돌아와서 미국에서 직장생활을 해보지 않겠냐는 제안도 해주셨습니다. 고맙게도 교포 한 분은 한국에서 작은아버지가 기업체를 운영하고 있으니 만약에 원하는 곳이 되지 않을 때는 작은아버지께 추천해 주겠다는 말씀도 하셨고, 물류부서의 매니저 분께서는 한국에서 미국 제품을 많이 수입해 가서 판매하고 있는 걸로 아는데 만약 네가 생각하기에 여기 있는 제품 중 한국에서 잘 팔릴 만한 제품들이 있다면 자신과 함께 무역 관련된 사업을 해보는 것도 좋을 것이라고 말씀해 주셨습니다. 어떻게 보면 병아리 같은 저를 좋게 봐주시고 일자리까지 제안해 주신 것은, 그간 제가 꾸준히 연락을 드리고 일정을 바꾸면서까지 다시 방문을 했기 때문이라 생각합니다. 나중에 혹시라도 미국과 관련된 일을 하게 된다면, 이만큼 든든한 인적 네트워크를 가지고 남들보다는 조금 더 쉽게 업무를 해결할 수 있지 않을까 싶습니다.

Henkel이라는 독일계 글로벌 회사도 마찬가지였습니다. 인턴이 끝나고 학교를 다니면서도 꾸준히 연락을 드렸고, 가끔씩 사탕을 사가지고 방문하기도 했습니다. 그런 정성이 통했는지 당시 상무님과 차장님은 회식 자리가 생길 때마다 초대를 해주셨고, 나중에는 "마침 회사에 티오가 생겼는데 잘 생각해 보고 관심 있으면 말해줘."라는 제안까지 해주셨습니다. 부족한 점이 많았던 저를 그분들이 다른 사람보다 먼저 챙겨주셨던 것은 다름 아닌 꾸준한 연락 덕분이었습니다.

꼭 취업 관련해서 도움을 주신 분들 말고도, 대학생들이 참여하는 대외활동에서도 이런 도움은 작용할 수밖에 없습니다. 보통 기업에서 운영하는 대회활동은 대행사를 끼고 운영되는 경우가 많습니다. 한곳에서라도 열심히 활동하고 좋은 모습을 보여줬다면, 다른 기업의 대외활동에 지원할 때 도 그 대행사에서 자연스럽게 추천을 받아 활동할 수 있습니다. 저만 해도 다른 대외활동에 지원하기도 전에 대행사 측에서 먼저 이런 활동도 해보지 않겠냐고 제안해 주시곤 했습니다. 물론 단순히 연락만 자주 드린다고 되는 것이 아니라, 평상시에 그분들께 어떤 인상을 심어줬는지가 중요하겠지요. 만약 좋은 인상을 줬다면, 연락을 지속적으로 드렸을 때 도움을 주지 않는 분은 한 분도 안 계시리라 생각합니다.

작은 것부터 하나씩

학교를 다니거나 다양한 활동들을 하다 보면, 막연하게 큰 목표를 설정해 두고 그 목표를 이루기 위해 한 번에 성공을 거두려고 합니다. 저 역시도 그런 경험을 해본 적이 있습니다. 대학교 2학년 시절 당시 가장 유명했던 대외활동 여러 곳에 지원을 했을 때 모두 낙방한 경험이 있고, 4학년이 되어 유명 대기업들에 인턴사원 원서를 썼을 때 서류에서부터 떨어졌던 경험이 있습니다. 이럴 때 가장 중요한 것은 그 당시에 갖고 있는 마음가짐이라고 생각합니다.

대부분의 학생들이 이런 경험을 하게 되면 '아, 난 여기는 안 되는구나'라고 좌절을 하곤 합니다. 하지만 좌절을 하기 전에 꼭 명심했으면 하는 것이 있습니다. '내가 여기에 합격을 하기 위해 어떤 준비를 해왔지?'와 '내가 뽑는 사람이라면 나를 뽑을까?'를 생각해 보는 것입니다.

저도 대기업의 대외활동에서 우수수 떨어지고 나서 상실감이 컸지만, 곧바로 또 다른 대외활동에 눈을 돌렸습니다. 대기업만큼 규모가 크지 않고 유명하진 않아도 그들과 똑같은 활동을 하는 곳이었습니다. 그렇게 한 케이블 방송국에서 홍보대사를 하며 영상기술을 익힌 후 다시 지원을 했더니 그때는 합격을 할 수 있었습니다. 인턴사원을 지원할 때도 마찬가지였습니다. 3학년을 마치고 미국 가기 전 방학 동안만 할 수 있는 인턴사원이 없을까 해서 여러 곳에 지원했지만 모두 낙방이었고, 저는 다시 한 번 경험을 더 쌓고 난 뒤 지원해 보겠다고 다짐 했었습니다. 그렇게 미국 인턴십과 독일계 기업의 인턴생활을 거치며 업무에 대한 이해도를 높이고 분야에 대한 시야를 갖추고 나니, 그 다음부터 지원한 회사들에서는 대부분 합격 소식을 들을 수 있었습니다.

똑같은 기업에 지원해서 불합격과 합격을 동시에 경험했던 저로서는, 당장 그 목표를 이루지 못했다고 포기해 버리는 친구들에게 다음과 같은 조언을 해주고 싶습니다. 지금 당장 원했던 목표를 성취할 수 없다면 그것을 얻기 위한 자격을 갖추고 있는지 자신을 한 번 더 되돌아보고, 시간적 여유를 가지고 작은 것부터 하나씩 배워가며 다시 도전해 보라는 것입니다.

면접 15전 14승 1무

최근 한 기업의 채용설명회에서 인사 담당자가 했던 말이 기억납니다. 서류에서 떨어지는 것은 운이 작용할 수도 있지만, 면접에서 떨어지는 것은 자신의 실력이라고 말한 것입니다. 저도 이 점에 대해서 상당히 공감이 갔습니다. 대학교 2학년 때부터 저는 대외활동에서부터 취업전선까지 상당히 많은 지원서를 써서 냈습니다.

지금 와서 되돌아보면 특이점이 한 가지 있는데, 바로 면접 15번 중에 14승 1무를 했다는 점이었습니다. 서류에서 떨어진 적은 참 많았던 것 같은데 이상하게 면접까지만 가면 한 번도 떨어진 적이 없었습니다. 그렇다면 1무는 무엇인지 그 얘기부터 하겠습니다. 한 산업 분야에서 세계 1위를 달리고 있는 외국계 회사의 면접이었습니다. 저는 평상시처럼 당당하게 면접에 임했고 영어 면접까지도 무난하게 치렀습니다. 면접이 끝난 후 며칠 뒤 회사에서 전화가 왔는데, 다른 기업과는 다르게 한 가지씩 저에게 설명을 해주었습니다.

"사실 면접 결과로만 보면 혁유 씨가 100% 뽑혀야 한다고 모든 면접관들이 의견을 모았지만 문제가 한 가지 있었습니다. 저희 회사는 지금 뽑는 인턴이 정규직 전환이 되지 않는 인턴입니다. 그런데 혁유 씨는 저희 회사와 경쟁하고 있는 기업에서 오랫동안 일을 해오셨고, 면접 때도 그쪽과 연계된 활동을 하고 있는지에 대한 질문에 그렇다고 답을 하셔서, 저희 인턴이 끝난 후에는 그쪽 기업으로 갈 확률이 크다고 판단되었습니다. 정규직으로 전환되는 인턴이었으면 저희 회사에서 잡고 싶었지만, 저희 회사에서 인턴을 한 후 그쪽 회사로 가게 될 경우에는 저희 회사가 피해를 입을 수도 있기 때문에 혁유 씨를 포기하는 쪽으로 결정했습니다. 실제로 전에도 그런 인턴이 있던 적이 있어서 어쩔 수가 없네요."

이 전화를 받고 나서 떨어졌다는 느낌보다는, 인사 팀에서 친절하게 설명까지 해주신 부분을 생각할 때, 저의 면접이 큰 인상을 심어주었다는 것에 대한 기쁨이 더 컸습니다.

저는 면접 때 특별히 하는 것이 없었습니다. 다만 남들과 다른 점이 있다면 모든 말을 할 때 상황, 액션, 결과 순으로 말을 한다는 것뿐입니다. 이 세 가지 구조로 말을 하면 듣는 사람이 이해하기도 더 쉽고 더 논리적으로 보일 것이라는 생각에서, 면접 때마다 상황을 말하고 내가 그 상황에서 했던 행동을 말하고 마지막으로 그로 인한 결과가 어떻게 되었는지를 말하는 것입니다. 별거 아니라고 생각할 수도 있지만, 실제로 면접에 가보면 공중에

붕 뜬 느낌으로 자신의 사례 없이 누구나 할 수 있는 말만 하는 친구들이 많습니다.

만약에 같은 팀으로 프로젝트를 한 두 명의 친구가 있는데 "이 프로젝트를 진행하면서 저희 회사에 기여할 수 있는 것이 있다면 무엇인가요?"란 질문에 "이 프로젝트를 진행하면서 저는 LCD에 대한 지식을 많이 키울 수 있었고, 그 지식을 바탕으로 회사에 기여를 하며 함께 성장하고 싶습니다."라고 대답한 친구와 "이 프로젝트를 진행하면서 LCD산업에 대해 분석해 보니 단기간에 큰 성장을 해왔지만 최근 패널의 가격 하락과 다양한 경쟁사들의 출현으로 공급과잉 되고 있는 것을 알 수 있었습니다. 그런데 알고 보니 이 회사는 1위의 첨단 기술력을 보유하고 있으며, 이 기술력을 바탕으로 저가의 패널보다는 기술적으로 앞선 부가가치가 높은 패널을 주로 생산 공급하며 극복해 나가는 모습을 볼 수 있었습니다. 저는 또한 LCD 이후에 새로운 패널의 시대가 온다는 점을 알고 이미 학교에서 신기술에 관련된 과목들을 들으면서 지식을 쌓아왔기 때문에, 미래의 고 부가가치 기술을 만들며 회사와 함께 성장해 나갈 수 있을 것이라고 생각합니다."라고 대답한 친구가 있다면, 어떤 회사든지 두 번째 친구를 뽑을 것입니다.

면접에서 가장 중요한 것 중 하나가 자기소개입니다. 보통 자기소개를 하는 시간은 면접 초반에 주어지기 때문에, 이 자기소개를 어떻게 하느냐에 따라 면접 분위기가 달라질 수 있습니다. 즉 면접관들의 공격적인 질문에 앞서 자기소개를 통해 선수를 칠 수 있는 것입니다. 저의 경우를 예로 들자면 전 항상 그 회사에 대한 관심도와 인재상을 상황, 액션, 결과의 구조로 표현했었습니다.

"저는 제가 LG디스플레이에 입사하기 위해 갖춰온 저만의 역량을 면접관님이 쉽게 이해하실 수 있도록 3가지로 정리해서 말씀드리고자 합니다. 첫째로, 저는 팀워크를 이루기 위한 리더십과 팔로우십을 겸비하기 위해 많은 노력을 해왔습니다. 실제로 대학교 과대표, 동아리 회장, 신입생 오리엔테이션 MC, 군대시절 조교 생활을 하며 적은 인원부터 많은 인원까지의 모임에서 여러 가지 실패를 겪으면서 리더십을 배워왔고, 리더십뿐 아니라 팀에서 어떤 역할을 맡든지 그 팀을 최고의 팀으로 만들 수 있게 팀 프로젝트와 대외활동 등에서 보조 역할도 충실히 수행하며 항상 최고의 팀으로 만들어 온 경험이 있습니다. 그 결과 삼성전자 대외활동 최우수 팀, 삼성전자 중국탐방단 최우수 팀이란 영예를 얻을 수 있었고 동부건설 홍보대사 우수 활동자 리더십 부문, 중앙경찰학교 모범대원 표창 등을 받을 수 있었습니다. 둘째, 저는 열정이 뛰어납니다. 어릴 적에는 벽에 붙어 있던 세계 지도에 각종 그림을 붙이며 세계를 제 손 안에서 관리하고 있다는 생각도 했으며, 크면서 세계의 벽이 점점 높아 보이기 시작할 때도 좌절하기보다는 다시 세계를 제 손안에서 관리할 수 있도록, 전 각종 문화와 어떤 산업이 각 나라에서 발전되고 있는지를 파악하며 33개국이란 나라를 여행하게 되었으며 어느덧 세계는 다시 저에게 작게 보이기 시작했습니다. 이런 저의 열정적인 경험은 세계로 뻗어나가는 LG디스플레이에서 좋은 역량을 발휘할 기초가 될 것이라고 생각합니다. 셋째, 저는 전문성을 갖추고 있습니다. 사실 LG디스플레이라는 기업은 저에게 생소한 기업이었지만 올해 초부터 LG디스플레이 블로그 운영진으로 활동하며 각종 연구소 분들과 직원 분들을 취재할 수 있었고, 블로그에 전문적인 글들을 올리기 위해 경쟁기업을 분석하고 LG디스플레이를 분석하며 LCD 사업 분야에 대한 지식을 키워왔습니다. 그 결과 현재도 활동 중인 블로그 운영진에서 5개월 연속 최우수 활동자로 선정되기도 하였습니다. 감사합니다."

회사의 인재상에 맞춰 상황, 액션, 결과의 순서대로 자기소개를 한 결과 한 면접관님은 "제가 들었던 자기소개 중에 가장 인상에 남네요."라는 말을 해주셨고, 그 이후부터 면접 분위기가 우호적으로 바뀌어 자기소개에서 구체적으로 언급하지 않았던 부분까지 질문을 받게 되어 오히려 제가 원했던 방향으로 리드해 나갈 수 있었습니다.

뒤늦게 깨달은
주식 1주의 고마움

군대 전역 시 큰 돈은 아니지만 모아두었던 60만원으로 투자 목적이 아닌 제가 가고 싶었던 회사들의 주식 1주씩을 사둔 것은 저에게 큰 도움이 되었습니다. 6개 정도 회사의 주식을 크게도 아니고 딱 1주 또는 10주 정도를 들고 있다 보니 저도 모르게 그 회사를 인터넷에 적어도 일주일에 몇 번은 검색을 하기 시작했고, 각종 증권사들에서 올라오는 분석 자료 및 그 회사들에서 내놓는 신기술들에 대해 별도로 노력하지 않아도 정보가 누적되어 전문가 수준이 되어 가고 있었습니다. 이 효과를 깨달은 뒤부터는 투자 목적이기 보다는 제가 항상 관심을 두고 싶은 기업의 주식을 딱 1주 또는 10주 단위로 매입을 해두기 시작했고 그 효과는 주식이 올라 돈을 벌기보다는 제 개인적으로 가고 싶었던 회사들에 대한 손쉬운 정보 수집 습관을 얻게 되었습니다. 때론 면접을 가서 받은 질문에 대해 주식 1주로 얻은 정보들을 대답하였을 때 실제 현직자들도 놓치고 있는 정보들까지도 이미 제가 많이 알고 있다는 느낌을 지울 수 없었습니다. 아무래도 현직자들은 각자의 일에 바쁘다 보니 회사 전체의 정보에 대해 조금은 늦게 접하기도 하고 각 회사 홍보 및 마케팅 쪽에서는 자기 회사가 내세우고 싶은 부분에 대해 먼저 기사를 흘리기도 하며 증권사들에서는 단순 그 기업에 대한 정보만을 올리기보다는 그 산업 전체에 대해 정보를 올리기 때문에 얻는 정보가 누적되었을 때 현직자들보다도 많은 정보를 얻게 되는 경우도 있습니다. 자기 일을 하는 데에 방해가 될 정도로 투자에 집중하는 것은 좋지 않지만 대학생 때 자기가 원하는 기업이나 산업 쪽에 작은 돈이라도 1주 또는 10주 정도 가지고 있다면 손쉽게 정보 수집 습관을 기를 수 있다고 생각합니다.

생각하지 못했던
인생의 진정한 멘토

　　　　　　　　　평상시 일상을 지내면서 수많은
멘토를 만들고자 노력하기도 하였고, 좋다는 강연을 찾아다니기
도 하였지만 생각하지도 못했던 잊고 있던 곳에 저의 진정한 멘
토가 있었습니다. 20대의 나이에 혼자서 타 지역에서 모터 가게
를 운영하다 크지는 않지만 20년이 넘게 전업사에 몸을 담으시며
운영해오셨던 아버지, 작은 가게를 운영해오신 어머니가 바로 그
멘토였습니다. 단지 제가 대하기 편한 상대라는 이유로 가깝게
있으면서도 고등학생 때까지 정작 부모님에게 무언가 저의 고민
을 나누거나 제가 하고자 하는 부분에 대해서 털어놓은 적이 없
었던 것 같습니다. 대학생활을 가장 열심히 한다고 생각했던 어
느 날 아버지가 나름 제가 열심히 공부를 하고 있다고 생각해서
던져 주신 "현재 아버지가 있는 회사의 상황이 이러한데, 이런 상
황을 헤쳐나가려면 어떻게 해야 좋을 것 같니?"란 질문에 대답하
지 못했습니다. 제가 여태까지 너무 크고 둥둥 떠 있는 것들에 대
한 전략을 구상해왔고 정작 우리 주변에서 일어나고 있는 많은
일들에 대해서는 정작 쉽게 대답할 수 없는, 많이 부족한 사람이
었다라는 생각이 들었습니다. 또한 어머니가 가게를 운영하시면
서 좀 더 많은 사람들에게 가게를 알릴 방법에 대해 물어왔지만
대답할 수 있는 것이라고는 이미 다른 가게들에서 하고 있는 방
법들뿐이었습니다. 물론 저의 관심사는 다른 곳을 향해 있기 때
문에 현답을 드리지 못한 부분도 있겠지만 어떻게 보면 가장 실

생활에 접해있는 이런 산업 및 자영업 부분에 대해서 너무 무관심하였고, 세상을 보는 저의 시야가 너무나도 좁은 곳에 머물러 있었구나라는 생각을 하게 되었습니다. 이런 질문 뒤에 이어진 부모님의 이야기들은 그 다음부터 저를 귀 기울이게 만들었고, 단순히 세상에 무언가를 펼치거나 전략을 구상하는 것뿐만 아니라 가장 기본적인 인간적인 부분에 대해서도 부모님의 말에 귀를 기울이게 되었습니다. 매번 이야기를 나눌 때마다 느끼는 것이지만 어떤 멘토를 찾더라도 자식을 사랑하는 부모님만큼 자식에 대해서 잘 파악하고 있는 사람은 없고 자신이 살아온 부분에 대해서나 자신들의 생각을 아낌없이 얘기해줄 수 있는 사람은 부모님밖에 없다고 생각을 합니다. 이 부분을 조금 더 일찍 알았더라면 좋았을 텐데 지금이라도 느낀 것에 대해 감사하고 여러분들도 너무 먼 곳에서 멘토를 찾아다니기보다 먼저 자신의 부모님으로부터 무언가를 배우기 위해 찾아 뵙는 것은 어떨까 합니다.

LG디스플레이에서 최종합격을 받기까지

LG디스플레이는 매출액이 25조에 이르며 세계 임직원 수가 5만 명이 훌쩍 넘고 디스플레이 산업 분야에서 세계 1, 2위를 다투는 큰 회사이지만, 우연한 기회에 LG디스플레이에서 대학생 블로그 운영진을 모집한다는 광고를 보기 전까지는 저 역시 LG디스플레이라는 회사가 무엇을 하는 회사인지도 정확히 알지 못했습니다. 블로그 운영진에 뽑혀 저 스스로 많은 글을 기획하여 취재를 하고 나서야 LG디스플레이라는 회사가 정말 괜찮은 회사라는 것을 알게 되었고, 더욱 더 회사에 대해 많이 알아보고자 발로 뛰어다니며 취재를 했던 기억이 있습니다. 그 사이 사람의 정보 습득에는 시각으로 받아들이는 정보가 70%가량 된다는 논문을 보았습니다. 사람이 소비자인데 그 소비자가 정보를 받아들이는 시각적인 제품들은 앞으로 지속적인 비전을 가지고 갈 것이란 생각도 들었습니다. 그렇게 시간이 지나고 있을 때 LG디스플레이에서 하계 인턴을 모집하였고 정말 비전이 있는 기업이라는 것을 알고 있었기에 지원을 하게 되었습니다. 이 때 저는 남들보다 유리한 입장이었습니다. LG디스플레이에서 블로그 운영 활동을 하고 있었기 때문에 이미 회사와 경쟁사들에 대한 분석을 끝마친 상태였고 실제 현직자 분들께 인터뷰 요청을 하며 개인적인 질문도 많이 할 수 있어서, 입사 원서를 쓸 때 할 얘기가 너무 많아 행복한 비명이 나올 정도였습니다.

문제가 있다면 공대생이 경영지원 직무로 지원한다는 점과 3.5의 낮은 학점, 그리고 토익 점수가 없는 것이었습니다. 대부분의 기업들은 일정 기준 이상의 학점과 영어점수를 요구하기 때문에 이것은 저에게 큰 걸림돌이 되었습니다. 학점은 3.3 이상이 지원 자격이었기 때문에 겨우 넘어갔는데 영어점수가 없으니 지원조차 못할 형편이었습니다. 하지만 스피킹 점수로도 대체가 가능하다는 조건을 보고 급하게 딴 영어 말하기 점수 하나로 지원을 하긴 했는데, 기존의 LG디스플레이 경영지원 분야 합격자들의 스펙을 봤을 때 제가 한참 부족했기 때문에 마음을 접고 있던 것이 사실입니다.

그러던 중 생각지도 못하게 서류 합격이라는 소식을 접하게 되었습니다. 이제 남은 것은 인적성 시험과 면접이었습니다. 인적성 시험을 시간이 부족해서 2/3 정도밖에 못 푼 상태로 끝마치고 면접을 보게 되었습니다. 면접을 앞두고는 사실 긴장되거나 불안하지 않았습니다. 이미 전 LG디스플레이에 대한 저만의 이야기를 상당히 많이 가지고 있었기 때문입니다. 몇 가지 면접 질문들이 오가고 영어 질문도 오가며 어느덧 면접 시간이 다 되었을 때, 한 면접관님께서 저에게 제안을 해주셨습니다. "사업본부 내 이러이러한 부서가 있는데 이쪽에서도 일할 생각이 있나요?" 저는 당연히 어떤 일이든 열심히 하겠다는 대답을 했습니다. 그리고 마침내 LG디스플레이 하계 인턴 경영지원 부분에 최종합격 되었다는 소식을 듣게 되었고, 입문교육을 받고 난 후 인턴사원으로 근무하게 되었습니다.

LG디스플레이 하계 인턴 최종합격 통지서

한 가지 더 운이 좋았던 점은 인턴을 하던 어느 날 면접관으로 참여하셨던 차장님께서 해주신 얘기입니다. "사실 우리 담당 내에 TO는 세 명이었고 우리 팀에는 TO가 없었지만, 면접 때 자네가 하는 말을 듣고 이 친구를 우리 팀으로 데려오고 싶다는 생각을 해서 추가로 자네를 뽑게 되었네."

말로만 듣던 정해진 TO로만 뽑는 것이 아닌, 괜찮은 친구가 있으면 추가로 뽑는 전형적인 경우가 바로 저에게 해당되었던 것입니다. 그러시면서 "내가 뽑아왔으니 부장님이나 다른 직원들에게 실망감을 주지 않도록 열심히 인턴생활을 해서 내년에는 꼭 정식 사원으로 만났으면 좋겠다."라는 말까지 덧붙여 주셨습니다.

본격적인 인턴사원 생활을 시작하면서부터 저는 무언가 회사에 도움이 될 만한 아이디어를 내서 짧은 시간 안에 많은 것들을 보여드리고 싶다는 생각을 했습니다. 하지만 그런 생각도 잠시, 인턴사원 교육을 통해서 저는 제가 아는 지식이 얼마나 보잘것없는 것인지 깨닫게 되었고, 일단은 많은 부분에 대해서 공부하는 것만이 인턴사원의 본질이라고 생각을 바꾸게 되었습니다. 그러던 중 선배사원 한 분이 직원들에게 작은 웃음을 줄 수 있는 이야기를 연재해 보는 것이 어떻겠느냐는 제안을 하셨습니다. 그렇게 해서 출근해서 대부분은 회사와 부서에 대한 공부를 하고, 틈틈이 직원들 사이에서 일어났던 사건을 귀담아 두었다가 제가 가지고 있던 포토샵 기술을 활용하여 웹툰 형식의 만화를 연재하기 시작했습니다. 그 후부터 매일 담당 내 100여 분의 직원들에게 짤방(짤막한 웃음을 주는 방식)을 만들어서 보내 '짤'이라는 별명으로 불리기도 했습니다.

　인턴사원 마지막 날 개인 발표 시간에 그동안 회사에서 배웠던 내용과 공부했던 내용들을 발표하고 나니, 부장님께서 "맨날 만화만 만들고 있는 줄 알았는데 회사 전반에 대해서 어느 정도 파악한 것 같아 보기 좋군요. 처음에 인턴사원을 뽑을 때는 반신반의 했었는데 앞으로 우리 부서에서는 인턴사원 제도를 적극적으로 활용해야겠습니다."란 말씀을 하시면서 저를 최종 합격시켜 주셨습니다. 또한 인턴사원 팀 프로젝트 경연대회에서도 팀원들과 꾸준히 준비한 결과 최종발표에서 1위를 수상하는 영광을 거머쥘 수 있었습니다. 이렇게 해서 저는 9월 초에 LG디스플레이 신입사원으로 최종 합격되었다는 연락을 받을 수 있었고, 대학교 등록금도 장학금으로 지원받을 수 있었습니다.

LG디스플레이
최종합격 자기소개서

1. 도전적인 목표를 정하고 열정적으로 일을 추진했던 경험을 구체적으로 기술해 주십시오.(특히, 일을 추진해 나가는 데 있어서 어려웠던 점과 그 결과에 대해서 중점적으로 기술해 주시기 바랍니다.)

'세계를 상대로 하는 글로벌 기획자'

어릴 적 저의 방 안 한쪽 벽에는 항상 제 시야에 들어오는 세계지도가 붙어 있었습니다. 어린 생각에 "저 속에 60억 인구가 살고 있다니, 너무 좁은데?"라고 부모님께 말하며 중동지역에 석유그림을 붙이던 기억이 있습니다. 마치 전 세계를 이끌어 나가기 위한 전략을 어린 시절엔 이미 세우고 있었던 것 같습니다. 하지만 성장을 해가면서 세계의 높은 벽에 자꾸 물음표를 던지게 되었고, 전 그 물음표에 대한 해답을 찾기 위해 취업하기 전까지 세계 일주를 하겠다는 다짐을 했습니다. 그렇게 해서 시작된 여행이 어느덧 30개 가까운 나라가 되었고, 2개 대륙을 제외하고는 모든 대륙을 여행하였습니다. 단순히 여행만 한 것이 아니라, 전 각 나라의 문화재보다는 그 사람들의 생활양식이나 독특한 문화에 중점을 두고 여행을 하였습니다. 한 가지 예로, 프랑스에서는 기존에는 건조하고 덥지 않은 기후여서 에어컨이 없었는데 지구 온난화로 인해 점차 에어컨을 찾고 있는 사람들이 많다는 사실을 알 수 있었고, 이외에도 각 나라별로 현재는 발달되지 않았지만 발달할 수밖에 없는 산업에 대해서도 생각해 보게 되었습니다. 여행을 하면서 경험을 하다 보니 어느새 세계는 다시 어린 시절처럼 작아 보였고, 해외로 진출하고 있는 LG디스플레이에서 제가 세계시장을 개척해 나가는 데 중요한 덕목이 되리라고 생각합니다. 물론 이렇게 여행을 다니기 위해서는 상당히 많은 돈이 필요했습니다. 그래서 기업들이 무료로 보내주는 활동을 이용해서 다녀오기도 하고, 방학 때가 되면 방앗간에서 떡을 만드는 아르바이트를 하거나 전업사와 타이어 생산 공장에서 일하기도 하였습니다. 이런 과정을 통해 저는 한 단계 더 성장했다고 생각합니다.

2. 부족한 지식이나 역량, 또는 새로운 기술을 개발하기 위해 노력을 기울였던 사례를 기술해 주십시오.(그러한 노력을 기울이게 된 계기와 그 결과에 대해서 중점적으로 기술해 주시기 바랍니다.)

'부러워하기 전에 부러운 사람이 되라'

저는 산업공학을 전공하며 세계적인 기획자가 되겠다는 목표를 가지게 되었습니다. 하지만 저의 불같은 열정과 당당한 자신감에도 한 번의 좌절이 있었습니다. 당시 한 포럼 단체에서 개최했던 기업경영에 관련된 토론회에 참석하게 되었는데, 토론이 진행될수록 저는 점점 부끄러워져만 갔습니다. 다른 참석자들은 모두 근간이 되는 지식과 배경 등을 바탕으로 논리 있게 상대방을 설득해 나갔지만, 저는 말로는 기획자가 된다고 소리치고 다녔으면서도 막상 기본 지식과 배경 지식은 알고 있지 못했기 때문입니다. 그때부터 저 자신만의 기획자가 되기 위해 경영학과 복수전공을 신청하여 수업을 들었고, 수업을 들으면서도 단순한 이론 지식보다는 실무적인 업무를 직접 해보며 남들과는 다른 역량을 만들기 위해 각종 대기업 학생참여 프로그램과 인턴사원을 경험하게 되었습니다. 각종 대외활동에서 해주는 실무적인 교육과 프로젝트를 통해 저 스스로가 한 단계 발전할 수 있었고, 이런 과정을 바탕으로 저는 삼성전자 마케팅 리더 최우수팀, 삼성전자 중국탐방단 최우수팀, 삼성전자 중국탐방단 최우수 개인, 동부건설 홍보대사 리더십상 그리고 파워블로거상 등 각종 공모전 상들도 받으며 저의 부족한 부분을 빠르게 개발할 수 있었습니다. 또한 단순한 프로젝트로 끝나는 활동이 아닌, 실제 기업에서의 사람들의 생활과 업무는 어떤 식으로 진행되고 있는지 분석하기 위해 미국 NYX Los Angeles INC와 Henkel이라는 회사에서 인턴사원으로 근무하며, 실제 마케팅 기획을 하는 사람들의 생활상과 그들이 가지고 있는 생각들을 공유하며 진짜 기획자가 되기 위한 준비과정을 철저히 해나가고 있습니다.

3. 학창 생활, 사회 경험 등을 통해 상대의 어려움을 지나치지 않고 도와주었던 경험을 기술해 주십시오.(당시의 상황 및 그 결과에 대해서 중점적으로 기술해 주시기 바랍니다.)

'개인주의 회사를 가족주의 회사로 바꿔라'

미국에서의 인턴십을 시작하던 때, 영어도 서툴렀던 저에게 더욱 더 가슴 아팠던 사실은 모든 직원들이 각자의 업무에만 신경을 쓰고 서로에게는 전혀 말을 걸지 않는다는 것이었습니다. 친절하게 다가오는 사람 하나 없어 영어가 서툴렀던 저에게는 대책이 필요하다고 생각하게 되었고, 사장님께서도 다양한 인종이 섞여 있는 데다 원래부터 개인적인 경향이 강해서 아무리 바꾸려고 노력을 해도 인종문제가 해결되지 않는다고 한탄을 하셨습니다. 그래서 입사 첫날 사장님께 앞으로 직원 60명의 집을 인턴십이 끝나기 전까지 모두 방문하여 그들과 친해지고, 회사를 한 가족화 되게 해보고 싶다는 포부를 밝혔었습니다. 시간이 흐르면서 전 직원들의 집에 한 곳씩 주말을 이용해서 찾아가기 시작했고, 그들과 자연스럽게 캠핑이나 저녁식사를 하며 가족같이 친해질 수 있었습니다. 물론 동양인인 저와 친해짐으로써 인종에 대한 벽들 또한 무너졌습니다. 어느덧 인턴십이 끝나기 1달 전 저는 모든 직원들과 피를 나눈 형제처럼 친해졌고, 그 결과 어느새 많은 직원들이 모이는 자리도 주최를 하게 되었습니다. 제가 한국에 돌아올 때는 저의 송별회를 유달리 포스터까지 제작하여 회사 곳곳에 부착해 주었고, 송별회에서는 전 직원들이 함께 자리하기도 하였습니다. 이렇게 기업의 어려웠던 점과 저의 어려운 점을 함께 극복함과 동시에 해결함으로써, 회사의 분위기를 개인주의에서 가족주의로 바꾸어 놓고 아직까지도 고맙다는 연락을 계속해서 받아오고 있습니다.

4. 상황을 보는 시각과 견해의 차이가 많았으나 상대방의 의견을 존중하면서 원만한 결론을 도출하였던 경험을 기술해 주십시오. (당시 의견 차이가 발생한 원인은 어떤 사항이었고 어떠한 방법으로 결론을 도출하였는지 중점적으로 기술해 주시기 바랍니다.)

'저물어 갈 것인가, 부흥을 시킬 것인가'

대학교 2학년 때 선배들이 너무 좋아 들어갔던 율동 동아리에서 회장을 맡게 되었습니다. 하지만 동아리의 전통을 잃으면 안 된다는 선배들과는 달리, 1학년 때부터 학생들은 이런 예술분과의 동아리보다는 취업 위주의 동아리를 선호했고, 그로 인해 동아리의 인원수가 계속해서 줄어들고 있었습니다. 회장을 맡고 나서 어떻게 하면 선배님들이 쌓아온 동아리의 문화를 유지하면서 다시 한 번 동아리를 견인할 수 있을까에 대해서 고민을 많이 하였고, 여러 동기들과의 회의를 통해서 한 가지 안을 수립할 수 있었습니다. 기존처럼 회장과 부회장만의 체계로 운영되어선 동아리를 체계적으로 관리할 수 없고, 시대에 뒤떨어진 율동만으로는 유지가 힘들다는 판단 하에 오락부, 율동부, 학습부 등을 창설하여 기존의 율동도 좀 더 효율적으로 관리하고 재미있는 요소와 학습(취업)적인 요소를 더해서 각 정기회의 때마다 각 부서별로 발표를 하게 하였습니다. 오락부의 경우에는 레크리에이션을 진행한다든지 MT 등을 추진하였고, 율동부에서는 선배들이 대대로 물려준 율동을 나머지 동아리 친구들에게 가르쳐 주는 역할을 담당하였고, 학습부의 경우에는 취업과 관련해서 우리가 놓치면 안 되는 점에 대해서 설명해 주었습니다. 그 이후에 각각의 책임이 부여되었기 때문인지 동아리에서 얻을 수 있는 것이 많아져 인지 친구들의 참석률이 2배 이상으로 늘어나게 되었고, 다음 해의 신입생 모집 때에는 15명 모집에 200명이 지원하는 쾌거를 올릴 수 있었습니다.

대단하지?
신기하지?
놀랍지?

FPR 3D니까!

기존 3D TV의 불편함과 화질의 한계를 완전히 뛰어넘은 놀라운 세상 –
전 세계가 주목하는 차세대 3D, FPR방식 3D TV–
지금 LG디스플레이가 만들고 있습니다.

현대모비스

강자훈

현대모비스 강자훈

현대모비스 메카생기팀
국립경상대학교 기계공학과 졸

인턴경험
2009. 07 - 2009. 08 현대모비스 하계 인턴사원

대외활동
2004. 03 - 2010. 02 국립경상대학교 자작자동차 동아리 Car-Tech
2008. 12 - 2010. 01 현대모비스 통신원 6기
2009. 07 - 2009. 07 현대기아자동차그룹 글로벌 청년봉사단 해피무브 3기

프로젝트
2008. 01 - 2008. 08 GNU-PSU Baja SAE Project
2008. 07 - 2008. 10 METEC PAM-STAMP+를 이용한 전산 구조해석 강좌 개발

수상경력
2006. 10 Baja SAE Korea RockCrawling 우승
2007. 01 2006 Winter English Camp Dean's Award
2007. 11 기계공학연구정보센터 2007 METRIC RCC 공모전 최우수상
2007. 11 Baja SAE Korea RockCrawling 준우승
2008. 08 2008 삼성물산 건설부문 대학생 사진/UCC 공모전 수상
2008. 11 기계공학연구정보센터 2008 METRIC RCC 공모전 우수상

후회 없는 취업을 위하여

저는 남들보다 뛰어나지 않습니다. 취업을 준비하면서 동기, 선배, 그리고 대외활동을 같이했던 친구들과 비교했을 때 제 스펙은 많이 부족했었습니다. 지방 국립 대학교 기계공학과 졸업, 학점 3.59, TOEIC 825, OPIc IM2. 이상이 취업 당시 제 스펙입니다. 최근 취업을 준비하는 친구들과 비교했을 때도 평균 혹은 그 이하의 스펙이라고 생각합니다. 이런 스펙으로 어떻게 지금의 회사에 입사할 수 있었는지 의문을 가지시는 분들도 많으실 겁니다.

이제부터 말씀드리려 하는 이야기는 남들보다 뛰어난 스펙을 가진 친구들에게만 적용되는 이야기가 아닙니다. 평범한 대학생활의 졸업을 앞두고 취업을 준비하는 당신, 그리고 당신 친구들의 이야기가 될 수 있을 것이라고 생각합니다. '좋은 대학을 가지 못해서' ' 학점관리를 잘 못해서' '영어공부를 하지 않아서' 이런 생각들은 결코 취업에 도움이 되지 않습니다. 이런 후회들은 좋지 못한 자기소개서를 만들고, 면접에서는 자신감 없는 모습으로 드러날 것이며, 최종적으로 불합격이라는 결과를 낳게 될 것입니다.

4학년 2학기 졸업을 앞두고 남들과 같이 취업을 준비하던 때였습니다. 일부 회사는 서류에서 탈락을 했고, 다른 회사에는 최종면접까지 올라갔지만 결과적으로 모든 회사에서 〈다음에 좋은 기회가 되면 만나자〉는 메일을 받았습니다. 그렇게 취업에 실패를 하고 힘들어하던 당시, 한 선배가 해 준 말이 기억납니다. "취업이란 것은 실력도 중요하지만 운과 때도 중요하다고 생각한다. 지금은 비록 그것이 맞지 않아 취업이 안 됐지만 언젠가는 취업을 하게 될 것이고, 이번에 떨어졌다고 해서 다음에 더 좋은 회사를 가지 말라는 법도 없다. 그러니 당장 눈앞의 취업에 급급해 하지 마라. 정말 네가 원하는 것이 무엇인지 생각하고 그것을 찾는다면, 지금의 힘든 시간이 나중에는 인생에서 가장 소중한 시간이 될 것이다."

물론 당시에는 선배의 위로가 크게 도움이 되지 않았습니다. 그저 취업을 한 선배 입장에서 취업을 하지 못한 후배를 위로하기 위한 말이라고 생각했었습니다. 하지만 취업을 하고 회사에 근무하는 입장이 되고 보니 선배의 말이 단지 위로를 위한 말이 아니라는 것을 알 수 있었습니다. 그리고 다시 한 번 나에게 질문을 해보았습니다. '과연 그때 내가 원하는 곳이 아닌 다른 곳에 합격하여 입사했어도, 지금과 같이 회사에 만족하고 즐겁게 일을 할 수 있었을까?'라고 물었을 때 대답은 "아니요!"입니다.

취업을 어떻게 하면 빨리 할 수 있을지 알려줘야 하는 책에서 취업에 대해 급하게 생각하지 말라고 하니 조금은 의아해하실지도 모르겠습니다. 하지만 여기서 중요한 것은 남보다 빨리 취업을 하는 것이 남보다 취업을 잘한 것은 아니라는 것, 그리고 남들보다 늦게 취업을 했다고 해서 내가 남들보다 못난 것은 아니라는 것입니다. 물론 자신이 가고 싶은 회사, 하고 싶은 일을 빨리 깨닫고, 그곳에 최대한 빨리 입사하는 것이 가장 좋다고 생각합니다.

최근 뉴스나 지인들을 봤을 때 이슈가 되는 부분이 〈신입사원의 퇴사율〉입니다. 취업을 준비할 때는 '취업만 시켜준다면 밤샘 근무도 불사할 수 있어' '나는 1년 동안 복사만 해도 좋으니 취업만 되면 좋겠다'라는 마음으로 준비를 합니다. 하지만 막상 입사가 결정되고 출근을 하게 되면 '이 길이 정말 내 길이 맞는 걸까?' '다른 회사에 근무하는 친구들을 보면 다들 편한 것 같은데 나만 이렇게 언제까지 힘들어야 해?' '이 회사를 그만두고 대학원을 가서 석사학위를 따면 지금 회사보다 훨씬 좋은 회사에서 근무 할 수 있을 텐데'라는 등의 수많은 고민들이 회사에 쉽게 적응을 하지 못하게 만들고, 업무 능률을 떨어뜨리며, 결국 극단적으로 퇴사라는 결정까지 내리게 합니다. 과연 이런 일들이 회사만의 문제라고 볼 수 있을까요? 물론 정말 회사에 문제가 있을 수도 있습니다. 하지만 그만큼 내가 하고 싶은 일에 대한 확신이 없고, 회사의 분위기와 지원한 팀의 기본적인 업무도 모른 채 단순히 '취업'만을 목표로 달려왔기 때문에 위와 같은 일들이 일어난다고 생각합니다.

"인생에서 원하는 것을 얻기 위한 첫 번째 조건은 자신이 원하는 것이 무엇인지를 정확히 아는 것이다."라는 말이 있습니다. 취업을 준비하고 계신 여러분께 묻고 싶은 것은 "당신이 정말 원하는 회사는 어디이고, 원하는 업무는 무엇이며, 그 일을 하면서 최종적으로 이루고 싶은 것은 무엇인가?" 하는 것입니다. 이 물음에 대해 명확하게 대답할 수 있다면 이미 취업에 절반 이상은 성공했다고 할 수 있습니다. 그리고 입사 이후 취업만을 목표로 했던 다른 사원들이 겪는 슬럼프 대신, 누구보다 빠른 적응력으로 회사에서 인정받는 신입사원이 될 수 있을 것입니다.

자신감이 미치는 영향

항상 가슴속에 담아두고 살아가는 말이 있습니다. "진정한 의미의 자신감을 가진 사람이 되자! 실력이 없는 자신감은 오만이고, 실력은 있으나 자신감이 없다면 그것은 자신의 실력을 썩히게 되는 것이다. 그러므로 실력에서 나오는 자신감, 그리고 자신감에 걸맞은 실력을 갖추자!"입니다. 이러한 자신감이 주는 영향이 얼마나 큰 것인지에 대해 직접 경험을 했기에, 그런 사람이 되기 위해서 늘 가슴속에 담아두고 있습니다.

고등학교 2학년, 남 앞에 나서기를 좋아하고 다른 사람들에게 관심받기를 좋아하던 저는 학교 축제 무대 위에서 공연하던 선배들을 보고 랩 동아리에 가입하게 되었습니다. 이전부터 꾸준히 랩을 들었고, 연극과 노래 등 다른 무대경험도 많았기에 다른 사람들보다 잘할 수 있을 거란 생각을 가지고 있었습니다. 동아리에 가입하고 처음으로 공연을 하던 날이었습니다. 거리에서 동아리를 홍보하는 행사였는데 총 3곡 중 한 곡, 16마디 분량의 랩을 하면 되는 그리 어려운 무대는 아니었습니다. 공연 전 선배들과도 충분한 연습을 하였고, 리허설에서도 큰 실수 없이 공연시간만 기다렸습니다. 하지만 막상 무대 위에 올랐을 때는 머리가 하얗게 되어, 제가 해야 할 부분의 가사도 다 잊어버리고 한마디도 제대로 못한 채 무대를 내려왔던 적이 있습니다. 그렇게 첫 공연을 망치고 나니 이후 공연부터는 가사를 잊어버린다거나 발음이 꼬이는 등의 실수가 많았습니다. 공연을 마쳤을 때의 홀가분한 느낌보다는 다음 공연에 대한 걱정이 앞서기 시작했습니다. 실력이 부족해서 그렇다고 생각하고 하루에도 수십 번씩 연습했지만 좀처럼 나아지지 않았습니다. 누구보다 열심히 연습했고, 또 연습 때는 다른 누구보다 잘했기에, 도대체 무엇이 문제인지 알 수가 없었고, 점점 랩 공연에 재미를 잃어가고 있었습니다.

그러던 어느 날 한 친구의 말을 통해 제가 여태껏 어떤 문제를 갖고 있었는지, 그리고 어떻게 해결해야 하는지를 깨닫게 되었습니다. 친구들과 노래연습장을 자주 다녔었는데, 막상 그곳에 가면 랩보다는 발라드를 불렀습니다. 괜히 다들 발라드를 부르는데 나 혼자 랩을 불러서 분위기를 깨는 건 아닐까 하는 기우 때문이었습니다. 그래서 하고 싶은 랩이 있어도, 1절만 부르고 노래를 끄곤 했습니다. 그런 모습을 지켜보던 친구가 저에게 이야기를 꺼냈습니다.

"난 정말 네가 랩을 잘한다고 생각하고 네 랩을 듣는 것이 좋은데, 왜 노래방에만 오면 랩도 잘 안하고 랩을 해도 1절만 하고 끝내는지 모르겠다. 그냥 하고 싶은 것이 있으면 자신 있게 하면 되지, 다른 사람도 아니고 친구들 눈치를 왜 보냐?"

친구의 말을 듣고 보니, 랩을 할 때면 나도 모르게 다른 사람들 눈치를 보는 게 있었던 것 같았습니다. 랩이 그렇게 유행할 때도 아니어서 친구들이나 공연 보러 온 사람들을 남몰래 살피면서 '혹시 저 사람들이 내 랩에 대해서 뭐라고 하지는 않을까?' '저 친구는 저기 서서 뭐라고 하는 거야?' 등의 걱정을 했던 것이, 무대 위에서의 저를 움츠러들게 만들었던 것입니다. 그렇게 다른 사람들의 시선이 두렵고, 그로 인해 무대 위에서는 위축된 상태로 공연을 했으니, 보는 사람들의 호응을 이끌어 낼 수가 없었던 것이죠. 그리고 호응이 없으니 더욱 자신감을 잃어가는 악순환이 반복되었습니다. 문제가 무엇인지, 왜 나는 자신감 없이 무대 위에 섰는지를 깨닫고 난 이후, '나는 충분히 잘할 수 있고 연습도 많이 했어. 앞으로는 무대 위에서 다른 사람은 생각하지 말고, 내가 즐겁게 하고 싶은 것을 하자!'라고 마음을 먹었습니다. 그런 생각으로 무대에서 랩을 한 후부터는 많은 부분에서 변화가 일기 시작했습니다. 떨림도 사라졌고 실수도 줄어들었습니다. 랩을 하는 것이 즐겁게 느껴졌고, 관객들의 호응도도 예전과는 훨씬 달라져 있었습니다. 점점 더 공연이 재미있어지고, 제 무대에 대해 여러 사람들이 칭찬도 해주었습니다. 그렇게 자신감을 얻고 난 이후 정말 많은 공연들을 할 수 있었고, 10년이 지난 지금까지도 꾸준히 공연할 수 있는 힘을 얻게 되었습니다.

무대 위에서의 자신감은 성공적인 공연을 만들어 주는 필수 요소이다

만약 그때 몇 번의 실수로 자신감을 잃고 포기했다면 지금까지 공연을 지속하기란 힘들었을 것입니다. 성격과 생활 또한 지금의 저와는 정반대의 모습으로 살아갈 수도 있었을 거라 생각합니다. 하지만 그때의 그 경험으로 자신감을 갖는 것 하나가 얼마나 다른 결과를 만들어 내는지를 알게 되었고, 항상 그러한 자신감을 갖기 위해 노력하고 있습니다.

이런 자신감은 단지 무대 위에만 국한되는 것이 아니라, 취업에 있어서도 당락을 결정지을 만큼 중요한 요인 중 하나입니다. 예를 들어 당신이 면접관이라고 생각하고, 앞에 다섯 명의 지원자가 있다고 가정해 보십시오. 다섯 명 중 세 명을 뽑아야 하는데, 두 명은 모든 면에서 다른 면접자들보다 뛰어나 이미 마음속으로 합격이 결정되었습니다. 하지만 나머지 세 명은 객관적인 스펙과 인상을 비롯한 대부분의 내용이 비슷합니다. 이 사람 중 한 사람을 선택해야 하는데, 첫 번째는 차분하게 그러나 전혀 위축됨 없이 당당하게 자신에 대해 설명하고 묻는 말에도 대답을 잘하는 사람이고, 두 번째는 그나마 세 명 중에서 서류상으로는 뛰어난데 대답을 망설이거나 위축되어 있는 사람이고, 마지막은 자신감은 넘쳐 보이지만 어딘가 과장되고 부풀려서 대답하는 사람입니다. 아마도 대부분의 사람들은 첫 번째 사람을 최종 합격자로 선택할 것입니다.

취업을 준비하면서 어느 누구보다 열심히 영어공부를 하고, 학점을 채우고, 다양한 봉사활동을 해 왔을 것입니다. 하지만 막상 다른 취업준비생들과 비교했을 때는 부족한 부분이 많아 보이고, 저 친구와 같이 면접에 들어가면 떨어질 것 같은 불안한 마음을 누구나 조금씩은 가지고 있습니다. 자신이 부족한 부분을 생각하면서 '왜 나는 이것도 안했을까?'라고 마음을 먹는 순간 위축되고 자신감이 사라집니다. 반대로 '그래, 저 친구는 저만큼 준비했지만 나도 나름대로 열심히 준비했어. 그리고 나만이 가지고 있는 다른 모습이 있으니까 충분히 이번 면접에서 성공할 수 있어!'라고 자신감을 갖는 순간 취업에 한 발 더 다가설 수 있을 것입니다.

자동차와의 인연, 자동차 연구회
"CAR-TECH"

(1) 자동차 연구회 CAR-TECH를 만나다.

캠퍼스의 낭만이라는 부푼 꿈을 안고 입학한 대학은 그렇게 꿈과 낭만으로 가득한 곳은 아니었습니다. 예쁜 여자 친구와 푸른 잔디밭에 누워 독서를 하는 것은 TV에나 나오는 이야기라는 선배들의 말이 현실로 다가왔습니다. 공대인과 기계공학도로서 구체적인 꿈도 없이 수능 성적에 맞춰 입학한 대학교에서는 더욱 그런 로망은 찾아볼 수 없었습니다. 동아리 역시 마찬가지라고 생각했습니다. 이미 고등학교 때 6개의 동아리 활동을 했던 터라 대학교 동아리에 큰 흥미를 느끼지 못했고, 그저 남들보다 쉽게 선후배들을 만날 수 있는 자리니 한두 군데만 가입해 두자는 마음이었습니다. 신입생 오리엔테이션 기간에 알게 된 동아리 중 가장 사람 좋아 보이는 선배가 속한 동아리에 가입했는데, 그때는 그것이 제 인생의 전환점이 되리라고는 생각지도 못했습니다.

'Car-Tech' Car & Technology의 약자를 가지고 있던 동아리는 고등학교 때와는 조금 다른 느낌의 동아리였습니다. 처음 동아리방 문을 열고 들어갔을 때 펼쳐진 풍경은 작은 공장의 모습과도 같았습니다. 군데군데 널려 있는 쇠파이프, 그라인더, 용접기, 렌치 등의 각종 공구들, 마지막으로 정체를 알 수 없었던 괴상한 모양의 자동차. 이것은 제가 상상했던 동아리의 모습과는 많이 달랐습니다. 수업을 마치면 동아리 선배들은 공장에서 파이

현대모비스 강자훈

프를 자르고 그것들을 용접하며 자동차를 만들었고, 용접이 무엇인지 벤딩은 어떻게 하는 건지 아무런 기초지식이 없었던 저는 선배들 옆에서 간단한 심부름을 하면서 활동을 시작했습니다. 그렇게 땀 냄새와 시끄러운 공구 소리로 가득한 공장에서 '남들은 동아리에서 다른 동아리와 조인트로 MT도 가고, 예쁜 선배나 동아리 친구들과 밥도 같이 먹으러 다니는데, 나는 과연 무엇을 하고 있는 것일까?'라는 의문을 가졌습니다. 그런 생각이 들수록 동아리에서 일하는 것도 귀찮아지고 힘들어졌습니다. 하지만 동아리 활동을 열심히 하면 매년 7월 영남대에서 펼쳐지는 전국 자작 자동차 대회에서 우리 학교를 대표하는 드라이버가 될 수 있고, 그 대회에서 좋은 성적을 거두면 뉴스나 신문에도 나올 수 있다는 선배들의 말에 그저 '드라이버'를 꿈꾸며 동아리 활동을 이어 나갔습니다. 약 3개월의 작업이 끝나니, 공장 내 굴러다니던 파이프와 부품들이 한 대의 자동차로 완성되었습니다. 그리고 대회가 펼쳐진 7월, 처음 동아리에 들어와 꿈꿨던 드라이버로는 참가하지 못했지만, 진행요원으로 자작 자동차 대회에 참석할 수 있었습니다.

약 70개 대학, 100대의 자동차들이 참가했던 'Baja SAE Korea' 대회는 충격이었습니다. 전국의 수많은 대학교에서 이번 대회를 위해, 최소 한 학기 이상을 우리와 같이 차를 만들어 대회에 참가했습니다. 그렇게 많은 사람들이 이번 대회를 위해 수많은 밤을 지새우며 쏟아 부은 땀과 열정을 생각하면 동아리 활동을 하면서 투덜댔던 내 모습이 부끄러울 정도였습니다. 그리고 앞으로는 더욱 동아리 활동을 열심히 해야겠다는 생각을 가졌습니다.

본격적인 대회가 시작되었습니다. 대회는 정적 테스트, 동적 테스트, 내구 레이스 총 3일로 진행되었습니다. 첫째 날의 정적 테스트는 차량의 기본적인 구조 및 차량의 안전성과 독창성 등을 평가하고, 대회에서 제시하는 규정에 맞게 제작되어 있는지를 점검하고 평가하는 테스트였습니다. 각 학교의 교수님들이 주어진 평가 시트에 맞춰 하나씩 질문을 하기 시작했습니다. "어떠한 이유로 SIM(Side Impact Member)에서 이렇게 파이프가 부착이 된 건가요?" "차바퀴 정렬을 보면 토우인으로 되어 있는데 왜 그런 것인가요?" 등의 수많은 질문들에 대답을 하고, 오히려 교수님들이 모르는 부분들까지 설명을 하는 선배들의 모습을 보면서 '정말 여태껏 차를 만들면서 그냥 만드는 것이 아니었구나!'라는 생각과, 자동차에 대해서 많이 아는 교수님들과 동일한 입장에서 대화를 할 수 있다는 사실에 놀랐습니다. 둘째 날의 동적 테스트는 차량의 가속력, 제동력, 선회력, 견인력 등의 기본적인 차량 성능을 시험하고 평가하는 테스트였습니다. 선배들은 각 테스트의 코스와 상대 팀들의 결과를 분석하면서 차분히 테스트를 준비했습니다. 그리고 각 테스트가 끝날 때마다 차량의 상태를 점검하고 다음 테스트를 분석하는 모습을 지켜보며, 나에게는 작은 장난감 같은 자동차가 다른 사람들에게는 얼마나 큰 의미가 있는 것인지를 깨닫게 되었습니다. 마지막날은 대회의 꽃이라 할 수 있는 내구 레이스 경기가 열렸습니다. 정해진 오프로드 코스를 3

시간 동안 주행하며 차량의 내구성과 종합 성능을 확인하는 내구 레이스는 대회의 하이라이트였습니다. 레이스 시작과 동시에 수많은 차들이 흙먼지를 날리며 코스를 달리기 시작했습니다. 일반 자동차 레이스로 사용되는 평지 코스가 아닌 오프로드 코스를 주행하는데, 내구성이 부족한 1/3 이상이 주행 중 차량파손으로 레이스를 포기했고, 코스를 달리기는 하지만 정상적인 주행을 못하는 차량도 발생했습니다. 이 와중에 다른 학교의 차량을 앞질러 주행하는 선배들의 차를 보았을 때 가슴속에서 뿌듯한 마음이 들었습니다. 우리가 만든 차가 가장 튼튼했고, 가장 빨랐으며, 선배들의 운전 실력도 뛰어나 결과적으로 내구 레이스에서 1위의 성적으로 들어올 수 있었습니다.

내구 레이스 중인 Car-Tech 차량   대회가 끝난 후 내구 레이스 1등을 축하하는 모습

그렇게 2박 3일의 대회가 끝나고 집으로 오는 길에 많은 생각이 들었습니다. 작은 자동차 하나에 얼마나 많은 대학생들의 열정이 담겨져 있는지를 알게 되었고, 마음속으로 나도 그들의 열정을 배우고 싶고 그들과 함께하고 싶다는 생각이 들면서 목표를

정했습니다. 첫 번째는 차량의 드라이버로 대회에 참가하는 것,
두 번째는 내가 직접 차량을 설계하고 그 차량을 만드는 것, 마지
막으로는 1년에 한 번 학교에서 선발하는 교환학생이 되어 미국
에서 벌어지는 자작 자동차 대회에 참가하는 것이었습니다.

(2) 세 가지 목표 – 드라이버, 차량 설계, 미국대회 참가

첫 번째 목표였던 '드라이버'는 생각보다 빨리 이룰 수 있었습
니다. 1학년 1학기 대회를 마치고 군대를 다녀왔고, 복학 이후
바로 동아리에 복귀했습니다. 그렇게 새로운 선배들과 동아리 활
동을 시작하고 2007년 자동차 대회를 준비하던 중 이벤트성 대
회인 'RockCrawling Competition'이 개최된다는 이야기를 듣고
참가 신청을 하였습니다. 큰 의미의 대회는 아니었고, 동아리에
빠른 적응을 하라는 선배들의 배려로 대표 드라이버로 대회에 출
전할 수 있었습니다. 대회는 길이 10m, 폭 3m, 최고 높이 1.5m
에 크기가 제각각인 바위들을 쌓아놓고 그 코스를 가장 빨리 넘
어서 결승점을 통과하는 팀에게 우승이 주어지는 경기였습니다.
앞서 출전했던 차들 중 과반수 이상은 바위를 넘다 중간에 빠져
나오지 못해 크레인에 들려 나왔고, 일부 차량은 충격을 견디지
못해 코스위에서 파손되었습니다. 제 차례가 되었을 때 최소한
차량 파손이나 코스 위에서 멈춰서지는 말자라는 생각으로 시작
신호와 함께 엑셀을 밟았고, 차량은 큰 바위들을 타고 넘어 빠른
속도로 결승라인을 통과했습니다. 그 결과 5.26초의 뛰어난 성적
으로 첫 번째 드라이버로 참가했던 대회에서 우승이라는 값진 선

물을 받을 수 있었습니다.

처음 목표였던 동아리 드라이버를 경험하고, 대학교 2학년이 되었을 때 두 번째 목표를 위해 준비하였습니다. 대회를 준비하면서 동아리 내에서는 3학년 위주로 구성된 1팀, 2학년 복학생 위주로 구성된 2팀이 운영되었습니다. 그중 저는 2팀의 부팀장 겸 드라이버를 맡으며 대회 출전을 위한 차량을 설계하기 시작했습니다. 완성된 차량에 올라 운전하는 것에 비해, 직접 차량을 설계하고 제작하는 것은 쉽지 않은 일이었습니다. 첫 번째로는 차량의 기본 구조를 익혀야 하고 대회 규정에 맞는 차량을 제작해야 했습니다. 우선 영어로 된 규정집을 번역하여 차량의 각 부위별 명칭, 규격 등을 체크하는 걸로 차량 설계 준비를 시작하였습니다. 선배들이 제작한 차량을 직접 자로 재어보기도 하고, 기존 차량을 설계했던 선배들에게 설계하면서 문제점은 어떤 것이 있었는지, 어떤 부분을 기존의 차량과 같이 유지해야 하는지 등을 물어보았습니다. 그렇게 선배들의 차량을 분석하고, 벤치마킹하면서 차량을 설계해 나갔습니다. 두 번째로 어려웠던 일은 도면을 작성하는 일이었습니다. 대학교 1학년 때 배웠던 CAD는 기본적인 프로그램의 운영방법에 대해서만 배웠던 터라 도면을 그리는 데는 어려움이 있었습니다. 또한 차량의 구체적인 형상, 2차원으로는 확인하기 어려운 문제점을 확인하고, 프레임의 구조 해석을 위해서는 카티아를 이용한 설계도 필요했습니다. 그런 설계 프로그램 사용법을 배우기 위해서 연구실 선배들께 자문을 구하고, 관련된 서적들을 구해 하나씩 실습해 보면서 설계 프로그램을 익혔습니다. 수업을 마치면 동아리방으로 내려와 새벽까지 차량을 설계, 제작하고 거기서 자던 생활이 3개월 동안 계속되었습니다. 하루 24시간을 과 건물에서 지내자니 힘든 점도 많았고, 그냥 '그만둘까' 하는 생각도 들었지만 함께 고생하는 동아리 선후배와 동기들을 보며 열심히 차량 제작에 몰두했습니다. 그 결과 2007년 5월 제가 직접 설계한 차량이 굴러가기 시작했습니다. 그렇게 반년 동안 동아리에 미쳐서 만들어 낸 결과물을 타고 대회에 드라이버로 참가했고, 약 85개 팀 중 13위라는 좋은 성적으로 대회를 마치게 되었습니다.

동아리에서 목표로 삼았던 두 가지를 달성하고 나니, 마지막 남은 목표는 미국에서 열리는 자작 자동차 대회를 참가하는 것뿐이었습니다. 당시 과에서는 상반기에 10명을 선발해 미국의 Pittsburg States University에 교환학생으로 보내주었습니다. 한 학기 동안 강의도 듣고, 남는 시간에 차량을 제작하여 미국에서 열리는 대회에 참가하고 오는 것이 교환학생 프로그램의 구성이었습니다. 교환학생에 선발되기 위해서 가장 중요한 부분은 영어점수였습니다. 총 300점의 점수 중 200점이 토익과 영어 인터뷰 점수였으니, 영어를 잘하지 못하면 교환학생에 선발되는 것이 힘들었습니다. 저는 곧바로 토익공부를 시작했고, 회화능력을 향상시키기 위해 방학기간을 이용해 영어캠프에도 등록하고, 학기 중에는 회화 수업을 신청하여 들었습니다.

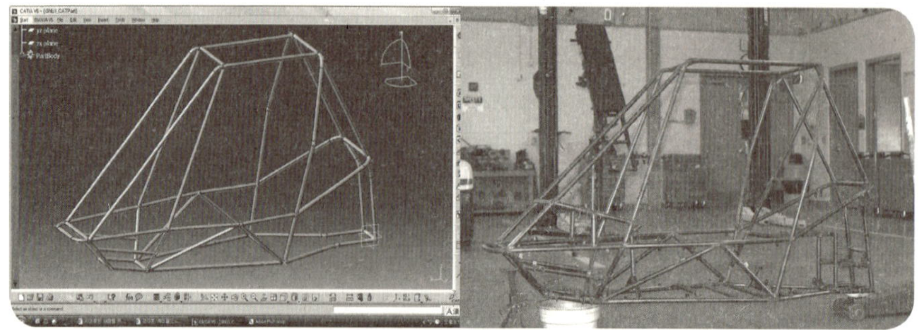

카티아로 설계한 차량의 프레임　　　　　　도면대로 제작 중인 차량의 모습

직접 제작한 차량으로 참가한 07 Baja SAE Korea　　08 Baja SAE US at Illinois

　그렇게 준비한 결과 교환학생에 선발될 수 있었고, 6개월이란 시간 동안 미국에서 수업을 듣고 차량을 제작하고, 그렇게 제작한 차량으로 일리노이 주에서 열렸던 Baja SAE at Illinois 대회에도 참가할 수 있었습니다.

　3년간의 자작 자동차와 함께했던 시간, 그리고 그때 세웠던 목표들은 회사를 선택하고 취업을 준비하는 데도 큰 영향을 미쳤습니다. 내가 가장 잘 알고 재미있게 일할 수 있는 자동차 관련 회사에서 일을 해야겠다는 목표가 생겼고, 그것을 위해서 특화된 스펙을 만들기 시작했습니다. 또한 내가 원하는 기업에서 대학생들을 대상으로 어떠한 활동을 하는지, 그 회사가 필요로 하는 인재상은 어떤 것인지를 알아보기 시작했습니다. 그렇게 목표를 세우고 그 목표를 하나씩 이루어 가면서, 자동차 관련 회사에서 일을 하겠다는 최종 목표 또한 이룰 수 있었던 것 같습니다.

"어떤 것도 분명한 목표를 위해 존재하려는 인간의 의지에는 저항할 수 없다."라는 말이 있습니다. 대학생이라는 이름으로 주어진 시간은 생각보다 많지 않습니다. 공부를 해서 좋은 학점을 얻을 수도 있고, 영어공부를 열심히 해서 높은 영어점수를 받을 수도 있습니다. 또한 학과, 동아리, 대외활동 등을 통해 수많은 인맥을 만들 수 있는 기회도 있고, 학생회 활동을 하면서 리더십을 기를 수도 있습니다. 어떻게 그 시간들을 잘 활용하느냐에 따라 결과는 천차만별로 갈릴 수 있습니다. 이처럼 그 시간들을 활용함에 있어서 단기간의 목표와 중장기적인 목표를 세우고, 하나씩 이루어 간다면 또 하나의 목표인 '취업'도 쉽게 이룰 수 있을 것입니다.

스스로 자유를 버리다

저는 정말 노는 것을 좋아합니다. 사람들이 모이는 자리에는 빠지지 않고, 주도해서 여러 모임을 만드는 편입니다. 시간 날 때는 동아리 활동에 친구들과의 모임, 국내외 여행도 부지런히 다녔습니다. 물론 차량을 제작하는 기간에는 어쩔 수 없이 학교에 매달려 있어야 했지만, 그 이외에는 시간을 어떻게 활용해야 할지에 대해서는 전혀 고민하지 않고, 어떻게 놀아야 할까만을 생각했습니다. 이런 저 자신을 잘 알고 있었기에 이대로 놀다가는 취업이 힘들 것이라는 생각이 들었습니다. 대학생의 자유보다는 조금의 구속이 필요하다고 생각했고, 어떤 식으로 그런 구속을 시킬지 생각해 보았습니다. 그 결과 출퇴근 시간이 정해져 있고 대학원생들이 늘 자리를 지키고 있는 연구실에서 생활을 한다면, 학업과 취업을 준비하는 데 있어 큰 도움이 될 것 같았습니다. 그런 생각을 가지고 제대와 동시에 친한 선배들이 대학원생으로 있던 연구실 교수님께 찾아가서 사정을 말씀드렸습니다. 대학원에 진학하거나 교수님 프로젝트에 도움이 될 만한 학생들만 뽑는 연구실인데, 이제 막 군대를 제대한 1학년생이 연구실에 들어오겠다고 하자 교수님께서는 고민을 하셨습니다. 제가 선배들의 프로젝트를 돕고, 연구실의 청소 및 간단한 심부름들도 도맡아서 하고, 학생들에게 지급되는 수당도 필요 없다고 말씀드리자, 교수님께서도 저의 진정성을 알아주시고 연구실원으로 받아주었습니다. 그렇게 남들과는 다른 대학생활이 시작되었습니다.

연구실에서 실원으로 있는 것은 장점이 많았습니다. 수업 중간에 공강이 생기거나 휴강이 될 때 다른 친구들은 PC방을 가거나 당구장에 갔는데, 저는 그 시간들을 연구실에서 선배들의 업무를 돕거나 혼자 공부하는 시간으로 활용할 수 있었습니다. 또한 정해진 출퇴근 시간으로 인해 규칙적인 생활을 할 수 있었고, 고등학교 때도 가지지 못했던 책상에 앉아 있는 습관을 기를 수 있었습니다. 선배들이 옆에서 프로젝트를 수행하는 모습들을 보고, 그것들을 도와주면서 자료를 분석하고 정리하는 방법들도 배웠습니다. 또한 전공수업을 듣고 이해가 안 되는 부분이나, 리포트를 풀 때 어려운 부분들이 있으면 쉽게 선배들께 물어볼 수도 있어 학과 공부를 하는 데도 큰 도움이 되었습니다. 그리고 가장 좋았던 부분은 선배들과 빨리 친해질 수 있었던 것입니다. 우리 실험실뿐 아니라 과 전체 실험실 선배들과도 친해질 수 있었습니다. 또한 연구실에서의 생활은 취업을 준비함에 있어서도 장점이 많았습니다. 보통 3, 4학년이 되어야 취업에 대해 관심이 생기고 대화의 주제도 자연스럽게 그쪽으로 넘어가게 되는데, 주위의 선배들과 대화하다 보니 남들보다 빨리 취업에 대해서 이야기를 나눌 수 있었습니다. 어느 회사를 가기 위해서 어떤 부분을 준비해야 하는지, 왜 선배들은 그 회사에 가려고 하는지 물어볼 수 있었고, 선배들이 작성한 자기소개서를 보면서 어떻게 취업 준비를 했는지 알 수 있었습니다. 그리고 취업이 먼 미래의 일이 아니라는 것, 미리 준비하지 않으면 어렵다는 것을 깨닫게 되었습니다. 그때부터 선배들에게 부탁해서 자기소개서와 회사 소개자료 등을 모으기 시작했습니다. 또한 취업한 선배들과의 자리가 생기면 회사생활이나 각 부서의 업무에 대해서도 물어보면서 나는 어떤 부서로 가야 하는지, 어떤 회사로 가야 하는지에 대해서 빠르게 준비할 수 있었습니다. 지금 되돌아보면 그때 대학생들이 누릴 수 있는 자유를 조금 포기하고, 연구실에서 실원으로 지냈던 시간들이, 취업을 준비하는 데 큰 도움이 되었다고 생각합니다.

나의 취업도우미
'중농학파'

"중공업 회사가 아니면 농사를 짓자!"라는 의미로 시작했던 스터디 그룹의 이름입니다. 대학교 3학년 때, 취업을 준비하던 같은 과 4학년 선배들이 몇 명씩 뭉쳐 스터디 그룹을 만들어 취업을 준비하는 모습을 보았습니다. 선배들은 스터디 멤버들끼리 자기소개서를 써서 돌려보며 첨삭하고, 전공면접을 준비하고 모의면접을 진행하면서 취업을 대비하고 있었습니다. 그렇게 스터디 그룹 선배들이 다른 과 선배들보다 더 많이 그리고 더 좋은 회사에 취업하는 모습을 보면서, 4학년이 되면 나도 스터디 그룹에 들어 취업 준비를 해야겠다고 생각했습니다. 같이 동아리 활동을 했던 선배, 영어 캠프에서 룸메이트를 했던 선배들과 스터디 그룹을 만들었고, 과 특성상 중공업 회사에 취업을 많이 하여 '중농학파'라는 이름을 지었습니다.

1월부터 시작된 스터디 그룹은 처음에는 방향을 잡지 못했습니다. 인적성을 준비해야 한다, 회사를 조사해야 한다, 아직 우리는 스펙이 부족하니 다 같이 모여서 영어공부를 해야 한다 등 의견이 분분했고, 하반기 취업까지는 반년 이상의 긴 시간이 남았기에 잡담만 하고 헤어진 것도 부지기수였습니다. 그렇게 스터디를 시작한 지 2개월이 지났지만 딱히 뭔가를 준비했던 적은 없었습니다. 4학년 1학기 중순이 되고, 각 회사의 인턴 공고가 뜨면서 스터디 멤버들이 바빠졌습니다. 자기소개서를 쓰기 시작했고, 그 회사가 어떤 일을 하는지 조사하기 시작했으며, 영어가 부족한 사람들이나 학점이 부족한 사람은 개인적으로 공부를 하기 시작했습니다. 그러나 대부분의 멤버들이 서류전형에서 탈락했고, 하반기 취업을 앞두고 스터디의 재정비가 필요했습니다. 지금보다는 조금 더 구체적인 계획을 수립할 필요가 있었고, 개인적인 활동은 최대한 자제하기로 서로 약속했습니다. 지각이나 결석을 할 경우 벌금을 거두면서 강제성을 부여했고, 스터디 그룹을 통해 취업했던 선배들에게 연락을 해 자문을 구하기도 했습니다. 그리고 일주일에 두 번씩 모이던 것을 3회, 5회로 늘려갔고 스터디를 하는 시간에는 최대한 집중하기로 규칙을 정했습니다.

첫 번째로 시작한 것이 회사 조사와 자기소개서 작성이었습니다. 총 8명의 인원들이 일주일에 한 회사씩 맡아 그 회사의 연혁, 사업 분야, 규모, 인재상 등을 조사해서 발표했고, 작년 기준의 자소서 문항들을 모아 우리만의 자소서를 작성했습니다. 그렇게 약 두 달이 지나자 대부분의 회사에 대한 최신 정보들을 얻을 수 있었고, 각 회사별 첨삭이 완료된 자기소개서를 가질 수 있었습니다. 다음으로 중요한 것이 인적성 시험이었습니다. 8명의 인원이 각자 다른 각 회사별 문제집을 구해 와서 인적성 시험 준비를 시작했습니다. 모의고사를 통해 생각보다 시간이 많이 부족한 것을 깨달은 멤버들은 기준시간보다 5분에서 10분 단축하여 시간내 푸는 연습을 하였고, 풀이가 끝나면 다 같이 풀었던 문제들을 리뷰하며 각자 갖고 있는 노하우나 문제풀이 방법들을 공유했습니다. 그 결과 모 취업사이트에서 시행했던 인적성 시험 모의고사에서 대부분의 멤버들이 교내 500명 중 10위 내 성적을 받았고, 그중 저와 다른 한 선배는 전국에서 5% 이내의 성적을 받을 수 있었습니다. 인적성 다음으로 필요한 것은 전공 공부였습니다. 전공 공부는 각자 만들어 온 전공 노트에 선배들이 전수해 준 전공 요약본을 더해 하나의 주제를 선정하여 발표하는 연습을 하면서 준비했습니다.

마지막으로 가장 중요한 부분은 면접이었습니다. 각자 이력서와 자기소개서를 준비하고, 돌아가면서 면접을 보는 모의면접 형태로 진행했지만 매번 장난스러운 질문들을 하기 일쑤였고, 현업이나 심도 있는 질문들은 물어보기도 대답하기도 어려워 쉽게 하지 못했습니다. 이런 부분을 보완하기 위해 현업에 근무한 선배들에게 연락을 해 모의면접을 봐달라고 부탁했고, 면접장의 긴장감을 유지하고 후배들에게도 좋은 본보기가 될 수 있도록 과 전체에 모의면접을 공지했습니다. 취업한 선배들이 면접관이 되고 2, 3학년 후배들이 가득 찬 강의실에서의 면접은, 예전에 우리끼리 진행했던 모의면접과는 압박감 자체가 달랐습니다. 멤버들을 잘 아는 선배들은 우리가 모를 것 같은 내용들만 콕콕 집어 압박면접을 진행했고, 그런 질문에 하나 둘씩 대답이 막히자 점점 당황하기 시작했습니다. 평소 모의면접이라면 쉽게 대답할 수 있었던 내용들도 말을 버벅대었고 표정이 굳어졌습니다. 그렇게 힘들었던 모의면접이 끝나고 나니 얼마나 우리가 부족했는지, 그리고 얼마나 나태해져 있었는지를 깨달을 수 있었습니다. 그날부터 우리는 인터넷에서 면접 예상 질문들과 선배들에게 받았던 질문들을 모두 정리해 거기에 대한 답변들을 일일이 달았습니다. 또한 모의면접을 볼 때마다 정장과 구두를 착용했고, 모의고사를 연습하는 강의실도 실제 면접장과 같이 준비했습니다. 각자 자신의 모습을 확인할 수 있도록 매번 면접 장면을 촬영해서 평소 자기가 몰랐던 습관들을 직접 확인하고 고쳐나가기 시작했습니다.

그렇게 차근차근 준비했던 멤버들은 자신의 강점은 함께 나누고 약점은 보완해 가면서 서로에게 큰 도움이 돼주었습니다. 비록 그해 하반기에 모든 멤버들이 취업을 하지는 못했지만 다음해 상반기, 그 다음해 상반기까지 모두 원하는 기업에 취업하여 이제는 멋진 회사원으로 각자의 회사에서 역량을 발휘하고 있습니다.

'중농학파'라는 이름으로 함께 취업을 준비했고, 이제는 모두 어엿한 직장인이 된 멤버들.

만약 스터디를 시작하지 않았더라면 어땠을까 하는 생각을 해 봅니다. 과연 혼자서 그 많은 회사들의 정보를 확인하고, 자기소개서를 첨삭하고, 모의면접을 치를 수 있었을까 하는 의문이 들면서, 정말 많은 사람이 하나의 목표를 가지고 모이면 큰 힘이 된다는 것을 다시 한 번 깨달았습니다. 그리고 스터디 그룹을 하면서 느꼈던 것 중 가장 큰 것은 '끝까지 하나다!'라는 생각이었습니다. 당장은 좀 맞지 않는 부분도 있고 서로 의견이 충돌하는 경우도 있지만, 모두 하나라는 생각으로 취업을 준비했기에 다들 좋은 결과가 있었던 것 같습니다. 멤버 중 일부는 빨리 취업을 하고 일부는 좀 늦었었는데, 늦은 친구가 자기소개서를 쓰거나 면접을 준비할 때 회사를 다니다가도 같이 모여 모의면접을 봐주었습니다. 그렇게 모든 멤버들이 취업에 성공하였고, 이제는 다들 직장인이 되어 한 번씩 모일 때면 예전에 스터디를 했던 이야기를 나누곤 합니다. 혼자서 준비하기가 힘들면 지금 바로, 힘든 시기를 함께할 수 있는 친구들을 찾는 것도 좋은 방법이라고 생각합니다.

스터디 그룹을 준비하거나 스터디를 하고 있지만 어떤 것을 먼저 해야 할지 모르는 분들을 위해, 간략하게나마 제가 생각한 커리큘럼을 알려드릴까 합니다. 개인적으로 스터디를 하면서 아쉬웠던 점이나 이런 부분을 미리 준비했더라면 더 좋은 스터디가 되지 않았을까 하는 생각들을 정리한 내용이기에, 참고하시면 좋을 것 같습니다.

〈하반기 입사 준비 기준〉

1~3월 : 멤버 구성 및 각자의 목표 설정, 멤버들이 가고 싶은 1~3
순위의 회사들을 모아 각자 회사에 대한 조사, 정리 및 공유.

3~4월 : 각 회사별 자기소개서를 작성, 첨삭으로 완성된 자기소개서
준비.

5~6월 : 하계 인턴 준비, 최대한 많은 회사의 인턴을 준비하면서 이
력서, 면접에 대한 실전 연습.

7~8월 : 개인적으로 부족한 부분(어학/학점) 보충, 전공 및 인적성
시험 집중공부.

9~11월 : 실제 하반기 입사전형이 본격적으로 시작되는 시즌으로
모의면접 위주의 운영.

12월 : 취업

개인적으로 위의 커리큘럼에서 가장 중요하다고 생각되는 부분은 '자기소개서'라고 생각합니다. 실제 취업을 앞두고 아직도 많은 사람들이 지원 마지막 날에 맞춰 자기소개서를 작성하는데, 이는 충분치 못한 자기소개서를 제출할 수 있고, 시간에 쫓겨 인적성이나 면접 준비를 소홀히 하는 결과를 낳을 수 있습니다. 3~4월부터 미리 자신이 원하는 회사를 비롯한 최대한 많은 회사의 자기소개서를 작성하고 주위사람들에게 첨삭을 받아 완성된 자기소개서를 준비해 둔다면, 본격적인 취업 시즌에 접어들어 다른 사람들은 자기소개서를 작성하느라 바쁜 시간을 조금 더 알차고 여유 있게 활용할 수 있을 것입니다.

모비스 3종 세트 –
모비스 통신원, 인턴 그리고
모비스 신입사원이 되기까지

(1) 모비스 통신원이 되다

대학생활을 돌아보면 동아리, 연구실을 제외하고 크게 생각나는 것이 없습니다. 대부분의 시간을 동아리방에서 자동차를 만들거나, 연구실에서 개인적인 공부나 프로젝트를 하면서 보냈기 때문입니다. 하지만 모비스 통신원 활동을 하면서 많은 부분이 달라졌습니다. 진주라는 좁은 도시에서 벗어나 전국의 많은 곳을 다닐 수 있었고, 다른 지역의 대학생들은 어떠한 생각을 갖고 있는지에 대해서 배울 수 있었습니다. 또한 매달 기획회의나 취재를 위해서 모비스 본사를 다니면서, 회사의 분위기나 회사원들의 생활에 대해서도 배울 수 있었습니다. 마지막으로 신차 발표회, 자동차 부품 산업 전시회 등의 취재를 통해서 자동차 관련 회사로 취업해야겠다는 열망도 더욱 커졌습니다.

모비스 통신원이 된 것은 어쩌면 정말 하늘이 준 기회라고 생각합니다. 지역적인 특성도 있었지만 동아리와 연구실 외에는 큰 활동이 없었던 저에게, 수많은 대학생들이 한두 개씩 준비하는 '대외활동'은 정말 낯선 단어였습니다. 그러던 어느 날 학과 게시판에 자작 자동차가 그려져 있는 포스터에서 '모비스 통신원'이란 단어를 보면서 눈을 떼지 못했습니다. 모비스는 제가 꼭 가고 싶었던 기업이기도 했고, "자동차 및 부품, 용품에 관심이 있고, 동영

상 제작 및 편집이 가능한 자"라고 적혀 있는 모집요강은 저를 위
해서 준비해 놓은 자리라고 생각했습니다. 활동을 하게 되면 한
달에 한 번은 모비스 본사 기획회의에 참석해야 하는 것도(참고로
진주에서 서울까지는 왕복 7시간이 걸려 기획회의에 참석하면 최소 1박 2일
의 계획은 가지고 가야 합니다), 매달 직접 행사를 취재하거나 2개 이
상의 기사를 작성하는 것도 문제가 되지 않았습니다. 하지만 그
활동을 한다고 했을 때 주위에서 만류하기 시작했습니다. 선배들
과 교수님은 물론 좋은 경험이지만 취업을 준비해야 하는 중요한
시기에 꼭 그런 활동을 해야 되느냐고 하셨고, 스터디 멤버들도
차라리 그 시간에 부족한 영어나 학점을 채우라고 권유했습니다.
하지만 모비스 통신원이 되면 왠지 모비스에 입사할 것 같은 기분
이 들었고, 부족한 부분은 좀 더 노력해서 채우면 된다는 생각으
로 지원을 하고 합격하게 되었습니다.

모비스 통신원 모집 포스터와 1년간 함께했던 6기 통신원

그러나 통신원의 시작은 충격적이었습니다. 서울, 부산, 광주 등 전국에서 모인 대학생들은 각자의 개성과 실력을 모두 가지고 있었습니다. 자동차 동아리 활동을 3년이나 했기에 자동차에 대해서만큼은 자신 있었는데 다른 통신원들과 이야기를 나눌 때면 모르는 용어들이 나와서 당황하기 일쑤였고, 수상경험도 있고 잘한다고 생각했던 영상 편집도 영화감독을 준비하고 영상편집으로만 수십 회 수상을 했던 친구들에 비하면 명함을 내밀기 부끄러울 정도였습니다. 그리고 가장 놀랐던 부분은 모든 통신원 친구들이 각자 최선을 다해 살아가고 있다는 것이었습니다. 열심히 사는 것만큼은 최고라고 생각했는데 이 친구들을 보면서 내가 여태까지 얼마나 나태했는지를 깨달았고, 태어나서 처음으로 '우물 안 개구리'라는 속담에 진심으로 공감했습니다.

그렇지만 시간이 지날수록 통신원 생활이 즐거워졌습니다. 기사를 제출해야 하는 날이 다가오면 대충 쓰고 치우고 싶다는 생각도 들었지만, 동기들을 본다는 생각에 매달 본사에서 열리는 기획회의 날이 기다려졌고, 단체로 행사 취재를 가기 전날은 초등학교 때의 소풍 전날처럼 설레고 두근거렸습니다. 취업과 졸업 작품을 준비하면서 지치고 나태해졌던 마음은, 뛰어난 능력을 갖고 있으면서도 나보다 더 열심히 사는 동기들을 보면서 자극을 받곤 했습니다.

취재 역시 색다른 경험이었습니다. 3월 에쿠스, 9월 YF 소나타 등의 신차 발표회는 대학생 신분으로서는 참가하기가 힘든 곳이었음에도 불구하고 통신원이라는 이름으로 취재를 할 수 있었습

에쿠스 신차발표회 취재　　　　　　　광주 모터쇼 취재

니다. 게다가 모비스에 근무하면서 신차를 개발했던 연구원들을 취재하면서 현업에서는 어떤 업무를 수행하는지, 자동차 부품 개발은 어떠한 과정들을 거치는지 알 수 있었습니다. 이러한 것들은 우리나라의 자동차 산업과, 모비스의 역할에 대해서 더욱 자세히 알 수 있는 계기가 되었습니다.

또한 기억에 남는 일은 〈신사업 발표회〉입니다. 자동차 부품회사인 모비스가 향후 어떠한 사업을 진행할 수 있을지에 대한 대학생들의 생각을 전략기획팀 차장, 과장님들 앞에서 발표하는 자리였습니다. 좋은 아이디어가 있으면 충분한 포상과 실제로 신사업에 반영될 수도 있다는 말을 듣고 며칠 밤을 새워 고민했습니다. 현재 젊은 세대 위주로 급성장하고 있는 튜닝파츠에 대한 부분과 ATV 두 가지 주제 중 고민을 하다 좀 더 잘 설명할 수 있는 ATV를 선택하여 자료를 준비했습니다. 현재 우리나라의 ATV 보급률, 전 세계적으로 ATV의 인구증가 추세, 산악지형과 해변가가 많아 활성화가 유리하다는 점 등을 강조하여 발표했습니다. 비록 신사업으로 채택되지는 못했지만 발표를 듣고 있던 과장님

현대모비스 강자훈

께서 발표 스킬과 자료 준비에 대해 칭찬을 해주시며 'PT Well'이라는 별명을 지어주셨던 기억이 납니다. 학교에서 취업준비만 했다면 이런 경험은 할 수 없었을 것입니다. 좋은 사람들과 즐거운 활동으로 통신원 활동에 더욱 적극적으로 참여하게 되었고, 취업 스터디와 학업, 영어공부도 열심히 병행하였습니다. 그 결과 모비스에서 모집한 하반기 모비스 인턴에 합격할 수 있었습니다.

(2) 모비스 인턴이 되다

통신원 활동을 하던 중 모비스에서 인턴을 모집한다는 소식을 접했습니다. 반년간의 통신원 생활로 이 회사가 어떤 회사인지, 어떤 기업문화를 가지고 있는지 잘 알고 있었기 때문에, 서류전형에 합격한다면 면접에서는 충분히 경쟁력이 있을 거라고 생각했습니다. 자기소개서 항목은 '지금까지 살아온 행적' '인턴 지원동기' '자신만의 경쟁력' '목표를 세우고 그 성과를 이룬 경험' 등의 네 가지 항목이었습니다. 기계공학과 자동차 동아리를 하며 느꼈던 내용들을 하나씩 작성해 나갔고, 이러한 점은 모비스에서 인턴을 할 때 많은 역할을 할 수 있다고 기술했습니다. 여기에 통신원을 하며 느꼈던 회사에 대한 이미지, 기술연구소와 천안, 아산 공장 방문 시 메모해 두었던 내용들을 토대로 저만의 자기소개서를 완성했고, 서류전형에 합격하게 되었습니다. 면접은 다대다 면접으로 진행되었는데, 자기소개를 제외하고는 대부분 자작자동차가 어떤 것인지, 미국 대회에는 어떻게 참가하게 되었는지, 대회 준비과정과 결과는 어떠했는지, 통신원을 하기 전과 하고 난 뒤 회사에 대한 이미지가 어떻게 변하였는지 등 충분히 대답할 수 있는 질문들이었습니다. 하나씩 차분하게 대답하였고 그 결과 모비스 하계 인턴으로 합격하게 되었습니다.

인턴은 처음 지원했던 생산관리 팀이 아닌, 모비스 통신원이 소속되어 있는 CSR/정책지원 팀에서 업무를 수행하게 되었습니다. 매달 기획회의 때 인사를 드렸던 터라 부장님을 비롯한 모든 팀원들을 알고 있었지만 통신원 때와는 조금 달랐습니다. 주 업무는 크게 웹 관리와 통신원 활동 지원 두 가지로 구분되었습니다. 통신원이 매달 기사를 올리고, 외부와 소통하는 공간인 '엠카페(www.mcarfe.co.kr)'의 현황분석, 기사를 작성할 때 웹 에디터의 문제점과 외부 접속자가 불편하게 느끼는 점들을 분석하고 수정했습니다. 또한 블로그, 티스토리 등을 활용하여 통신원들의 기사가 더욱 활성화될 수 있는 방향을 제시했습니다. 그리고 매년 제주도에서 열리는 모비스 신입사원 하계수련회 촬영을 준비하던 통신원의 촬영 기획서와 세부계획을 수립하고, 교육 주관인 인재개발 팀과의 사전 미팅을 통해 원활한 통신원의 촬영이 될 수 있도록 준비했습니다.

인턴생활은 색다른 경험이었습니다. 업무적으로는 큰 문제가 없었습니다. 파워포인트로 서류를 작성하고 멘토님께 확인을 받고 직접 기획서를 작성하고 보고 드리고 결재를 받는 것 등에서 성취감을 느꼈습니다. 생활적인 측면에서는 매일 아침 정장을 입고 회사로 출근하고, 실제 현업에 종사하는 선배들과 메일을 주고받으며 회의를 하고, 업무를 진행하면서 '나도 회사원이구나'라는 생각과 '인턴이 끝나도 이 회사에서 일하고 싶다'라는 생각이 들었습니다. 한 달이라는 짧은 시간은 그렇게 지나갔고, 인턴을 하면서 배우고 느꼈던 부분은 취업을 준비하는 데 큰 도움이 되었습니다.

〈인턴생활이 끝나고 인턴후기에 대한 인터뷰〉

Q1. 간단한 자기소개?

안녕하십니까? 국립경상대학교 기계공학과 4학년에 재학 중인 강자훈이라고 합니다. 올해 1월부터 모비스 통신원 영상분야에서 활동하고 있으며, 지난 6월 말~7월 말 약 한 달 동안 현대모비스 CSR/정책지원 팀에서 인턴사원으로 근무했었습니다.

Q2. 모비스 인턴십을 지원하게 된 계기는? Or 모비스라는 기업에 흥미를 갖게 된 계기는?

기계공학도 그리고 자작 자동차를 만들던 학생으로서 모비스라는 기업은 제가 꼭 가고 싶었던 기업이었습니다. 작년 말 학교 게시판에 붙어 있던 〈모비스 통신원〉 모집 포스터를 보게 되었고, 통신원에 지원, 활동을 시작했습니다. 매달 본사에서 열린 기획회의에 참석하면서, '이런 멋진 곳에서 근무하고 싶다.'라는 생각에 모비스 하계 대학생 인턴 프로그램에 지원하였습니다.

Q3. 면접은 어떤 식으로 진행되었나?

인턴 선발과정은 서류 → 면접의 과정을 거쳤습니다. 4월경 서류를 제출하고 5월 중순 면접이 있었습니다. 면접은 다대다 면

접으로 진행되었습니다. 회사에 대한 전반적인 내용, 지원 분야
에 대한 내용, 자동차 시장에 대한 견해 그리고 기초적인 인성
질문으로 구성되었습니다. 면접은 편안한 분위기에서 진행되었
고 많은 지원자들이 걱정했던 전공심화 질문이나 영어면접은 없
었습니다.

Q4. 어느 부서에서 일했나?

CSR/정책지원 팀에서 CM(Cyber Management)업무 보조역할
을 수행했습니다.

Q5. 직접 그 부서의 일을 하면서 느낀 점은?

모비스만의 기업문화와 '사회'라는 곳을 체험할 수 있었습니다.
대학 1학년 때부터 연구실 활동과 각종 아르바이트 경험으로 사
회라는 곳에 대해 간접적으로 배울 수 있었다고 생각했습니다.
하지만 '기업'이라는 또 다른 사회는 제가 체험했던 것과는 달랐
습니다. 모비스의 기업문화와 회사원들이 사는 모습을 보고, 취
직을 준비하면서 내가 해야 할 부분이 어떤 것인지를 느낄 수 있
었습니다.

Q6. 모비스 인턴십의 장단점을 꼽자면?

장점으로는 멘토 시스템이 인상 깊었습니다. 한 달 동안 업무의
방향을 제시해 주고 사소한 부분까지 신경 써 주시는 멘토님이
계셨기에, 제가 업무에 대해서 적응도 잘할 수 있었고 많은 것들
을 배울 수 있었습니다. 또한 모든 사람들이 저를 '인턴사원'이
아닌 '동생'처럼 따뜻하게 대해 주신 것이 모비스만의 장점이 아
닐까 생각됩니다. 단점으로는 기간입니다. 한 달간의 인턴기간

은 저에게는 너무나 짧은 시간이었습니다. 업무를 배우고 기업 문화를 느끼기에는 충분한 시간이었지만, 기간이 조금 더 길었다면 배울 수 있는 것이 더 많았을 거라는 아쉬움이 남습니다.

Q7. 학생으로서 배웠던 것과 직접 인턴사원으로서 배웠던 것과의 차이는?

업무 자체에서 많은 것을 배웠습니다. 기계공학과 학생으로 4년간 배웠던 설계, 생산 등의 지식들은 제가 근무했던 부서에서 많이 사용되지 않았습니다. 하지만 인턴근무를 하면서 기획팀, 법무팀, 정책지원팀들이 어떤 업무를 하는지 알 수 있었습니다. 회사의 한 부분이 아닌 전체적인 운영이나 모비스가 나아가야 할 길을 본 것이 저에게 가장 큰 도움이 되었다고 생각합니다.

Q8. 현재 모비스 통신원으로 활동 중인데 이 활동이 인턴십을 하는 데 도움이 되었나?

아주 큰 도움이 되었다고 생각합니다. 통신원 활동을 하면 매달 본사에서 기획회의를 갖게 되는데, 그때 보고 느꼈던 부분들이 인턴을 시작하고 누구보다 빠르게 적응할 수 있게 해주었습니다. 또한 통신원 활동을 하며 CSR/정책지원 팀을 비롯해 많은 분들을 알 수 있었는데, 그분들께서 특히 여러 가지 도움을 주셔서 짧은 기간이었지만 정말 많은 것을 배울 수 있었습니다.

Q9. 선배들은 잘해 주었나? 어떤 점에서 특히 잘해 주었나?

모든 부분에서 잘해 주셔서 감사했습니다. 그저 한 달간 근무하고 떠나는 인턴사원이 아닌 친동생처럼 대해 주시고 사소한 행동에서부터 보고서 작성요령 등의 업무능력, 크게는 회사 전반적인 행동양식까지 자세하게 가르쳐 주셨습니다. 이러한 선배님들의 관심 덕분에 한 달간의 회사생활이 무척 즐겁게 느껴졌고, 평생 기억에 남는 시간이 될 것 같습니다.

Q10. 인턴십을 하면서 가장 재밌었거나 기억에 남는 경험은?

통신원 기획회의를 준비했던 것이 가장 기억에 남습니다. 쉽게 설명하면 "인턴 이전에는 영화를 봤다면 인턴을 하면서는 메이킹 필름을 봤다."라고 표현하고 싶네요. 이전의 기획회의 때는 통신원의 입장에서 다음 달 취재 계획에 대한 생각만 가지고 임했습니다. 하지만 직접 기획회의를 준비하고 통신원들의 활동계획서를 정리하면서, 이런 작은 회의를 준비하는 데도 많은 신경이 쓰인다는 것을 알 수 있었습니다. 또한 통신원을 운영하는 것이 얼마나 큰일이고, 그것을 내색하지 않고 항상 묵묵하게 통신원을 챙겨주시는 많은 분들이 계심을 깨달을 수 있었던 것이 가장 큰 수확이었습니다.

Q11. 앞으로의 계획은?

제가 가장 가고 싶은 회사에서 근무하는 것이 현재의 목표입니다. 이 목표를 위해 이번 모비스 공채에 지원하였고 지난주에 인적성 검사를 마쳤습니다. 아직 인적성 검사 발표가 나지 않았지만 머릿속에는 '꼭 모비스에 입사한다!'라는 생각을 가지고 앞으로 있을 면접을 준비하고 있습니다. 통신원과 인턴 생활을 거쳐 당당하게 공채에 합격해서 현재의 목표를 이루기 위해 노력하고 있습니다.

(3) 2번의 도전 끝에 모비스 생산기술 엔지니어가 되다

　4학년 2학기, 많은 회사들의 공채 공고가 뜨고 모비스 역시 신입사원을 모집했습니다. 인턴업무를 수행했던 CSR/정책지원 팀과 예전부터 관심이 있고 전공을 살릴 수 있는 생산관리 분야 중 고민을 하였고, 최종적으로 생산관리 분야로 지원을 했습니다. 모비스의 전형은 다른 회사와 비슷하게 서류, 인적성 검사, 1차 면접, 2차 면접으로 진행되었습니다. 서류에서는 학점과 토익의 지원 자격을 갖추면 자기소개서와 이력서로 평가가 진행되었는데, 제 경우는 모비스 입사를 얼마나 준비했는지, 얼마나 간절히 원하는지를 어필한 자소서로 통과할 수 있었습니다. 인적성 검사는 타 회사와 크게 다르지 않아 시험을 치르는 데 어려움은 없었지만, 많은 문제 수에 비해 시간이 부족해서 조금 어렵게 느껴졌습니다. 다행히 면접과 인적성 전형까지 통과하게 되었고, 1차 면접은 크게 전공이 포함된 인성 면접과 영어 면접 두 가지로 구분되었습니다. 인성 면접은 다대다 면접으로 진행되었고, 처음으로 간단한 자기소개와 미리 제시된 주제로 약 2~3분 가량 프레젠테이션을 진행했습니다. 이후 인성 면접에서부터 각 과에 맞는 전공 질문을 위주로 면접이 진행되었습니다. 영어 면접은 일대일 면접이었고, 기본적인 회화 역량을 판단하는 면접으로 크게 문제 되지 않았습니다. 2차 면접은 임원 면접이었는데 인상이 깊었던 부분은, 타 회사 임원 면접이 다대다 면접으로 진행되고 보통 자기소개와 한두 번의 인터뷰로 마치는 것과는 달리, 기본적인 자기소개 외 돌발 질문과 전공 질문 등 질문의 난이도가 다소 높았습니다.

드디어 최종면접 전형까지 마치고 최종 발표날만을 기다렸습니다. 하지만 결과는 '합격'이 아닌 '대기'였습니다. 합격자 중 입사를 포기하는 사람으로 인해 결원이 생기면 대기인원 중 추가합격을 시키는 제도였는데, 입사를 포기하는 사람이 많지 않아, 첫 번째 지원에서는 떨어지고 말았습니다. 겉으로는 괜찮다고 했지만 다른 회사의 불합격 통보와는 느낌이 달랐습니다. 가장 입사하고 싶었고 가장 많이 준비했던 회사에서 이런 결과를 받았기에 조금 더 힘들었던 것 같습니다. 하지만 나를 뽑아주지 않은 회사를 탓하기보다는 내가 부족했던 부분을 채워서, 꼭 합격통보를 받겠다는 다짐을 했습니다. 졸업을 하고 난 후 영어성적을 올리는 데 집중했습니다. 최소 800점 이상의 토익점수를 받기 위해 공부를 시작하였고, 목표를 달성할 수 있었습니다. 그렇게 준비한 끝에 결과적으로 2010년 7월 현대모비스 생산기술연구소 신입사원으로 입사하게 되었습니다.

취업 비하인드 스토리 –
아버지와 나의 자존심이 걸린
한판 승부

자작 자동차 동아리 활동을 하면서 자동차 관련회사에 꼭 입사하고 싶었습니다. 모비스 통신원과 인턴생활을 하면서 모비스에서 꼭 근무하고 싶었습니다. 한 번의 실패가 있었지만 지금은 제가 원하는 회사에서 근무하고 있습니다. 이런 취업 성공의 비하인드 스토리를 이야기해 볼까 합니다.

꼭 입사하고 싶었던 모비스에서 최종적으로 불합격 통보를 받았을 때 낙담했습니다. 그 당시 전공을 살려 취업을 하는 대신 부모님을 도와 일을 해보자는 생각으로 장사를 배우기 시작했습니다. 새벽에 부모님과 같이 출근하고, 어머니께서 차려주신 점심을 먹고, 퇴근길에는 아버지와 당구도 치고 맥주도 마시면서 즐겁게 일했습니다. 연구실 교수님께서 대학원에 진학하는 것이 좋지 않겠느냐는 권유를 하셨지만 부모님을 도와 장사하는 것이 재미있었기에 약 3개월을 장사를 하면서 보냈습니다.

그러던 어느 날 퇴근길에 아버지께서 취업에 관한 말씀을 꺼내셨습니다. 아버지 역시 저와 이렇게 계속해서 일할 수 있으면 좋겠다는 생각이셨지만, 주위에서 아들이 취업을 못해 아버지 장사를 돕고 있는 거라는 말을 들었을 때 자존심이 많이 상하셨다고 합니다. 아버지께서 생각하는 아들은 충분히 능력이 있지만 다른 사람들의 오해를 받는 것이 언짢으니, 차라리 취업을 한 후 다시 아버지와 일하자고 말씀하셨습니다. 아버지의 말씀을 듣고, 저는 다시 한 번 취업을 준비했습니다.

꼭 취업을 해서 내가 능력이 없는 것이 아니라는 것을 보여주고 싶었고, 아버지의 자존심도 살려드리고 싶어서였습니다. 정말 독한 마음으로 취업 준비를 했습니다. 그러던 중 가장 먼저 지원했던 삼성전자에서 합격소식을 들을 수 있었고, 우리나라 최고의 기업에 합격했다는 생각과 아버지의 자존심을 살려드릴 수 있어서 다행이라는 생각이 들었습니다. 그런데 문득 모비스 인턴일 때 부족한 저를 정말로 챙겨주었던 선배들과 불합격 통보를 받았을 때 위로해 줬던 선배들이 떠올랐습니다. 본사로 무작정 찾아가 선배님들께 그동안 챙겨주셔서 감사하다고, 모비스에 오고 싶었는데 아쉽게도 다른 회사를 가게 되었다고 인사를 드렸고, 선배들은 우리 회사에 오지 못해 아쉽지만 좋은 회사에 취직한 것에 대해서는 진심으로 축하해 주었습니다. 그러던 중 인사팀 선배님께 올해부터 모비스도 상반기 공채를 진행하니 생각 있으면 한 번 지원해 보라는 이야기를 들었습니다. 그 이야기를 듣는 순간 삼성전자에 최종 면접결과를 확인할 때보다 가슴이 더 두근거리기 시작했습니다.

그렇게 또 한 번의 기회는 찾아왔고, 저는 당장 집으로 내려와 자기소개서를 작성하였습니다. 주위에서는 가장 좋은 회사에 합격하고도 다른 회사를 준비하는 저를 보면서 이해를 못했지만, 제가 얼마나 가고 싶어 했던 회사인지를 알고 계셨던 부모님과 친구들은 저를 응원해 주었습니다. 작년에 실패했던 경험을 되살려서 더욱 열심히 면접 준비를 하였고, 최종적으로 모비스에 합격할 수 있었습니다. 모비스 입사를 앞두고 주위 사람들께 인사를 드리러 갔을 때, 왜 삼성전자라는 우리나라 최고의 기업에 가지 않고 모비스로 가느냐는 질문을 받았습니다. 그런 질문을 받을 때마다 "우리나라에서 최고의 기업은 삼성전자일지 모르지만, 저에게 있어 최고의 회사는 현대모비스입니다."라고 대답했습니다. 지금도 그때의 선택을 후회하지 않습니다. 저에게 최고의 회사는 현대모비스이고, 그때로 돌아간다고 해도 똑같은 선택을 할 것입니다.

현대모비스 강자훈

113

취업을 준비하는 이들을 위한 몇 가지 팁

(1) 자기소개서 작성 시

첫 번째, "저는 많은 경험이 있습니다!"

최근 자기소개서 첨삭을 부탁받아서 열어보았을 때 70% 이상이 위와 같은 이야기입니다. 그 많은 경험들을 보면 동아리 활동, 과대표나 학교 학생회, 각 기업체의 대학생 활동, 마지막으로 봉사활동과 아르바이트까지. 그러나 이런 경험들이 실무에서 얼마나 유용하게 쓰일까요? 식당에서 설거지 했던 경험이 회사에서 프로젝트를 진행하는 것과 관련 있을까요? 경험이 있다는 것은 자기가 가려는 회사, 가려는 부서의 업무에 대해서만 국한된 내용이라고 생각합니다. 예를 들어 설계부서로 가려고 하는데 대학교 때 그와 관련된 프로젝트를 진행하거나 대회에 참가했던 내용들이 정말로 필요한 경험이지, 그 외의 경험은 그저 사회생활의 일부일 뿐입니다.

두 번째, "현재 △△△분야에서 세계 최고의 기술력을 보유하고 있는 ○○○회사"

많은 경험 이야기와 더불어 꼭 나오는 문구가 있는데, 회사에 대한 과도한 칭찬 문구입니다. 자기소개서에 "이 회사는 20년 전부터 이런 업무를 꾸준히 수행하여 축적된 노하우를 바탕으로 □□□프로젝트를 성공적으로 수행하였으며, 2012년 국내 최고의 기업으로 우뚝 솟아~." 이런 내용들을 이야기합니다. 물론 회사에 대해 관심이 있다고 생각할 수도 있지만 반대로 자신에 대해서 자랑할 것이 없어서 회사에 대한 자랑만 늘어놓았나? 라고 생각할 수도 있습니다. 자기소개서는 자신을 소개하는 공간이지 모든 사람들이 알고 있는 회사 자랑을 하는 곳이 아닙니다. 200~500자라는 한정된 공간에서 자신에 대해서 얼마나 효과적으로 소개할 수 있을지를 고민하십시오.

세 번째, "나는… 저는… 그리고 불필요한 수식어들"

자기소개서에 "나는…", "저는…"이라는 단어들을 많이 넣는 경우가 있습니다. 주어가 당신임을 아는 상황에서 불필요하게 들어간 단어들은 자기소개서의 핵심을 놓치게 하는 원인이 됩니다. 이는 불필요한 수식어들도 마찬가지입니다. 은유와 비유가 가득한 자기소개서를 볼 때 이것이 자기소개서를 쓴 것인지 소설을 쓴 것인지 헷갈리는 경우가 많습니다. 자기소개서는 최대한 간단하게 짧은 문장으로 구성하고, 두괄식으로 구성하는 것이 가장 좋습니다.

네 번째, "마지막 제출일에 맞춰서 완성하는 자기소개서?"

입사준비를 하면서 가장 크게 느꼈던 부분이 '자기소개서 작성이 이렇게 힘든 것인가?'였습니다. 대부분 공채공고가 뜨고 나면 자기소개서 작성을 시작하는데, 자기소개서의 완성과 제출은 마지막 날 몰리는 경우가 많습니다. 이런 경우 시간에 쫓겨 완벽한 자기소개서를 작성하지 못하는 경우가 많고, 나중에 보았을 때 앞뒤 문맥이 맞지 않거나 맞춤법이 틀리는 기본적인 실수에서부터, 서버가 다운되어 지원조차 못하는 경우도 생깁니다. 그리고 무엇보다 약 1~2주 동안 자기소개서를 작성하느라 다른 것을 준비하지 못하는 경우가 많습니다. 이런 것을 대비하여 자기소개서는 공채공고가 뜨기 전 지원할 회사의 작년 양식을 받아 거기에 맞추어 작성하고, 주위에 첨삭을 요청하여 완성된 자기소개서를 가지고 있는 것이 바람직하다고 생각합니다.

(2) 면접 준비 및 면접장에서

첫 번째로 면접을 준비하는 데 있어서 제가 가장 큰 효과를 본 방법은 '영상촬영'입니다. 많은 사람들이 모의면접을 보면서 상대방의 습관이나 버릇에 대해서 지적합니다. 예를 들어 이야기를 시작하기 전에 쩝쩝거리는 소리를 낸다든지, 어깨를 축 늘어뜨리고 힘없는 자세로 앉아 있는 것 등등. 하지만 그런 지적을 받아도 '아 내가 그랬었나? 앞으로는 그러지 말아야지' 하고 넘어가는 경우가 많습니다. 그 이유는 무의식중에 나온 행동들이 대부분이기 때문에 진심으로 그것이 안 좋은 행동인지를 깨닫지 못하는 것입니다. 이럴 때 모의면접 모습을 동영상으로 촬영하여 자신의 안 좋은 습관들을 보게 된다면, 다음 면접부터는 그런 습관들을 신경 써서 줄일 수 있습니다.

두 번째로 모의면접도 최대한 실제면접처럼 구성해서 진행해 보라고 말씀드리고 싶습니다. 평소 정장과 구두를 신을 일이 별로 없다면 면접장에서 꽉 죄는 넥타이와 구두, 정장을 입었을 때 불편함을 느끼게 될 것이고, 이것 때문에 좋지 않은 표정으로 면접에 임할 수 있습니다. 자신이 실제로 면접에 입고 갈 옷, 넥타이, 구두 등을 착용하고 모의면접을 진행해 보는 것도 큰 도움이 됩니다.

　세 번째로 면접 대기장에서 너무 튀는 행동은 자제하십시오. 큰소리로 대화를 한다든지 쓸데없이 왔다 갔다 해서 다른 사람들에게 튀는 사람으로 보이게 되면 마이너스 요소로 작용할 수 있습니다. 보통 먼저 면접을 봤던 사람들이 다음 면접을 준비하는 사람들에게 면접장 내 분위기나 질문 등에 대해서 간략하게 정보를 주는 경우가 많은데, 너무 튀는 행동을 하는 사람에게는 그런 정보를 주고 싶은 마음이 들지 않게 됩니다. 옆의 사람과 간단한 대화로 긴장을 푸는 것은 좋지만, 다른 사람에게 피해를 주는 행동은 결국 자신에게도 피해로 돌아온다는 것을 명심하십시오.

　네 번째로 긴장을 많이 하는 사람들 중 일부는 '우황청심환' 등을 먹고 면접에 임하는 경우가 있습니다. 물론 긴장을 완화시켜 줄 수도 있겠지만 반대로 너무 편안한 상태에서 면접을 보게 되면 실수하는 경우가 생길 수도 있습니다. 평소 긴장을 많이 하거나, 회사 면접에서 도저히 떨려서 면접을 잘 볼 자신이 없다면, 모의면접 때 미리 음용해 보는 것이 좋습니다. 어느 제품에 어느 정도 양이 긴장감을 느끼면서도 편안한 상태로 면접을 보게 하는지 미리 파악해 놓는 것도 도움이 됩니다.

현대모비스 최종합격
자기소개서

· 대학 학창시절을 중심으로 살아온 행적을 기술해 주십시오.

'3대의 자작 자동차'

자작 자동차 동아리 활동을 하면서 총 3대의 자작 자동차를 제작했습니다. 각 차량들을 설계하고, 제작에 필요한 자재와 부품들을 구매했습니다. 제작에 있어서는 선반, 밀링, 워터젯 가공과 용접, 벤딩 등 모든 공정을 경험했습니다. 책으로 배우는 것이 전부인 다른 학생들과는 달리 제조의 모든 공정을 체험하면서 이론을 실제로 적용해 볼 수 있었습니다. 차량 제작에 있어 무엇보다 중요했던 것은 팀원들과의 관계였습니다. 같은 제품이라도 다양한 공정이 존재하듯 자작 자동차 한 대를 제작하는 데도 수많은 의견이 나왔습니다. 개개인의 의견이 충돌할 때도 있었지만 그 모든 의견을 절충하여 모두가 만족할 수 있는 차량을 제작했습니다. 동아리라는 작은 회사에서 배운 이 모든 것들은 실제 업무에서도 충분히 적용될 수 있다고 생각합니다.

· 현대모비스에 지원하게 된 동기를 기술해 주십시오.

'모비스를 닮아가는 모습'

2008년 말 통신원을 준비하면서 모비스에 대해서 자세히 알아갔습니다. 처음에는 그저 현대자동차의 그늘 속에 있는 작은 회사인 줄

로만 알았습니다. 통신원 활동을 하면서 '2010 Global Top 10'을 목표로 하는 자동차 부품회사, 연 23%의 경이로운 성장률 등의 소개를 들었을 때 그 대단한 규모에 놀랐습니다. 이후 모비스 통신원은 제 자랑거리가 되었고, '꼭 모비스에서 일하겠다!'는 목표를 세웠습니다. 이러한 바람은 하계 인턴십으로 이어졌고, 한 달간의 회사 생활 이후 저 자신이 모비스에 점점 녹아들어가는 모습을 확인할 수 있었습니다. 10개월 동안의 통신원 활동, 1개월간의 인턴기간 동안 보고 느꼈던 모비스의 매력은 다른 어떤 회사보다 강렬했습니다. 제가 평생을 함께할 수 있는 회사라 믿었기에 지원하게 되었습니다.

· 대학 전공을 선택한 이유는 무엇이며, 지원한 직무에서 어떻게 활용할 계획입니까?

'최고의 자동차를 만들겠다'

대학생들이 직접 자동차를 만들고 그 차량으로 경주를 하는 장면을 TV에서 보았습니다. 그날 이후 그 장면이 머릿속에서 맴돌았고, '내가 저 차를 만들어서 운전하고 싶다'는 생각을 가졌습니다. 이런 계기는 기계공학에 관심을 갖게 해주었고 전공을 선택하는 데 큰 영향을 주었습니다. 자동차를 제작하면서는 세부적인 공정을 직접 체험할 수 있었습니다. 차량 한 대의 제작 책임을 맡으면서 작은 의미의 '제작'이 아닌 큰 의미의 '생산'에 대해서 배울 수 있었습니다. 기계공학도로 학부과정에서 배웠던 역학적 지식과 동아리에서 쌓아왔던 현장경험은 저만의 충분한 경쟁력이 되었고, 이를 바탕으로 생산

성에 대한 검토, 개선방향 등 기술적 지원이 필요한 부분에서 충분히
능력을 발휘할 수 있다고 생각합니다.

· 타인과 구별되는 자신만의 경쟁력 한 가지와 이를 얻기 위해
본인이 노력했던 경험을 기술해 주십시오.

'현대모비스에 대해 공부했습니다'

현대모비스와 함께 지내는 시간이 길어지면서 이 회사에 대해서
좀 더 공부를 해보고 싶었습니다. 통신원 활동기간 중 기사를 작성하
는 데 있어서도 회사에 관련된 주제를 선정했습니다. '트롤리 컨베이
어' '에쿠스 의장모듈' '스웨덴 동계시험장'에 대한 내용을 작성하면
서 현업에서 직접 근무하고 계신 분들께 많은 부분을 배울 수 있었습
니다. 그리고 모비스에 관한 기사들을 스크랩하면서 회사가 어느 정
도의 위상을 가지고 있는지, 어떤 부분으로의 발전이 더 필요한지에
대해 알 수 있었습니다. 또한 CSR/정책지원 팀에서의 인턴경험 역
시 큰 도움이 되었습니다. 공학도가 볼 수 있는 단편적인 부분뿐 아
니라, 회사의 전체적인 흐름이나 장기적인 계획에 대해서도 남들보
다 자세히 알 수 있었습니다. 그 결과 모비스에 대해서 남들보다 많
이 알게 되었고, 모비스에서 일하고 싶다는 동기부여가 됐습니다.

현대모비스는
현대 및 기아차와 함께
현대자동차그룹의
핵심기업입니다.

현대모비스는 우리나라 자동차 부품산업을
대표하는 명실상부한 국내 최대 자동차부품
전문기업으로서, 이를 바탕으로
'자동차부품업계 글로벌 TOP 5' 라는
새로운 목표를 달성하기 위해
최선을 다할 것입니다.

1977년 현대정공이라는 이름으로 출발한 현대모비스는
세계 1위의 컨테이너 생산을 거쳐 1990년대에는
철도차량사업과 갤로퍼, 싼타모 등의 완성차를 생산하며
'갤로퍼 신화' 를 창출하기도 했습니다.

현대모비스는 IMF를 거치며 '선택과 집중' 을 통해
자동차부품 전문기업으로 거듭나기 시작하였습니다.
1999년 말부터 현대차에 섀시모듈을
생산공급하기 시작하였고,
2000년에는 현대 및 기아차의
AS부품사업을 인수하였습니다.
2000년 11월부로 사명도 현대정공에서
현재의 현대모비스로 바꾸며 AS부품 공급사업,
자동차부품 수출사업, 모듈부품 제조사업을 담당하는
국내 최대의 자동차부품 전문회사로의
성공적인 변신을 완료하였습니다.

또한 현대모비스는 2009년 현대오토넷과의 합병을 통해
새로운 도약을 시작하고 있습니다.
이는 기계적 시스템과 전자분야의 결합하여
시너지 효과의 극대화하는 것으로, 현대모비스는
'자동차 미래기술' 을 선도하는 기업으로서의
제3의 도약을 꾀하고 있습니다.

CJ시스템즈

김 경 범

Chapter.3

CJ시스템즈 **김 경 범**

CJ시스템즈 시스템운영
동국대학교 컴퓨터 공학과 졸

인턴경험
2011. 07 - 2011. 08 LG전자 MC사업부 하계 인턴

대외활동
2010. 07 - 2010. 08 한국 청소년 화랑단 청소년 국토 순례

수상경력
2011. 05 동국대학교 공과대학 포트폴리오 경진대회 은상
2007. 08 육군훈련소장 표창
2006. 04 경기도 지방기능경기대회 컴퓨터제어부분 장려상

자격사항
2011. 06 한국산업인력공단 정보처리기사

변화하라, 지금 당장!

지금의 나이 26세. 나의 이야기를 쓰기에는 아직은 어린 나이가 아닐까 싶습니다. 그래도 이렇게 글을 쓸 수 있는 기회가 있는 것에 진심으로 감사합니다. 처음 이러한 요청을 받았을 때 저의 이야기가 얼마나 좋은 글이 될지 장담할 수는 없었지만, 이내 이 제안을 받아들이기로 했습니다. 누군가에게는 제 이야기도 도움이 될 수 있다고 생각했기 때문입니다.

저는 제가 특별하다고 생각한 적이 전혀 없으며, 지금 이 책을 읽고 있는 여러분들만큼이나 평범한 사람입니다. 남들보다 뛰어난 것을 이야기하라고 하면 쉽게 생각이 나지 않고, 그저 남들보다 조금 열심히 산다는 것, 또는 그렇게 생각하고 살아간다는 것. 이 한 가지가 저를 표현하는 전부가 아닌가 싶습니다. 진솔하고 담백하게 글을 쓰고자 노력했지만 저의 글을 받아들이는 건 이 글을 읽고 있는 여러분들의 몫입니다. 부디 저의 글이 취업의 길에 도움이 되는 이야기보다는, 취업의 고난과 역경에 작은 쉼터와 안식처가 되기를 바랍니다. 여러분들에게 제가 가장 하고 싶은 말은 "변화하라, 지금 당장!"입니다. 사람은 어떤 식으로든 현실에 안주하고 싶은 게 사실입니다. 현재의 삶에 만족하지 못해도 대부분의 사람들이 쉽게 변화하기를 꺼리는 경향이 있습니다. 이 글을 읽고 '무슨 말을 하는 거야?'라는 생각이 든다면, 지금 내 방의 배치가 언제부터 이렇게 됐는지부터 생각해 보기 바랍니다. 아침에 일어나서부터 다시 침대에 누워서 잘 때까지의 생활을 곰곰이 살펴보면 답이 나올 것입니다. 매일 같은 시간에 밥을 먹고, 학교에서 공부와 과제를 하고, 시험기간이 되면 시험공부를 하고, 주말에는 친구들을 만나서 맛있는 밥을 먹고, 가볍게 술 한 잔. 안정적이고 매번 같은 일을 반복하고 큰 챌린지도 없습니다. 따라서 변화도 필요하지 않게 됩니다. 지금 행복하니까, 변할 생각도 변할 필요도 없게 되는 것입니다. 그러나 이게 전부일까요?

급변하는 사회 속에서 나 또한 변해야 한다고 생각해 본 적은 없으신지요. '현실은 언제나 나를 위해 웃어주지 않는다'는 게 저의 생각입니다. 스펜서 존슨은 자신의 책『누가 내 치즈를 옮겼을까?』에서 이런 사항을 신랄하게 비판했습니다. 주인공 햄, 허, 스커리, 스니프. 이 책의 주인공들입니다. 아직 보지 못했다면 한 번쯤 꼭 읽어보길 바랍니다. 이 책을 본 게 중학생 때였으니까, 그때 우연히 읽게 된 책이 지금 변화의 중요성을 알고 있는 저를 만들지 않았을까 하는 생각이 듭니다. 현실에 적응하는 삶. 그것은 정말 재미없는 것입니다. 지금 변화하지 않고 현실에만 안주

하려는 사람들에게 묻고 싶습니다. 뭐라도 해보고자 노력하는 삶을 살아보는 건 어떨까요? 100세까지 사는 삶이라고 해도 한 번뿐인 인생이지 않습니까. 그러니 지금 당장 변화하십시오.

내 인생의 주인은 나

2003년 저는 경기도 군포시의 한 중학교에 다니고 있었습니다. 중학교 3학년으로 한창 진학을 고민할 때였는데, 그때 당시 제가 무슨 생각을 하고 있었는지 정확히 기억나지는 않지만, 학급 게시판에 붙여 놓았던 저의 꿈은 프로그래머와 요리사였습니다. 스타크래프트 붐이 일어나 프로게이머라는 신종 직업이 생겨났을 시기였는데, 저의 기억에는 흔하디흔한 프로게이머라는 꿈보다 프로그래머라고 적어서 학급 친구들에게 작은 관심을 받고 싶었던 것 같습니다. 그렇지만 그냥 적어놓은 꿈이었을 뿐이지, 제가 프로그래머로 IT업계에 종사하게 될지는 그때는 생각도 못했습니다.

당시 저의 중간고사, 기말고사 평균 점수는 대략 60~65점 정도였습니다. 내신 점수로 고등학교 진학을 결정하는 6차 교육과정의 마지막 세대였고, 저는 143.5이라는 내신 점수를 가지고 있었습니다. 여기서 이 점수의 의미는 정확하게 인문계의 제일 밑바닥과 실업계의 상위 성적의 경계에 있다는 것을 뜻합니다. 요리사의 꿈을 이루기 위해 담임선생님에게 고등학교 진학상담을 받았는데 부모님까지 학교로 오셨던 기억이 납니다. 담임선생님은 정확히 이렇게 말씀하셨습니다. "경범이가 요리사를 하고 싶다는데 이 점수 가지고는 힘들어요."라고. 15세의 어린 마음에 참 커다란 충격이었습니다. 그동안 공부를 안 한 게 후회되지는 않았지만 성적 가지고 꿈을 결정해야 한다는 사실이 우울하기까지 했습니다. 그러나 중학생인 저는 의욕도 열정도 없는 학생이었기 때문에 요리사의 꿈을 아주 쉽게 접어버렸습니다.

그때 친형이 경기도 평촌 소재 한 전문계 고등학교에 다니고 있었으므로 초등학교, 중학교와 마찬가지로 저도 형을 따라 같은 학교로 진학하게 되었습니다. 형은 정보통신과에 다니고 있었는데 형과 같은 과로는 진학하기 싫었던 저는 컴퓨터라는 이름이 붙어 있다는 이유 하나만으로 컴퓨터응용 전기과에 진학하게 되었습니다. 지금의 컴퓨터응용 전기과는 교과가 상당히 다양해진 것 같지만, 제가 다닐 시기만 해도 컴퓨터라는 명칭이 붙어 있을 뿐이지 배우는 건 전기과와 다를 바가 없었습니다. 조금 다른 점이라면 컴퓨터 실습실이 하나 있었다는 것이 전부였습니다. '전력설비' '디지털 논리회로' '공업입문' 등의 과목을 배웠던 것 같습니다. 여기서부터 저의 프로그래머로의 인생이 시작되었습니다.

모든 전문계 고등학교에 해당하는지는 모르겠지만 저의 모교에는 기능생이라는 학생들이 있었습니다. 이 기능생이 무엇인지 차근차근 설명해 보겠습니다. 우리가 흔히 아는 4년마다 열리는 올림픽처럼 '기능 올림픽'이라는 것이 있습니다. 미용에서 요리에 이르기까지 참가자들의 기술 수준에 대해 우열을 가리는 대회입니다. 이 기능 올림픽은 1947년부터 에스파냐에서 청소년 교육의 일환으로 개최되고 있던 대회에 1950년 포르투갈이 참가하여 제1회 국제대회가 열렸습니다.

현재는 참가국이 늘어나 2004년에는 39개국이 가맹하고 있는 대회이며, 놀라운 사실은 우리나라는 제16회 때부터 참가해 17, 19회에는 종합성적 3위, 21, 22회에서는 2위를 차지했고, 제23회(1977년) 대회에서 처음으로 우승을 차지한 이래 1993년 타이완 대회에서 2위를 차지한 것을 제외하고, 1977년 제23회 대회부터 2003년 스위스 장크트갈렌에서 열린 제37회 대회까지 14연패를 이룩했다는 사실입니다.

다시 본 이야기로 돌아와서 기능생은 이 국제대회에 출전할 선수를 조기 발굴하기 위해 공업고등학교에서 실력을 쌓을 수 있도록 지방대회, 전국대회에 출전하는 선수를 이르는 말입니다. 대회 출전을 준비하는 것이기 때문에 훈련에 들어가는 시간과 노력은 상당한 수준입니다.

형이 전자통신과의 기능생으로 통신기기 부문에서 실력을 쌓고 있었기에 저 역시 얼떨결에 컴퓨터응용전기과 기능생으로 지원하게 되었습니다. 이 과정도 저의 의지와는 무관했습니다. 형에게 이 기능생의 여러 가지 장점에 대해 설명은 들었지만, 저는 형이 평일은 물론 주말에도 학교에서 밤늦게까지 공부한다는 사실을 알고 있었기 때문에 당연히 하고 싶지 않았습니다. 그러다가 친구의 같이 해보자는 권유로 기능생 시험을 보게 되었는데, 저를 밀어 넣었던 그 친구는 여러 단계로 나누어진 시험 중 납땜을 하는 과정에서 납 연기가 싫다며 나가버렸고, 저만 남게 되었습니다. 30여 명의 지원생 중 총 4명이 선발되었는데 기능생 담당 선생님이 저의 담임선생님이었고, 당시 전기과 기능생 선배가 저의 형과 친한 친구였기 때문인지, 저는 무사히 시험을 패스하고 기능생 생활을 시작할 수 있었습니다.

제가 몸 담았던 부문은 '컴퓨터 제어'였습니다. 컴퓨터 제어는 총 3개의 세부 종목으로 이루어져 있는데 첫째 회로 수리, 둘째 마이크로프로세서를 이용한 H/W 기판 조립. 셋째 C언어를 이용한 S/W의 설계 및 구현으로 실력을 겨루는 종목입니다. 첫 번째 회로 수리 부분은 대회 직전 3일 정도만 공부하면 쉽게 해결할 수 있기 때문에 그리 어려운 부분이 아니며, 보통 대회의 입상 여부는 기판 조립과 프로그래밍에서 결정이 납니다. 관련 기술에 대한 대부분의 기초이론은 담당 선생님으로부터 배웠지만, 원리까지 확실히 익힐 수는 없었으므로 항상 독학의 연속이었습니다.

오전과 오후는 학교 수업을 듣고, 수업이 끝나자마자 기능실이라고 하는 곳에 모여 밤 11시까지 공부하고 집으로 귀가. 방학은 물론이고 주말도 9시 등교에 5시 하교. 상대적으로 여가 시간이 많을 것 같았던 한 전문계 고등학생은, 인문계 학생들의 야간 자율학습에 버금가는 학습량이 버겁기만 했습니다. 더불어 기판 조립할 때 나는 납 연기와 이해하기 힘든 영문으로 이루어진 프로그램 코드는 저를 여러 번 좌절하게 만들었습니다. 엄격한 선생님도 저의 기능생 생활의 난관 중 하나였는데, 지금 돌이켜 생각해 보면 지금의 저를 있게 해준 분이시지만, 그 당시에는 그 엄격함과 수많은 요구사항을 모두 이뤄내기가 쉽지 않았습니다. 그러나 이러한 과정에서도 즐거움은 있었습니다. 바로 C언어로 하는 프로그래밍이었습니다. C언어는 프로그래밍 언어 중에서 그 간결성과 여러 가지 장점 때문에 가장 먼저 배우게 되는 언어입니다. 처음 C언어를 이용하여 이상한 기호로 이루어진 문장을 완성해 실행시킨 후, 컴퓨터에 'Hello World'가 찍혔을 때의 그 희열은 아직도 잊을 수가 없었습니다.

그렇게 2년이 흘러 어느덧 저도 3학년이 되었고, 마지막 대회를 준비하고 있었습니다. 2년의 모든 노력을 쏟아내야 할 대회는 경기도 의정부 소재 한 대학에서 치러졌습니다. 당해 연도의 과제는 차량 입고 시스템을 간소화한 것이었고, 당시의 저는 2학년 대회에서 장려상을 받을 정도로 실력이 좋은 학생 중 한 명이었습니다.

대회에서 출제한 첫 번째 과제는 별로 어렵지 않게 해결할 수 있었습니다. 회로의 미 연결 부분과 잘못된 부분을 찾아내는 일은 숨은그림찾기만큼이나 쉬웠습니다. 두 번째 과제 역시 그동안 갈고 닦은 실력으로 별 탈 없이 조립할 수 있었습니다. 기판 조립에 소요된 시간은 3시간 정도로, 대회에서 주어진 4시간보다 무려 1시간이나 앞당겨서 할 수 있었습니다. 그리고 남은 자투리 시간에 외워갔던 몇 가지 테스트 프로그램으로 실험해 본 결과, 기판 조립도 무사히 잘된 것을 확인할 수 있었습니다. 그만큼 순조로운 대회였는데 문제는 다음날 진행된 프로그래밍 과제에서 일어났습니다.

총 프로그래밍에 주어지는 대회시간은 점심시간을 포함한 7시간으로, 몇 개의 문제를 해결하던 중 3~4시간이 지났을 무렵부터 기판이 이상동작을 하기 시작했습니다. 조립한 버튼 12개에 대한 기능을 구현하고 난 뒤, 정상 동작 여부를 확인하고 LCD표시부와 모터의 기능까지 모두 확인한 뒤에 일어난 일이었습니다. 대부분의 기능에 대한 구현이 끝나고 검증 절차까지 모두 마친 상태에서 일어난 일이라 당황할 수밖에 없었고, 처음부터 일일이 확인하는 작업을 할 수밖에 없었습니다. 시간이 흐르자 점점 조립했던 기판도 믿을 수 없게 되어버렸고, 저는 혼돈 속으로 빠져들었습니다. 정신을 차리고 보니 대회는 끝이 나 있었고 결국 저는 그 문제를 해결하지 못했습니다. 결과는 장려상. 지방대회 장려상은 전국대회 참가자격이 없었습니다. 고등학교 생활의 전부였던 그 대회에서 저는 두 번의 상을 수상하였지만, 두 번 모두 장려상이라 전국대회에 참가하지 못하는 비운의 주인공이 되었습니다.

　지금 돌이켜보면 이 시기가 인생에서 처음으로 열심히 살았던 시기인 것 같습니다. 자의에 의해서 시작한 것은 아니었지만 기능생 생활을 하면서 저는 정말 많이 발전했습니다. 하루 종일 책상에 붙어서 공부하는 방법을 배울 수 있었고, 문제를 해결하는 과정에서의 기쁨도 알게 되었습니다. 그리고 가장 큰 배움은, 사람은 살아가면서 목표가 있어야 한다는 것이었습니다. 이 시절 저의 목표는 항상 '대회 입상'이었습니다. 고등학생 생활의 전부를 이 목표 하나만을 위해 공부했고, 모든 것을 쏟아낼 수 있었습니다. 비록 결과는 미비했지만 그 과정은 처절했기에, 대회가 끝난 뒤 결과에 대해서 조금의 후회도 없었습니다. 그리고 저도 모르는 사이에 이 시기를 계기로 저의 인생을 자의대로 설계할 수 있게 되었습니다.

불행하게도 우리나라의 사회 분위기상 학생들의 목표가 천편일률적일 수밖에 없습니다. 고등학생은 좋은 대학으로의 진학, 대학생은 대기업 입사. 그러나 이 천편일률적인 목표들 사이에서도 자의에 의해서 나의 진로를 결정하고 있는가 없는가에 따라 인생에 많은 변화를 가져온다고 생각합니다. 자의에 의해서 살아가는 삶과 타의에 의해서 살아가는 삶은 차이가 클 수밖에 없습니다. 지금 자기 자신이 목표한 바를 이루고자 앞으로 나아가고 있는지, 단순히 사회의 흐름에 따라서 살고 있는지, 진지하게 고민해 볼 필요가 있습니다. 적어도 내가 나를 만들어 가야 합니다.

내가 세운 첫 목표,
그리고 성공

저는 처음부터 대학 진학을 희망하지는 않았습니다. 중학교 시절부터 공부와는 거리가 멀었고, 고등학생이 되어서도 기능생으로 학업에 정진하긴 했지만, 그것은 엄밀히 말해 대학 진학에 필요한 공부는 아니었습니다. 처음 대학 진학에 대해서 생각하게 된 것은 어머니의 권유 때문이었습니다. 어려운 가정 형편에 조금이라도 보탬이 되고자 취직을 희망하였지만 어머니는 "고등학교 성적이 좋으니 대학에 가보는 것이 어떻겠느냐?"며 대학 진학을 권하셨습니다. 몇 날 며칠을 고민한 끝에 저는 대학 진학을 결정했습니다. 사회 분위기상 대학교 졸업장이 필요했고, 그것이 없을 때 저의 인생에 있을 어려움을 이겨 나가기가 쉽지 않을 것이 분명했기 때문입니다. 남들은 고등학교부터 준비하는 대학 입시를 저는 대회가 끝난 3학년 4월 말 무렵부터 시작했습니다. 그러나 포기할 수 없는 일이었습니다. 학교 정규 수업시간에도 대학 입시를 준비하는 학생들이 교실 뒤쪽에서 자습할 수 있게 배려해 주었고, 저의 공부는 새벽까지 이어지는 날이 계속되었습니다. 지칠 만도 했지만 이런 생활은 기능생 시절부터 2년여 간 지속된 것이었기 때문에 잘해낼 수 있었습니다.

그렇지만 수능으로 3년 내내 공부한 인문계 학생들 수준에 도달하는 것은 거의 불가능했으므로 수능에만 의존할 수는 없었습니다. 그래서 저는 수능을 준비하면서 수시 입학을 준비하게 되었습니다. 저는 전문계에서는 상위 클래스에 속하는 내신으로 입학했기 때문에, 그전까지는 없었던 자부심을 가지고 공부하게 되었습니다. 대다수의 전문계에서는 인문계처럼 치열하게 공부하지 않아도 노력만 한다면 쉽게 성적을 받을 수 있습니다. 미리 준비하는 성격 덕분에 남들보다 조금 더 공부했고, 고등학교 3학년 2학기를 제외하고는 줄곧 1등을 할 수 있었습니다. 대학 진학을 희망하면서 대부분의 학교에서 100분율 환산으로 고등학교 성적을 입력하면 99점이 나올 정도로, 저의 고등학교 성적은 월등했습니다. 하지만 제게는 허울뿐인 성적이 전부였습니다. 대부분의 과목에서 학업 우수상을 받았지만 기초가 전혀 없으므로 모의고사 성적이 좋을 리 없었습니다. 언어, 수리, 외국어 영역을 통틀어서 7등급이 넘어본 적이 없었습니다. 인문계와는 다르게 전문계 고등학교에서 모의고사를 보는 날은 보통 만화책을 빌려와야 하는 날로 통합니

다. 반나절에 걸쳐 치러지는 시험시간에 잠을 자는 것도 한계가 있
기 때문입니다. 그렇기 때문에 전문계에서는 도저히 진지하게 대
학 입시를 준비할 수 있는 분위기가 아니었습니다. 그렇지만 저에
게도 대학 진학에 희망은 있었습니다. 바로 실업계 학생들을 전형
외 3% 범위에서 입학시켜야 하는 제도가 있었기 때문입니다.

　제가 입시를 준비하던 2005년 수시 2차에는 실업계 전형이라
는 것이 있었습니다. 전형의 평가 기준은 학교마다 다르지만 제
가 눈여겨본 것은 수능 점수가 필요하지 않은 대학들이었습니다.
수시 전형에 합격했다 하더라도 추가적으로 수능에서 2~3등급
의 성적을 받지 못하면 입학이 불가능했기 때문입니다. 기능생
당시 받았던 장려상 덕분에 가산점 혜택을 받을 수 있는 산업대
로의 진학은 별로 걱정이 되지 않아서, 저는 유명한 대학 몇 군데
에 지원하기로 했습니다. 그중에 선택한 대학교가 경기도에 있는
대학교와 서울에 있는 동국대학교였습니다. 두 학교 모두 내신과
석차의 비중이 80% 이상으로 상당히 높았고, 환산 점수로 입력
을 해보니 거의 만점에 가까운 점수가 나왔습니다. 무사히 서류
전형을 통과할 수 있었지만 문제는 역시 면접이었습니다.

　다른 학우들보다 마이크로프로세서와 C언어를 조금 할 줄 안
다는 것이 저의 고등학교 생활의 전부였기에 동년의 친구들과의
지식 차이는 현저했습니다. 더불어 면접이라는 것도 처음으로 보
게 되어 그 긴장감을 이기기가 어려웠습니다. 경기도 소재의 한
대학교에서 만난 문제는 시사 문제였습니다. 그 당시 사회적으
로 큰 이슈가 되었던 '개똥녀'에 대한 생각을 묻는 문제였는데, 문

제의 요지를 파악하지 못해 엉뚱한 대답만 하고 돌아왔던 기억이 납니다. 저의 대답은 "개똥녀가 한 행동이 전체적으로 잘못되었다. 한 개인이 집단에게 피해를 주었을 경우 마땅히 사과와 조치를 취해야 함에도 불구하고, 개똥녀는 그렇게 하지 않았으므로 사람들에게 쓴소리를 들어도 할 말이 없다."라는 식이었습니다. 저는 개똥녀가 당황해서 어쩔 줄 몰라 했고 자기 방어로 그럴 수도 있다는 생각은 하지 못한 채, 모든 네티즌들과 마찬가지로 개똥녀를 매도했던 것입니다. 결과는 역시 불합격.

동국대학교의 최종 면접은 2일 후였습니다. 저는 유일하게 도움을 청할 수 있는 담임선생님께 한걸음에 달려갔습니다. 담임선생님께서는 저를 호되게 꾸짖으시며 그러한 대답이 어디 있으며, 왜 면접을 보기 전에 자신에게 오지 않았느냐며 굉장히 화를 내셨습니다. 그리고는 제가 동국대학교 면접에 임할 수 있도록 여러 가지 스킬을 알려주셨습니다. 시사 문제에 대한 대처법과, 조리 있게 대답하는 방법 등에 대해서 자세히 지도해 주셨습니다. 하지만 이런 스킬들을 며칠 배운다고 해서 면접 볼 때 능수능란하게 대처할 수는 없습니다. 저는 당연히 동국대학교에 면접에서도 똑같은 일을 반복했습니다.

동국대학교 면접은 자기소개, 문제풀이, 하고 싶은 말 순으로 진행되었습니다. 문제풀이 중에서 저는 과학에 관한 문제를 선택했습니다. 문제는 "탐험대장이 남극점을 향해 가려고 한다. 그 과정에서 짐을 실어 끌고 가려고 할 때 스키 2개를 단 수레와 보드 1개를 단 수레 중 어느 것이 더 일의 효율이 높겠는가?"였습니다.

이 문제의 올바른 답은 둘 중 한 개를 고르는 것이 아니라 정확한 원리를 파악하여 각각의 장단점을 설명하는 것이었습니다. 문제의 요점도 제대로 파악하지 못한 저의 어눌한 답변에 면접관은 정답을 알려주며, 알려준 대로 다시 한 번 설명해 보라고 했습니다. 어려운 면접 분위기 속에서 한 번 들은 내용이 이해될 리 만무했고, 당연히 답변도 제대로 하지 못한 채 끝나가는 듯했습니다. 그러나 저에게도 기회가 찾아왔습니다. 서류를 살피며 면접관이 마지막으로 한 질문이 "고등학교 때 성적은 좋은데 뭐 잘하는 거 있어요?"였습니다. 저는 기회다 싶어 "다른 것은 몰라도 C언어 하나만큼은 남들보다 잘할 수 있습니다."라고 대답했습니다. 면접관의 관심을 끌기에 충분한 답변이었고, 제가 기능생으로 공부한 내용을 설명할 수 있는 시간을 얻게 되었습니다. 다행히 면접관 중 한 분이 기능생에 대해 알고 있어서 면접은 순조롭게 마무리되었습니다. 면접이 끝나고 2주 정도 후에 발표가 났고, 떨리는 마음으로 접속한 홈페이지에서 저는 대학교 합격 통보를 받았습니다. 그 기쁨은 말로 표현 할 수 없는 것이었습니다. 다음날 아침 조회 시간에 담임선생님은 저의 대학 합격 소식을 학급 친구들에게 전해 주었고 모두의 부러움을 한 몸에 받을 수 있었습니다.

제 인생에 처음 세운 목표는 이렇게 성공적으로 끝이 났습니다. 처음에는 전문계에서 무슨 대학이냐고 하는 사람도 많았습니다. 그러나 이러한 주위 분위기는 신경 쓰지 않은 채 저는 목표 하나만을 위해 노력했습니다. 생각할 수 있는 모든 가능성에 대해서 기회를 열어둔 결과, 그 기회를 저의 것으로 만들 수 있었습니다.

　인생에는 크게 세 번의 기회가 찾아온다고 합니다. 이 이야기 속에는 인생을 살아가면서 기회를 맞이하는 것 자체가 어렵다는 뜻이 내포되어 있습니다. 그러나 어떠한 기회든 잡을 수 있는 준비가 되어 있는 자에게 유효하다는 생각이 듭니다. 기회를 맞이하기도 어려운데 준비조차 되어 있지 않으면, 기회를 알아볼 수도 없을 뿐더러 기회를 놓치게 되기 때문입니다. 그러니 기회를 잡을 수 있는 준비는 항상 해두면서, 없는 기회도 만들 수 있는 사람이 되어야 합니다. 가만히 앉아서 다가오는 기회만 맞이하는 사람보다는, 찾아다니는 사람이 더 많은 기회를 만날 수 있을 것이 분명합니다.

안 하는 것보다 낫다

　　　　　　　노력과 고생 끝에 입학하게 된 동국대학교는 저에게 있어서 큰 성취임에 분명했습니다. 하지만 그 성취감도 그리 오래 가지 않았습니다. 대학에 입학하기도 전에 치러진 신입생 영어 테스트에서 좌절감을 맛봐야 했습니다. 동국대학교에서는 신입생의 영어 실력을 테스트하고 그 결과에 따라 등급을 부여합니다. 제가 고등학교 때 배웠던 중간고사와 기말고사용 영어가, 신입생의 레벨 테스트용 TEPS의 문제를 풀어낼 수 있을 리 만무했고, 당연히 처음부터 끝까지 전부 찍을 수밖에 없었습니다. 두 번째 시험인 외국인 인터뷰에서도 제대로 답변할 수 있었을까요? 영어라고 입 밖에 내본 단어도 몇 개 없으니 저의 대답은 만국 공통 대답인 "I don't know."가 전부였습니다. 나중에 옆의 동기에게 듣게 된 그 질문은 "What is your birthday?"였습니다. 유창하게 굴러가는 영어 발음에 이러한 간단한 말도 못 알아들은 것입니다. 이것은 저의 좌절의 시작일 뿐이었습니다. 인문계와의 수준 차이를 뼈저리게 느끼며 받은 저의 학점은 2.32였습니다. 다행히 1학년 기초 과목 중 프로그래밍 기초와 실습이 있었고 그 과목에서는 1등을 해, A+ 한 개로 학사경고만은 피할 수 있었던 것입니다.

저에게는 변화가 필요했습니다. 고등학교 때 공부하던 단순 암기 방식으로는 대학교 성적을 좋게 받을 수 없다는 사실을 받아들여야 했습니다. 그때 문득 고등학교를 졸업하던 날 담임선생님께서 해주셨던 말씀이 떠올랐습니다. "네가 알고 있는 모든 것을 너의 친구들은 알고 있을 테니, 남들보다 2, 3배는 더 공부해야 대학교에서 살아남을 수 있을 거야."

저는 방학 때부터 다음 학기의 과목을 결정하고 선배들로부터 얻은 교안과 자료를 가지고 공부하기 시작했습니다. 남들보다 한발 앞서서 공부했고 방학 대부분을 학교 도서관에서 보냈습니다. 그때 당시 저의 노력에 주위 사람들은 혀를 내두를 정도였습니다. 벌써부터 공부하는 1학년은 너밖에 없을 거라며 학교 선배들은 칭찬과 격려를 아끼지 않았습니다. 그러나 결과는 참혹했습니다. 3.11. 이것이 제가 받은 1학년 2학기 성적입니다. 친하게 지내던 친구 7명 중에서 최하위 성적이었습니다. 친구들이 술을 마시고 영화를 보러 갈 때도 저는 그 시간들을 공부에 쏟았지만 결국 그들보다 훨씬 낮은 학점을 받았습니다. 고등학교를 다시 가고 싶은 마음도 굴뚝같았고, '왜 내가 전문계 고등학교를 나와서 이 고생을 하는가'라는 생각이 들 정도였습니다. 그러나 그렇게 자책만 하며 시간을 보낼 수는 없었습니다. 벌써 25%의 대학 생활이 끝나가는 시점이었기 때문이었기에 저는 다시 한 번 마음을 다잡았습니다. 저는 생각에 변화를 주기로 했습니다. 남들보다 뒤처진 점수였지만, 저의 성적이 1학기에 비해 0.8점이나 오른 것에 주목하기로 했습니다. 등수가 어찌 되었든 저는 저만의 공부를 하기로 한 것입니다.

저는 2학년 1학기에 한 가지 더 도전을 해보기로 했습니다. 바로 전자공학과를 복수전공한 것입니다. 복수전공을 선택함에 따라 수강할 수 있는 최대 학점인 18학점에서 3점이 늘어나, 총 21학점을 수강할 수 있게 되었습니다. 여기서 저의 욕심이 조금 과했습니다. 수강하는 과목을 6개에서 전공기초와 일반교양을 포함하여 9개로 과감하게 늘렸습니다. 일반물리학과 각종 실습과목들의 예비보고서와 결과보고서를 포함해 일주일에 쓰는 보고서의 양이 평균 8개가 되었고, 하루에 한 개씩 보고서를 써야 했습니다. 리포트를 쓰다 보면 하루가 다 지나갔고, 시험을 위해 차분히 공부할 시간조차 내기 어려웠습니다. 저는 철인이 아니었습니다. 이 모든 분량을 감당할 수 없었고, 종강이 다가올수록 공부의 질도 기력도 떨어져 갔습니다. 그렇게 보낸 2학년 1학기 결과는 3.14였습니다.

어린 나이에 성적 하나로 받는 스트레스는 정말 큰 것이었습니다. 노력해도 안 된다는 사실을 깨닫게 해주었으니 말입니다. 그러나 이 시기에 저는 정말 중요한 사실 한 가지를 깨달았습니다. 동기들과의 즐거운 시간들도 모두 외면한 채 강의실과 도서관만 오가며 지냈습니다. 그 어떤 여가생활도 허용하지 않고 공부에만 모든 열정을 쏟았습니다. 그런데 지겹게 느껴질 수 있는 한 학기가 저는 이상하게도 행복했습니다. 이 일을 계기로 결과만이 중요한 것은 아니라는 사실을 절감하게 되었습니다. 분명 성적에 대해서는 만족할 수 없었지만, 그 과정에서 공부하는 방법에 대해 많은 고민을 할 수 있었고, 리포트들과 씨름하다 보니 과제를 해결하는 방법에 대해서도 감을 잡을 수 있었습니다. 다분히 노력한다고 해서 그 결과가 항상 아름다울 수만은 없습니다. 때로 그 열매는 달기도 하고 쓰기도 할 것입니다.

그렇다고 벌레가 먹어버린 열매를 포기하는 것이 옳은 것일까요? 노력해서 맺은 열매가 쓰고 맛이 없다고 해서 실패했다고 좌절할 필요가 있을까요? 우리가 명심해야 할 것은 열매를 맺기 위해 쏟았던 노력들입니다. 그 결과가 달든 쓰든 우리는 열매를 맺기 위해 항상 노력해야 할 것입니다. 가장 안 좋은 것은 열매를 맺기 위한 노력조차 하지 않는 것이 아닐까요?

지금 이 글을 읽고 있는 순간에도 자신이 어떤 노력을 하고 있는지 한 번쯤 생각해 봤으면 좋겠습니다. 그래야 앞으로의 인생을 더 달고 맛있게 만들 수 있지 않을는지요. 지금 당장 종이와 펜을 꺼내 내가 무엇을 위해 살고 있는지, 무엇을 준비하고 있는지, 또 앞으로 무엇을 해야 하는지 적어보는 것은 어떨까요? 막

연한 미래의 나의 최고의 과실을 위해서 한 걸음씩 나아가는 게,
아무것도 안 하는 것보다 백배는 낫습니다.

군대 그 길고 긴 시간

대학교 신입생 시절 웨딩홀에
서 아르바이트를 한 적이 있습니다. 그곳에서 사회생활을 하며
윗사람을 대하는 방법이나 사건사고가 일어났을 때 대처하는 순
발력, 손님과 의견을 조율하는 과정 등을 지켜보며 사회생활의
센스를 배웠습니다. 웨딩홀에서 같이 일하던 형들은 모두 제대
후였으므로 쉬는 시간에는 항상 군대 이야기가 오갔습니다. 항
상 나왔던 이야기가 주특기 이야기였는데, 당시 군대는 모병제에
서 자신의 주특기를 선택해서 갈 수 있는 지원제로 바뀌어 가는
시기였습니다. 저는 저의 주특기를 웨딩홀 과장님과 같은 것으로
선택했습니다. '휴대용 유도탄 운용병'이 그것입니다. 과장님의
설명으로는 무기의 특성상 경기도에 배치될 확률이 높다는 좋은
정보도 듣게 되었습니다. 또한 대공초소 근무가 주 임무이기 때
문에 여유시간도 많이 가질 수 있다는 것이었습니다. 그러나 이
때 알았어야 했습니다. 군대는 그런 곳이 아니라는 것과 군대는
우리나라 어느 곳에나 존재하며 군대의 문화가 세계의 수많은 문
화보다 더 다양하단 사실을 말입니다.

2학년 1학기를 지내던 2007년 여름 저는 군대에 지원했습니
다. 더 이상 학업을 지속할 자신이 없었기 때문에 도피처로 군

대를 선택한 것입니다. 5주간의 기초 군사훈련과 4주간의 후반기 교육을 무사히 받고 배치된 곳은 강원도 철원이었습니다. 가장 가고 싶었던 수도방위사령부는 한 명이 선발되었는데 든든한 인맥을 가지고 있던 동기였습니다. 후반기 교육에서 수도방위사령부에 가겠다는 마음 하나로 학생장을 자원하며 조교들 눈에 띄어 좋은 평가도 받았지만, 낙하산을 이길 수는 없었습니다. 그나마 배치된 자대에서도 역시 운은 따라주지 않았습니다. 저와 같은 날 배치된 동기들이 운전병을 포함하여 8명이었고, 나중에는 더 늘어나 11명이 되었습니다. 나중에 알게 된 사실이지만 그렇게 많은 인원이 강원도로 한꺼번에 배치된 이유는, 강원도에 새롭게 무기를 배치했기 때문이라는 것이었습니다. 그래서 신병을 많이 배치하게 되었고, 그런 탓에 보급조차 잘 이루어지지 않았습니다. 총을 지급받은 것도 100일 휴가를 다녀온 뒤였습니다.

그래도 웨딩홀 과장님 말 중 옳은 부분이 딱 한 가지 있었습니다. 개인적인 여가 시간은 확실히 많았습니다. 그러나 그 대부분도 선임들의 빨래를 하며 보내야 했습니다. 주말에 책을 읽는다는 것은 가당치도 않은 이야기였습니다. 다행히 저에게도 솟아날 구멍은 있었습니다. 바로 산 생활이었습니다. 제가 배치된 부대의 특성상 3교대로 돌아가면서 산에서 대공초소 감시를 하게 되었습니다. 간부 3명을 포함해서 약 15명 정도가 산에서 생활하게 되었는데 특별히 취사병이 정해져 있지 않아서, 이 일은 보통 막내 운전병이 맡게 되었습니다.

처음 두 주기가 지나자 저는 어느새 일병에서 상병으로의 진급을 앞두고 있었고, 사람들이 흔히 말하는 풀린 군번이었습니다. 제가 다시 산을 타는 주기가 되었을 때, 저는 소대장과의 면담을 통해 취사병으로 일하고 싶다는 이야기를 했습니다. 그리고 저의 간곡한 부탁을 소대장이 들어주었습니다. 취사병 생활은 생각보다 훨씬 고된 것이었습니다. 매일 새벽에 일어나 아침을 준비하고 잠시 휴식하고 나면 점심, 또 잠시 휴식하고 나면 저녁이 찾아왔습니다. 그러나 중학교 때부터 마음속으로 간직한 꿈이었기에, 군대에 와서라도 사람들에게 음식으로 즐거움을 줄 수 있게 되었다는 사실이 큰 행복으로 다가왔습니다. 두어 달이 지나자 자대에 소문이 나기 시작했습니다. 중대 사이에서도 저의 밥이 순식간에 제일 맛있는 밥으로 거듭나게 된 것입니다. 그 당시 저의 별명은 '엄마 밥'이었습니다. 밥을 하는 입장에서는 이보다 더 좋은 칭찬은 없을 것 같습니다.

군대 2년은 아까운 시간일 수도 유익한 시간일 수도 있습니다. 지금 군대를 가지 않은 사람이라면 군대 2년을 어떻게 보내야 할지 깊이 생각하고 입대를 했으면 좋겠습니다. 군대에 가기 전 대학의 한 선배에게 이러한 이야기를 들었습니다. "군대는 폐광과 같다. 폐광은 더 이상 많은 양의 금을 생산해 낼 수는 없지만, 캐다 보면 조금씩 그 금이 모이게 된다. 2년이란 시간이 지날 무렵 한 덩이가 되어 나올지 그냥 맨손으로 걸어 나오게 될지는 아무도 모르는 일이다."라는 말이었습니다. 사회에서는 경험할 수 없는 많은 것을 경험할 수 있었고, 무엇보다도 취사병으로서 요리의 즐거움을 맛볼 수 있었으며, 다양한 서적으로 많은 상식을 쌓

을 수 있었기 때문에, 저는 군대에서 전역할 때 한 덩이의 금을
가지고 나왔다고 생각합니다.

노력은 절대
배신하지 않는다

전역 후 복학한 2009년 2학기는 생각
보다 버거운 것이었습니다. 전공 5개 과목에서 모두 다른 프로그
래밍 언어를 사용하게 되었습니다. 스페인어, 불어, 영어, 중국어,
일본어를 함께 공부하는 것과 비슷한 상황이지 않을까 합니다. 또
하나 힘든 점은 경제적 활동도 빼놓을 수 없었기에 지속적으로 아
르바이트를 하였습니다. 근로 장학생으로 주당 32시간을 교내 신
문사에 일했고, 주말에는 용돈을 벌기 위해 편의점에서 야간 알바
를 했습니다. 편의점 일은 청소를 하고 진열대에 상품을 채워 넣
고 계산만 하는 단순 노동이었기 때문에 힘든 점이 없었지만, 신
문사의 근로 장학생은 그렇게 만만한 일이 아니었습니다. 교내 신
문사에서 제가 했던 일은 신문기사를 타이핑하는 것이었습니다.
1906년부터 시작된 동국대학교의 역사를 기록해 놓은 신문들을
타이핑하여 자료화하는 작업이었습니다. 역사가 오래된 만큼 한
문도 다수 포함되어 있어 쉽지 않은 작업이었으며, 단순히 32시
간을 채우기보다는 32시간에 해당하는 분량이 정해져서 나왔습니
다. 불행하게도 이 분량은 매주 32시간 내에 끝낼 수 있는 분량이
아니었습니다. 운이 좋을 때는 금방 끝낼 수도 있었지만, 특집기

사로 대학원의 논문이나 역사적 사실을 기록한 부분이 있으면 계속 일을 해도 채우지 못해 주말까지 시간을 할애해야 했습니다.

저의 2학년 2학기는 이렇게 바쁘게 흘러갔습니다. 그래도 다행인 것은 군대를 다녀오고 나니 체력만큼은 자신 있었습니다. 그리고 무엇보다 군대 가기 전 몸에 남아 있던 공부하는 습관이 빛을 발했습니다. 틈틈이 공부하는 방법을 알고 있었던 덕에 일과 공부를 병행할 수 있었습니다. 다사다난했던 2학년 2학기의 저의 성적은 4.33이었습니다. 이 성적은 당시 과에서 2등에 해당하는 점수였습니다. 과 석차 무려 2등! 저에게 있어서는 꿈과 같은 점수였으며, 그동안 가지고 있던 전문계 고등학교 출신 학생이라는 타이틀을 벗어 던지고, 동국대학교 학생으로 자리매김하게 되는 기분이었습니다. 그야말로 다시 태어난 기분이었습니다.

"천재는 99%의 노력과 1%의 영감으로 만들어진다." 누구나 알고 있듯 이 말은 발명왕 에디슨이 한 말입니다. 세상을 밝히는 탄소 필라멘트를 개발한 에디슨이, '탄소 성분의 실'을 만들기 위해 백금에서 자신의 머리카락까지 천 번이 넘는 실험을 했다는 것은 이미 유명한 일화입니다.

세상을 살아감에 있어서 노력은 절대 배신을 하지 않습니다. 노력이 수포로 돌아가는 일은 있어도 배신하는 일은 없는 것입니다. 지금 당장은 눈앞에 성과가 보이지 않을지도 모릅니다. 그러나 실망할 일은 아닙니다. 그 노력의 과정이 여러분의 몸속에 남아 있는 한, 언젠가는 노력에 대한 보상을 받게 될 것입니다.

경험하는 것에 대한 중요성

제가 했던 대외활동은 딱 한 가지입니다. 한국 청소년 화랑단에서 하는 자원봉사활동이 그것입니다. 이 프로그램에 대해서 간단히 소개해 드리면 순천만 일대를 걸으며 학생들에게 체험적 조국애를 고취시킴으로써, 청소년으로서의 건강한 역사적 사회적 소명의식을 체득하게 하고, 현지답사를 통하여 민족문화의 현장과 지역사회의 현실을 보다 넓고 깊이 포용하며, 여행을 통하여 인격과 교양의 폭을 넓혀주는 프로그램입니다. 초등학교 3학년 이상부터 고등학생까지의 학생들이 참가하며, 9박 10일의 기간 동안 하루에 15~20km씩 걷는 일정이었습니다. 처음에는 9박 10일간 순천에서 생활할 수 있고, 모든 경비를 한국 청소년 화랑단 측에서 내주었기 때문에 여행 가는 마음으로 참가하게 되었습니다. 출발하기 전까지는 조금의 불안감도 없었는데, 막상 출발하는 날이 되자 버스를 타고 순천으로 이동하는 순간부터 난관에 봉착했습니다. 자원봉사자를 포함하여 총 참가인원이 170여 명이나 되어 4대의 버스로 이동하게 되었는데, 학생들이 얼마나 들떠 있든지 전혀 통제가 되지 않는 것이었습니다. 한 버스에 탄 40여 명의 성격과 색깔이 그렇게 다를 수가 없었습니다. 하루하루가 고난과 역경의 연속이었습니다. 순례 첫날부터 싸움이 일어났는데, 순례의 맏형이라 할 수 있는 고등학생 두 명이 치고받고 싸우는 도중에 한 명이 눈꺼풀이 찢어지는 중상을 입었습니다. 첫날부터 관리소홀로 인해 이러한 일이 발생하고 나니 순

례 일정은 더 긴장감이 돌 수밖에 없었습니다. 게다가 9박 10일
간의 순례기간이 우기와 맞아떨어져 비가 오는 날이 많았고, 통
제 불가능한 아이들을 데리고 걷노라면 불안한 마음에 정신이 없
을 정도였습니다. 체력적으로도 많이 힘들 수밖에 없었고, 저녁
에는 줄곧 회의가 이어졌으므로 잠을 청할 수 있는 시간도 고작
3, 4시간에 불과했습니다. 그렇지만 저는 여기에서도 좋은 경험
을 많이 했습니다. 첫 번째는 학생들과 9박 10일을 생활하면서
그들에게 많은 것을 배운 것입니다. 특히 신기했던 경험은 셋째
날 정말 힘든 코스를 가고 있을 때였습니다. 산행 길이었고 전날
내린 비로 길 상태가 좋지도 않았을 뿐더러 식사를 해야 하는 공
터도 그냥 지나친 상황이었습니다. 허기는 물론 힘들어서 포기하
고 싶은 마음이 굴뚝같았는데, 어린 아이들은 저를 의지하며 묵
묵히 걷고 있었습니다. 그 악조건 속에서도 우는 아이 하나 없이
20km에 달하는 산행 길을 무사히 마쳤던 것입니다.

두 번째는 학부모들의 자녀들에 대한 교육열입니다. 대부분의
학생들이 흔히 이야기하는 '스펙'을 쌓으려고 이 프로그램에 참가
하고 있었습니다. 거의 매일 체험 프로그램이 포함되어 있고, 순
례를 끝마쳤을 때 봉사활동 점수도 지급하기 때문이었습니다. 참
가비용이 다소 비싼 편인데도 불구하고, 150여 명의 학부모들이
아이들의 경험을 쌓아주기 위해 아낌없이 투자하여 프로그램에
참가시킨 것입니다.

세 번째는 사람 관계입니다. 저는 다른 사람의 눈치를 보지 않
는 성격인데, 그것은 삶에 있어서 저의 의지대로 저의 사람관계

사이에서 살고 싶기 때문입니다. 그래서 군대에서도 선임들의 눈치를 보는 게 지독히 싫었습니다. 하지만 여기서도 비슷한 일이 일어났습니다. 어렸을 때부터 이 순례 프로그램에 참가했던 사람들이 지도선배라는 이름으로 오게 되었는데, 자원봉사자와 지도선배가 하는 일은 엄격히 구분되어 있었습니다. 그러던 중 저의 행동 몇 가지가 지도선배들 눈 밖에 나게 되었고, 자원봉사자와 지도선배와의 관계가 틀어지기 시작한 것입니다. 9박 10일간의 긴 일정이었기에 그들과 틀어지는 것은 괴로운 일이었습니다. 저는 그래서 중용을 택하기로 했습니다. 시키는 일과 꼭 필요한 일 외에는 하지 않았고, 시간이 지나자 그들도 저를 인정해 주었습니다. 순례를 무사히 끝마칠 수 있게 되었고, 이때의 여러 가지 경험 역시 제게는 소중한 자산이 되었습니다. 이쯤에서 제가 하고 싶은 말은 갖가지 대외활동보다 경험의 질이 중요하다는 것입니다. 저와 같은 경우에는 학교 성적을 챙기고, 아르바이트와 같은 경제 활동도 멈출 수 없었으므로, 다른 대학생들만큼 쉽게 시간을 낼 수 없었습니다. 물론 틈틈이 시간을 내어 대외활동을 하는 것은 좋다고 생각합니다. 그러나 다섯 가지가 넘는 대외활동으로 이력서와 자기소개서를 작성하는 것은 좋지 않다고 생각합니다. 대외활동이라는 게 새로운 것에 대한 경험을 쌓기 위한 것이지, 그 자체가 스펙이 될 수는 없는 일입니다. 대외활동을 통해 학교에서 경험하지 못한 일들을 경험하는 것이 더 중요한 것입니다. 한 가지 대외활동을 통해서라도 자신이 얼마나 발전했는지, 어떤 소득을 얻었는지 등의 확신만 있다면 대외활동의 수는 중요하지 않다고 생각합니다. 값진 경험을 논리적으로 이야기하는 것이, 면접관들에게는 매력 있는 지원자로 보이는 법입니다. 스펙에 얽매인 대외활동이 아니라 꼭 필요한 것 몇 개만 챙기는 것은 어떨까요? 값진 경험을 쌓을 수 있는 일이라면 어떤 것이든 좋을 것 같습니다. 가장 중요한 사실은 남들이 어떻게 보든 간에 '내가 어떤 경험을 했는가?'입니다.

나를 지금 이 자리에 있게 해준 습관

제가 가지고 있는 습관 중 몇 가지를 소개해 보려고 합니다. 첫 번째, 일기 작성. 일기쓰기의 궁극적인 목적은 바로 하루의 반성입니다. 그러나 하루에 한 번 똑같은 일을 반복하는 것이 결코 쉽지만은 않습니다. 초등학교 이후로 일기에 다시 손을 대게 된 것은, 대학교 1학년 때의 성적으로 인한 우울증과 미래에 대한 불안감 때문이었습니다. 시작은 그러했지만 결과는 생각보다 좋았습니다. 그 일기를 자주 곱씹어 보며 학업에 매진할 수 있었고 미래를 위해 한 걸음씩 나아갈 수 있었습니다. 일기장 모양은 제각각이지만, 그 내용은 모두 저의 생각과 의지 그리고 하루를 기록한 글들로 가득 채워져 있습니다. 그중 이런 글이 적혀 있었습니다.

09.07.28(화) 하루가 정신이 없이 흘러가고 있다. 문득 오늘은 일기장

한 장에 담긴 의미에 대해 생각해 본다. 하루 한 장이라는 이 간단한 규칙 아래 나는 오늘 있었던 일들, 했던 생각들을 적어 내려간다. 가끔 뒤돌아보며 나를 반성하지만, 일기장에는 이런 의미보다 더 큰 뜻이 담겨져 있다. 바로 시간을 기록하는 것! 시간을 기록할 수 있다는 사실이 놀라울 뿐더러, 내가 그런 일을 계속하고 있다는 사실이 참 자랑스럽고 대견하다. 앞으로도 게을러지지 말도록! 오늘도 이렇게 하루를 기록한다.

일기는 하루를 기록하는 역사 기록 활동이라고 저는 생각합니다. 기억력이 정말 뛰어난 경우라도 그 감정과 함께 모든 일을 기억하기는 힘든 까닭입니다. 지금은 일기장이 13권이 되었습니다. 그동안 만났던 사람들과의 즐거운 기억을 포함해서, 개인적으로 느꼈던 친구들에 대한 생각과, 앞으로의 미래를 설계한 것 등도 낱낱이 적혀 있습니다.

두 번째, 통기타 연주. 고등학교 때 탄줘잉이 편저한 『살아 있는 동안 꼭 해야 할 49가지』라는 책을 읽었는데, 그 책에서 서른일곱 번째 할 일로 「악기 하나 배워보기」라는 글을 읽었습니다. 한 가정의 아버지 이야기였는데 아들에게 지하실에서 찾은 기타를 선물하며 이야기가 시작됩니다. 기타를 선물받은 아들은 바보 같은 악기라고 생각하며 이를 거부합니다. 그러자 그의 아버지가 강제로 아들에게 악기를 가르치게 되고, 억지로 배우는 기타였지만 아들의 실력은 하루하루 늘어갑니다. 그러던 어느 날 아들은 아버지의 강압에 못 이겨 억지로 마을 축제에서 연주를 하게 됩니다. 그때 아버지가 싫어하는 아들에게 이런 말을 건넵니다. "언젠가 넌 내게 없었던 기회를 얻게 될 거야. 너는 네 가정을 위해 마음을 울리는 곡을 연주할 수 있을 거야. 그때가 되면 지금 네가 고생하고 노력한 의미를 이해하게 될 거야." 저는 이 이야기를 접하고 며칠 뒤 통기타를 구입했습니다. 올해가 통기타를 연주하기 시작한 지 햇수로 7년째가 되는데, 제가 연주할 수 있는 곡은 고작해야 열 손가락 안에 꼽을 정도입니다. 독학으로 익힌 것이라 연주 실력이 한순간에 늘어나지는 않았지만, 그래도 꾸준히 연습하다 보니 저도 모르는 사이 조금씩 늘어나 있었습니다. 이력서와 자기소개서를 쓸 때면, 대부분의 사람들이 자신의 취미와 특기를 충분히 생각하지 않고 기재하는 것 같아 안타까울 때가 있습니다. 자신의 개성과는 상관없이 독서나 영화감상, 등산 등의 취미를 적는 것을 볼 때 더욱 그렇습니다. 물론 자신의 취미가 독서, 영화감상, 등산이 될 수도 있겠지만, 그러한 보편적인 답보다는 정말 자신에게 즐거움을 주고 주말 하루 정도는 자신에게 시간을 내어 마음의 안정을 가져다줄 그런 취미를 찾아보는 것이 좋지 않을까요?

세 번째, 신문 구독. 고등학교 때 저의 담임선생님은 대학교에 입학하는 제게 이런 말씀을 해주셨습니다. "신문을 봐야 한다. 이 넓은 세상에서 일어나는 일들은 무수히 많다. 신문을 읽어 사회에 대해 견문을 넓히고 대한민국이 좁다는 사실을 알아야 한다. 그리고 정치, 경제에 대해서는 꼭 공부를 해야 한다. 처음부터 모든 내용을 이해할 수는 없지만 시간이 지나면서 나아질 것이다. 그 둘을 모르고 이 세상을 살아갈 수는 없다. 하루 500원의 작은 돈으로 세상의 일들을 집에서 받아볼 수 있는 것인데 왜 신문을 보지 않는 것이냐.” 하는 것이었습니다. 한 마디 덧붙이시길 꼭 ‘종이 신문’을 읽으라는 것이었습니다. 저는 그 길로 정기 구독 신청을 했고 군대에 있던 기간을 제외하고 올해로 꼭 5년째 종이 신문을 읽고 있습니다. 조선일보로 시작해서 지금은 한국 경제를 3년째 구독하고 있습니다. 등교하는 지하철 안에서 신문을 읽다 보면 어느새 잠들어 버리기 일쑤였습니다. 처음 보는 어려운 단어와 한자들이 많았으므로 그 내용이 이해될 리 만무했지만, 등교해서도 공강 시간 틈틈이 신문을 읽었던 기억이 납니다. 지금은 신문 하나를 보는 데 20여 분 정도가 소요되며, 남들보다 빠르게 사회의 이슈에 대해서 반응하는 편입니다. 여전히 경제와 정치에 대한 지식은 얕지만 어른들과 이런 이슈에 대해 가볍게 이야기 나누고, 관련 지식을 이용하여 사회 전반에서 일어나는 일들을 이해할 수 있을 정도의 내공은 쌓이게 되었습니다.

네 번째, 일찍 일어나기. 이 습관은 고등학교 때 항상 지각을 하던 제가 굳은 결심을 통해 얻은 습관입니다. 일찍 일어나는 습관은 군대에 다녀와서 확실하게 굳어졌습니다. 심지어는 술을 많이 마신 날에도 8시간 이하의 수면시간을 유지하고 있습니다. 언젠가 읽었던 신문기사가 생각납니다.

“하루 24시간 중 8시간을 수면시간으로 소비한다면? 인생의 1/3은 잠을 자게 되는 것이다. 60년 인생을 산다면 무려 20년이라는 세월을 잠을 자게 된다.”

저는 이 기사에 충격을 받고 누구보다도 부지런해지기 위해 시간에 대한 관념 자체를 바꾸기 위해 노력하였습니다. 수면시간을 줄이기로 마음먹었고 지금은 하루 평균 6~7시간의 수면시간을 유지하고 있습니다.

시작이야 어찌 되었든 이 네 가지 습관들은 지금 제 인생이 순항할 수 있도록 돕고 있습니다. 이 습관들은 짧게는 몇 주, 많게는 몇 년이 걸려 완성된 것들입니다. 좋지 않은 습관을 바꾸고 싶다 해도 단번에 성공하는 경우는 많지 않습니다. 다이어트에 실패하고, 담배를 못 끊는 경우가 이에 해당합니다. 하지만 꾸준히 며칠, 몇 주, 몇 년씩 노력하다 보면 언젠가는 자신이 만족할 만한 습관을 들일 수 있을 것이라 생각합니다. 그리고 반드시 그렇게 해야 합니다. 취업과는 무관한 이야기일지 모르지만, 기본에 충실한 것이 언제나 가장 좋은 것입니다.

LG전자 인턴십을 시작하기까지

제가 프로그래머로서 관심 있게 본 분야는 '소프트웨어의 품질보증(Quality Assurance)' 분야입니다. 소프트웨어의 품질보증 활동이란, 소프트웨어가 생산되는 전반적인 프로세스를 관리하는 것입니다. 처음 소프트웨어가 개발되기 전 어떻게 만들 것인가를 시작으로, 소프트웨어가 만들어지고 있는 기간 동안 잘 만들어지고 있는가를 확인하는 활동입니다. 또한 소프트웨어가 다 만들어지고 나서도 다양한 방법으로 테스트를 하여, 고객이 사용할 때 개발한 사람이 원하지 않는 입력에 대해서도 소프트웨어가 정상 동작함을 보증하는 활동인 것입니다. 이 분야는 현재 해외학회에서도 활발한 연구가 이루어지고 있는 학문으로, 대학원생이 되어야만 충분한 공부를 할 수 있기 때문에 저역시도 대학원을 준비하고 있었습니다. 그러던 중 우연히 좋은 기회를 얻게 되었습니다. 대학교 졸업에 필요한 졸업 프로젝트를 인정해 주는 학교 산학협력단의 프로그램을 알게 된 것입니다.

이 프로그램의 이름은 ICIP로 Internship and Capston design Intergraded Program의 약자입니다. 방학에는 인턴십을 진행하고, 4학년 1학기와 2학기 동안 대학교 졸업 프로젝트인 캡스톤 디자인을 한 번에 할 수 있는 프로그램이었습니다. 제가 4학년 1학기 때 처음 신설된 것으로 대상 회사는 놀랍게도 LG전자였습니다. 인턴십이 끝난 뒤 정규직 전환이라는 것도 큰 매력이었습니다. 인턴십에는 별로 관심 없었지만, 그동안 하고 싶었던 소프트웨어 품질이라는 분야를 1년여의 프로젝트로 실험해 볼 수 있는 좋은 기회였습니다.

LG의 4개 사업부 중에서 어플리케이션을 개발하는 MC사업부에 지원하게 되었습니다. 팀으로 참가하는 프로그램이어서, 학교의 팀 매칭 프로그램으로 저를 포함하여 4명이 한 팀으로 지원을 했습니다. MC사업부에서 정해진 주제는 '증강현실을 이용한 물체 인식 어플리케이션 제작' '이미지 프로세싱' '웹 접근 성능 측정 어플리케이션 제작' 총 세 가지였는데, 저희 팀은 그중에서 "증강현실을 이용한 물체 인식 어플리케이션 제작"이라는 주제를 선정하게 되었습니다. 선정 배경은 세 가지 주제 중 가장 흥미로운 부분인 데다가, 증강현실이란 신기술을 가장 많이 이용할 수 있을 것 같아서였습니다. 여기서 증강현실이란 흔히 카메라를 통해 보이는 화면이 스마트폰 상에서 가공되어 여러 가지 정보를 함께 표현해 주는 것인데, 오브제(OVJET)라는 스마트폰 어플리케이션이 증강현실을 이용하여 구현된 것입니다.

대규모로 인턴을 채용하는 삼성과는 다르게 LG전자에서는 인턴을 채용하는 경우가 거의 없었으므로 경쟁률도 상당히 높았습니다. 인턴십의 채용 프로세스는, 서류를 작성하고 PT면접을 보는 순으로 진행되었습니다. 서류는 무사히 통과했는데 문제는 PT면접이었습니다. 주제가 정해져 있는 만큼 인턴십을 진행하는 동안 산출물 또한 만들어질 수 있도록 보여줘야 했는데, 주제에 대해 조사를 시작했을 때 저희 팀은 좌절하고 말았습니다. 증강현실 구현이 생각했던 것보다 쉽지 않았기 때문입니다. 증강현실을 통해 카메라로 보이는 사진과 실제 물건을 매치시키기 위해서는 방대한 양의 데이터를 수집해야 했고, 그 당시만 해도 스마트폰과 서버에서 실시간으로 데이터를 처리하기엔 통신 환경이 적절하지 않았기 때문입니다.

면접 당일 저희는 4개 팀 중 세 번째로 발표를 진행했습니다. 면접장에는 3명의 면접관이 있었습니다. 주제에 대해 이야기하고, 지금까지 조사한 기술을 어떻게 적용할지, 인턴십 기간 중에 할 수 있는 부분이 어디까지인지에 대해 발표했고, 발표는 별 탈 없이 진행되었습니다. 발표가 끝난 뒤 질문이 이어졌습니다.

그런데 분위기가 이상했습니다. 질문이 몇 가지 이어졌는데 '앞서 설명해 준 기술이 있는데 이 분야에 대해서 적용이 가능합니까?' '제품을 인식한다고 했는데 어떠한 방향에서 어떠한 모양으로도 인식이 가능합니까?' 등의 질문이 이어졌고, 저희 팀은 물론 뭐든지 할 수 있는 자신감으로 질문에 답했습니다. 그러나 면접이 진행될수록 면접관들은 지원자들에 대해 불신을 가지고 있는 것 같았습니다. "두 달의 기간 동안 이것을 할 수 있겠습니까?"라는 질문이 나왔을 때도 저희 측 팀원은 물론 할 수 있다고 대답했고, 그 질문은 꼬리에 꼬리를 물고 계속 "할 수 있나? 없나?"에 초점이 맞춰졌습니다. 대답에 종지부를 찍기 위해 제가, "지금 저희들의 기술과 두 달간의 인턴십 기간 동안 모든 기능을 구현하기는 어렵습니다. 그러나 적어도 2, 3가지의 제품 정도는 올바르게 인식할 수 있게 할 것이며, 인턴십 기간이 끝나고 2학기 동안 더 많은 제품을 추가하겠습니다."라고 솔직한 대답을 했습니다. 면접을 끝마치고 나서 며칠 뒤 합격이라는 연락을 받았습니다.

나중에 알게 된 사실이지만 면접을 진행한 4팀 중 여러 가지 이유를 들어 할 수 없다고 솔직하게 대답한 팀이 제가 속한 단 한 팀이었다고 합니다. 솔직한 대답이 면접관들에게 진솔하게 다가갔고 결국 합격이라는 좋은 결과를 낸 것입니다.

나중에 면접관이자 제가 인턴생활을 한 곳의 파트장님께서 "너희 조가 합격한 3조 중 면접을 가장 잘 봤으며, 다른 파트에서도 데리고 가고 싶어 했다."고 알려주셨습니다. 저는 이때 처음 알게 되었습니다. 면접이라는 것이 제가 해온 일에 대한 평가를 받는 것이 아니라, 면접관과의 공감대를 형성해야 하는 일이라는 것을 말입니다. 물론 이러한 부분을 쉽게 파악할 수는 없겠지만 분명 필요한 것임에는 틀림없습니다. 당시 면접관들은 현업 10년차 이상의 베테랑인 파트장님들이었으니, 짧은 기간의 개발은 무리라는 사실을 이미 인지하고 계셨던 것입니다.

CJ시스템즈에
합격하기까지

4학년 여름방학의 대부분을 인턴십을 진행하는 데 쏟았기 때문에 취업의 계절은 생각보다 급박하게 다가왔습니다. 졸업을 앞둔 2011년 9월 저는 마지막 학기에 등록하게 되었습니다. 그때 저의 나이 25세입니다. 제가 가지고 있었던 스펙이란 앞서 이야기한 한국 청소년 화랑단에서 진행했던 대외활동과 학점 3.49, OPIC 점수, 토익 470점, LG전자 인턴십, 이렇게 5개가 전부였습니다. 어디에 내놓아도 평범하다 못해 다소 부족한 스펙이었습니다. 그러나 여기서 취업을 포기할 수는 없었기에 저에게는 전략이 필요했는데, 저는 그 전략을 잘 포장해 '선택과 집중'이라고 표현하고 싶습니다. 정말 가고 싶은 회사와 직무만 골라서 쓰는 것입니다. 여기저기 지원해서 합격의 가능성을 많이 열어두기보다, 몇 개 정도 가고 싶은 기업만 골라 그 회사에 집중 투자하는 방법을 택한 것입니다. IT업계에서 내로라하는 대기업에 원서를 냈습니다. 삼성전자, LG전자, LG CNS, 두산, 안

철수 연구소, CJ시스템즈 총 6곳에 지원을 하게 되었고, 이곳들 중에 서류를 통과하여 인적성에 응시한 회사가 3곳입니다.

잠시 인적성에 대해서 이야기하자면 저는 전문계 고등학교 출신의 대학생입니다. 전문계 출신 대학생이라고 해서 모두 저 같지는 않겠지만, 저는 대체적으로 수학과 과학에서 큰 역량을 발휘하지 못했습니다. 내용은 분명히 이해했고, 수식도 모두 외우고 있었지만, 시험을 보면 점수가 항상 좋지 못했습니다. 나중에 그 이유에 대해 분석해 보니 문제를 신속히 풀 수 있는 능력과, 문제를 푸는 순서에 따라 정확하게 풀어내는 능력이 많이 부족한 탓이었습니다. 이것은 문제를 많이 접해보고 풀어봐야 느는 것인데, 제 경우에는 특히 이 부분이 많이 부족했습니다. 인적성에 응시할 때에도 이 약점은 어김없이 드러났습니다. 제가 인적성에 응시해서 합격된 회사는 단 한 곳이었습니다.

CJ그룹의 1차 면접은 심층면접으로 총 4시간 동안 진행되는데, 면접관의 개입 없이 면접자들끼리 주어진 과제를 해결해 나가는 과정을 평가하였습니다. 때문에 평가하는 기준도 알 수 없는 게 특징이었습니다. 제가 응시할 때는 인터넷 상에서도 CJ그룹의 면접 정보가 전혀 없는 상태였으므로, 저는 아무것도 모른 채 면접에 응했습니다. 면접은 정말 숨이 막힐 정도로 숨 가쁘게 진행되었습니다. 면접자들 서로가 경쟁관계에 있었고, 자신의 역량을 발휘하여 면접관들에게 좋은 인상을 남기기 위해 필사의 노력을 하고 있었습니다. 그렇기 때문에 서로가 서로를 위하기보다는 자기의 의견을 피력하기에 분주했습니다. 저는 이 사이에서 최대한 자신감 있게 행동하되 남의 말을 다시 한 번 요약해서 말하는 방법을 택하였습니다. 예를 들면 한 면접자가 의견을 말하면 그 의견을 정리해서 한 번 더 이야기해서 확인하고, 이에 대해 궁금한 것을 물어보는 식으로 말을 이어갔습니다. 그리고 모든 의견을 내세울 때 상황과 과정 그리고 그에 따른 결과를 이야기하는 데 집중했습니다. 면접 중 매사에 자신감이 넘쳤던 저는 딱딱한 면접장 분위기에 빨리 적응할 수 있었고, 그렇게 면접을 즐기다 보니 면접은 끝이 났습니다. 그리고 시간이 흘러 저는 1차 면접 합격 통보를 받았습니다.

남은 것은 CJ시스템즈의 임원 면접이었습니다. 면접을 봤던 날, 그날은 1차 면접과는 다르게 제가 살아오면서 저 자신이 가장 초라했던 날로 기억되고 있습니다. 면접에 들어가기 3시간 전부터 저는 왠지 모를 불안감에 사로잡혀 있었습니다. 면접장에 들어서면서 다른 면접자들과 함께 자리에 모두 서서 "안녕하십니까!"라고 말한 뒤 고개를 숙여 인사를 드리는 것으로 입을 맞추었었는데, 긴장한 나머지 저 혼자 "안녕하십니까!"라고 말하는 동시에 고개를 숙여 인사를 하고 말았습니다. 그러고 나서 멋쩍은 나머지 피식 웃어버리고 말았습니다. 저의 실수는 여기서부터 시작되었습니다.

이 상황을 지켜보던 면접관 중 가운데 있으셨던 분이 "김경범 님은 인사를 하면서 막 웃으시네요."라고 말한 것이 저를 더욱 당황하게 했습니다. 이 일이 있고 난 뒤 면접은 최악에 최악으로 흘러갔습니다. 2차 면접의 질문은 평이한 편이었습니다. "자기소개를 간단하게 들려주세요." "CJ시스템즈에 지원하게 된 이유는 무엇입니까?" 등의 질문이었습니다.

그러나 저는 질문에 제대로 대답하지 못한 것은 물론이고 횡설수설하기 일쑤였습니다. 처음 제가 인사할 당시 저에게 말을 건네던 면접관은 홀로 면접을 주도하고 있었으므로, 면접관 중 제일 강한 영향력을 가진 사람임이 분명하게 느껴졌습니다. 면접이 진행되는 내내 지옥 같은 시간이었고, 취업의 마지막인 동시에 유일한 희망은 그렇게 끝이 나는 것 같았습니다. 하고 싶은 말을 끝으로 저는 면접장에서 탈출할 수 있었는데, 면접장을 탈출하자마자 앞에서 진행하던 인사팀의 말에 더 기가 죽었습니다.

"가운데 앉아 계신 면접관님 알아보시겠어요? 저희 대표님이세요."

그나마 이 면접에서 잘했다고 생각하는 것은, 끝으로 하고 싶은 말이 있으면 해보라고 했을 때 제가 한 말입니다. 그때 저는 제가 정말 마음속에 담아두었던 모든 것을 꺼내놓았습니다.

"저는 공업고등학교에 재학할 당시부터 프로그래머가 꿈이었습니다. 꿈을 이루고자 대학에 진학하였고 이 자리까지 오게 되었습니다. CJ그룹 내에 인프라를 담당하는 CJ시스템즈에서 저는 저의 프로그래머로서의 꿈을 이루고 싶습니다. 그리고 꼭 10년 뒤, CJ에서 올해의 프로그래머라는 상이 생긴다면 그곳에 김.경.범. 이름 세 글자를 올려보도록 하겠습니다."

다소 민망한 이 답변은 제가 할 수 있는 마지막 몸부림이었습니다. 그래도 속 시원하게 이야기하고 나오니까 모든 것이 후련했습니다. 그렇지만 제가 면접관이었어도 저와 같은 스펙의 지원자를, 면접을 볼 때 실수나 하는 지원자를 누가 좋아하겠느냐는 생각이

짙었으므로 취업의 길은 멀어지는 듯했습니다. 저는 그날 면접비로 받은 돈으로 학교 동기와 술을 거나하게 먹고 집으로 귀가했습니다. CJ의 취업 프로세스는 다른 곳보다 천천히 진행되는 편이라 면접의 최종발표는 12월 중순에나 이루어졌습니다. 면접이 끝나고 열흘이 지난 후에야 저는 최종발표 확인을 위한 문자를 받았습니다. 결과는 합격이었습니다. 그렇지만 합격의 기쁨은 그리 오래가지 않았습니다. 도대체 어떠한 요소가 다른 지원자보다 면접관 마음에 들었는지 알 수 없었기 때문입니다. 저는 그렇게 CJ시스템즈에 입사하게 되었습니다. 어안이 벙벙하고 아무런 영문도 모른 채 저는 합격발표가 난 6일 뒤, 제주도의 나인브릿지란 곳에서 CJ그룹의 입문교육에 입소하게 되었습니다.

나는 프로그래머다

　　　　　지금부터는 저와 같은 길을 걷고 있는 컴퓨터 공학계열 사람들을 위해 글을 쓰고자 합니다. 저는 프로그래머입니다. 우연한 계기로 컴퓨터 프로그램을 만들기 시작했고, 그것이 계기가 되어 프로그래머라는 꿈을 가지고 달려온 지 어언 10년이 되었습니다. 처음에는 호기심으로 시작했고 압박과 강요에 의해 공부했지만, 지금은 저의 생활의 일부가 된 것이 프로그래밍이란 기술입니다. 그러나 그것을 공부하는 과정은 결코 쉽지 않았습니다. 컴퓨터 서적은 대부분 다른 전공서적보다 그 부피가 현저하게 큽니다. 그 이유를 생각해 보면 그 만큼 분량이 방대하고 하고자 하는 이야기가 많기 때문이라 생각합니다. 그리고 가장 중요한 사실은 그만큼의 글을 읽지 않으면 내용을 이해하기 힘들다는 점입니다. 한 가지를 이해하기 위해 수십 쪽의 글을 읽어야 하는 분야가 바로 컴퓨터 분야인 것입니다.

그 두꺼운 프로그래밍 책을 가지고 강의를 듣고 나오면 교수님들이 마치 외계인처럼 보입니다. 그런데도 교수님들은 이러한 말을 아주 자주 하십니다. "어렵지 않죠?" "이해했죠?" "여러분들 수준이면 이 정도는 쉽게 받아들여야 해요." 안타까운 사실이지만 대부분의 학생들은 교수님들이 생각하는 것만큼 똑똑하지도 이해력이 빠르지도 않습니다. 적어도 저는 그랬습니다. 고등학교 시절부터 컴퓨터공학계열 공부를 시작했다는 사실이 저를 옥죄는 일이 많았습니다. 남들보다 먼저 공부를 시작했으니 당연히 더 잘할 거라는 생각이 사람들에게 박혀 있는 것 같았습니다. 여러분이 저의 글을 처음부터 읽었다면 제가 남들에 비해 그렇게 특출하지도 똑똑하지도 않다는 사실을 잘 알고 있을 것입니다. 물론 대학교 1학년 때는 고등학교 때 배웠던 것들이 정말 많은 도움이 되었습니다. 대학 동기들이 프로그래밍 기초 수업인 C언어를 공부할 때, 저는 공부 한 번 안 하고 A+을 받았을 정도니까요. 그러나 이러한 차이는 대학교 2학년이 되면서부터 서서히 사라지고 말았습니다. 고등학생 때 예습했던 부분은 C언어 외에는 아무것도 없었으니 말입니다.

그렇지만 저는 잘해야 했습니다. 월등하게 뛰어날 수는 없어도 적어도 남들보다는 잘해야 했습니다. 왜냐하면 제가 할 수 있고, 제가 4년제 대학에서 살아남을 수 있는 길은 그것밖에 없었기 때문입니다. 저의 대학생활을 뒤돌아보면 적어도 대학 동기들보다는 잘하기 위해 부단히 노력했다고 생각합니다. 어떤 방식으로 어떻게 노력했느냐고 묻는다면, 남들보다 정말 많은 시간을 할애하여 공부했다고 대답할 수 있습니다. 그것이 전부입니다. 저는 C언어 책만 7~8권 정도 봤습니다. 이중 절반의 책은 도서관에서 빌려 봤지만 4권은 구입해서 봤습니다. 그렇게 계속 똑같은 내용만 보고 나니까 이해가 안 되던 부분도 다른 책에서 실마리를 찾을 수 있었고, 예제를 하나하나 입력해서 실행해 보는 과정 속에서 자연스럽게 C언어를 익힐 수 있었습니다. 이렇게 반복해서 공부한 덕분에 그 이후에 이루어지는 전공 수업에서 남들보다 쉽게 이해할 수 있었고, 전공 수업을 따라가는 데 어려운 점이 없었습니다.

또 다른 노력이라고 한다면 학기 과제인 프로젝트에서 프로그래머로 참여했다는 것입니다. 대부분의 학기 과제가 팀으로 이루어져 진행되기 때문에 역할을 나눌 수밖에 없는데, 대부분의 학생들은 프로그래머라는 역할을 극히 꺼려하고 미루기 십상입니다. 왜냐하면 보고서를 작성하는 것과 10분 정도 발표하는 것이 훨씬 더 쉽기 때문입니다. 그러나 저는 이렇게 미루는 학생들에게 한마디 해주고 싶습니다. "하루빨리 전과하세요."라고 말입니다.

어떠한 식으로든 IT계열에서 사회생활을 하고자 한다면 프로그램 코드를 쓸 줄 알아야 합니다. 프로그래밍 기술은 특출한 능력을 가져야만 할 수 있는 것이 아닙니다. 책을 읽어서 문법만 알고 있으면 누구나 할 수 있는 것입니다. 저도 처음에는 이 일이 힘들었지만 시간을 들이고 노력하다 보니 능숙하게 할 수 있게 되었습니다. 학기과제가 보통 3개 이상이고 많을 때는 5개까지 되었으므로, 이 모든 분량을 커버하기에는 역부족이었습니다. 그래도 저는 했습니다. 긴 밤을 프로그램을 만들며 보내기도 했고, 화장실도 가지 않으면서 프로그래밍에 몰입했던 적도 많았습니다. 코드 한 글자 한 글자를 제가 직접 입력했습니다. 학기과제 프로그램이 대략 2,000줄 정도 된다고 치면, 저는 한 학기에 대략 5,000줄, 1년에는 10,000줄 정도의 프로그램 코드를 작성한 것입니다. 그렇게 하다 보니 자연스럽게 프로그래밍을 할 수 있게 되었습니다. 그리고 3학년쯤 되자 제가 모르는 사람들도 저를 알고 있다는 사실을 깨달았습니다. 팀원이 랜덤으로 정해지는 일도 많았기 때문입니다. 그리고 팀을 이룬 팀원들은 대부분 제게 이런 말을 했습니다. "이야기 많이 들었어요. 프로그래밍 잘하신다면서요. 이번 학기 걱정 없겠네요."

대학교 시절 저의 졸업성적은 3.59입니다. 전문계 고등학교 출신 치고는 꽤나 훌륭한 점수라고 자부합니다. 대부분의 과목에서 B+ 이상을 받아야만 나오는 점수지만, 저의 성적은 그렇게 고른 편이 아니었습니다. 제 성적표에서 A 이상의 성적 비중이 55%에 달합니다. 전공을 제외한 대부분의 과목에서 B+~C0까지 다양한 성적을 받았습니다. 남들보다 전공과목에 더 비중을 실었고 그렇게 받은 성적인 것입니다.

저는 이렇게 다른 분야로 눈을 돌리기보다는 전공공부와 학교공부에만 집중했습니다. 저는 이 선택이 나쁘지 않았다고 생각합니다. 물론 저도 여러 가지 대외활동을 하지 않아 다양한 경험을 하지 못한 것은 아쉽게 생각합니다. 그러나 프로그래머로서의 역량이 더 중요하다고 생각합니다. 프로그래밍 기술이야말로 IT업계에서 최고의 스펙이기 때문입니다.

CJ시스템즈의
이름으로

　　　　　　CJ시스템즈에 입사하고 난 뒤 저는 인생을 돌아볼 수 있는 기회를 얻었습니다. 회사원이 되었기에 이제 다음 단계로 도약하기 위해서 조금 숨을 돌릴 수 있는 시기가 찾아온 것입니다. 처절하게 살기 시작했던 고등학교 입학 때부터 대학을 졸업할 때까지는, 정말 저 자신을 돌아볼 여유가 좀처럼 생기지 않았습니다. 저에게 CJ시스템즈는 자신을 돌아보게 하는 그런 존재입니다.

　제주도에 있는 CJ건설의 자랑스러운 건축물 중 하나인 나인브릿지는 아시아 순위 49위의 국내 초호화 골프 리조트입니다. CJ그룹의 입문교육은 2011년부터 이곳에서 이루어지고 있습니다. 이곳은 일반인이 쉽게 이용할 수 없는 고급리조트이기 때문에, 저는 이곳의 웅장함과 섬세함에 감탄을 금치 못했습니다. 입문교육을 받고 있던 어느날 저는 교육을 위해 임시로 마련된 홀에 앉아 있었습니다. 그러다 고개를 들었더니 강단 위로 CJ 마크가 새겨진 현수막이 길게 늘어뜨려져 있는 것이 보였습니다. 언제부터 걸려 있었는지 알 수 는 없었지만, 저는 그날 교육 시간 내내 그

마크만 하염없이 바라보았습니다. CJ 입문교육 때 만난 사람들은 정말 다양했습니다. 30대 형에, 번듯한 직장을 1년여를 다니다가 신입으로 입사한 사람, 대기업 몇 군데에 복수로 합격했지만 CJ 를 선택한 사람, 타 대기업 인턴십에서 정규직 전환이 안 되어 처음부터 다시 지원하여 입사한 사람까지. 그들과 어깨를 나란히 하고 있다는 게 기쁘지만은 않았습니다. 그들이 어떠한 경로로 입사했는지 이야기를 듣고 있으면 제가 조금은 부족하게 느껴졌기 때문입니다.

교육 마지막 날, 저는 또 교육홀에 앉아서 그 CJ 마크를 바라보았습니다. 그렇게 한 참을 멍하니 바라보다가 이런 생각을 하게 되었습니다. "나에게 기회를 준 CJ를 위해 할 수 있는 일은 무엇일까?" 2주간의 입문교육을 마치고 나인브릿지를 떠나 집으로 오는 비행기 안에서 저는 앞으로의 회사생활에 대한 다짐을 하였습니다. '내가 지금은 비록 조금 부족할지 모르지만, 앞으로 누구보다 인정받는 사람으로 성장하겠다'는 다짐을 했습니다. 그리고 'CJ를 위해 할 수 있는 일은 무엇일까?'라는 물음에 대한 답을 꼭 찾고 말겠다는 생각을 했습니다.

한 달이 지나고 두 달이 지나 제가 CJ에 입사한 지도 200일이 훨씬 지났습니다. 그 사이 CJ그룹 신입사원들의 축제인 ONLYONE FAIR도 끝났고, 신입사원의 부서적응을 위한 OJT(On the Job Training)도 끝이 났습니다. 저는 지금 CJ그룹 전체에서 사용하는 인사 시스템을 운영하고 있습니다. 그리고 저는 기쁜 일인지 슬픈 일인지 아직도 앞서 가졌던 물음에 대한 답을 찾지 못했습니다. 단기간에 해답을 내기에는 어려운 질문이었을까요? 이 물음은 저에게 출근하게 하는 힘이 되고 있으며, 즐거운 마음으로 일에 매진할 수 있는 원동력이 되고 있습니다. 이 물음에 대한 대답을 찾기까지 얼마나 많은 시간이 소요될지, 지금은 알 수 없는 안갯 속을 헤매는 것 같습니다. 그러나 저는 기쁜 마음으로 이 안개를 헤매고 길을 찾아 떠날 것입니다. 그리고 언젠가 꼭 해답을 찾을 것이라 믿고 있습니다.

마지막으로 생각해 보았으면 하는 것

최근에 저는 이런 생각을 했습니다. '진정한 꿈의 의미는 무엇일까?' 예컨대 한 단어로 정의될 수 있는 것이 많을 것입니다. 의사, 변호사, 연예인, 경찰관, 프로그래머. 한 가지 큰 질문을 해 보겠습니다. '꿈을 이루고 난 다음에는 어떻게 할 것인가?' 예를 들어 꿈이 의사였다고 생각해 봅시다. 보통의 의사는 의대를 졸업하고 레지던트 기간을 거친 뒤 정식으로 의사가 됩니다. 이러한 기간들을 거쳐야만 비로소 정식으로 의사가 되는 것입니다. 한 가지 더 질문해 보겠습니다. '신입으로 들어온 의사와 병원 원장은 같은 의사일까?' 면밀히 따져보면 모두가 의사임은 자명한 사실입니다. 그러나 맡은 업무가 다름은 물론 그 사람에게서 흘러나오는 분위기가 다를 수밖에 없습니다. 그렇다면 의사가 되고 싶었다는 꿈은 정식으로 의사가 된 후에는 사라져야 하는 걸까요? 의사가 된 후에는 꿈이 다른 것으로 바뀌게 되는 걸까요? 정확한 답은 어디에도 없는 것 같습니다.

위 물음을 저에게 빗대어 보면 저의 꿈은 프로그래머였고, 그것 하나만을 보고 10여 년을 살아왔습니다. 제 직무의 정식 명칭은 System Management Engineer입니다. 처음 이 직무를 받은 게 2012년 3월 27일입니다. 저는 고등학교 이후 줄곧 꿈꾸던 프로그래머가 되었습니다. 그러나 정식으로 프로그래머가 되고 난 뒤 '나는 이제 뭘 해야 할까?'라는 생각을 했습니다. 꿈을 이루었기에, 저에게 꿈이라고 하는 것의 의미가 모호하게 돼버린 것입니다. 한 마디로 정의하자면 뭘 해야 할지를 잃어버렸다고 이야기하는 게 맞을 것 같습니다. 그렇게 꿈에 그리던 프로그래머가 되었지만 앞으로 무엇을 해야 하는지 알 수 없게 된 것입니다. 그러다가 제가 프로그래머가 되기 위해서 해왔던 수많은 목표들이 생각났습니다. 제가 지금 이 자리에 있기 위해 정하고 노력했던 목표들. 영어 점수 취득, 전공 관련 자격증 취득, 학점 3.5 이상 유지, 대외활동 하기, 대기업 인턴십까지. 제가 가졌던 수많은 목표 중 작은 것 하나하나까지 머릿속에 떠올려 적으면, 아마 수천수만 가지가 될 것입니다.

목표 하나를 이루고 나면 그 목표 후에 자연히 또 다른 목표가 생겨나게 마련입니다. 그렇게 목표가 꼬리에 꼬리를 물고 이어져 지금의 제가 있다고 생각하니, 프로그래머라는 꿈은 꿈이 아닌 목표였다는 생각이 들었습니다. 처음 기능생에 들어가 대회입상을 바랐던 것은 목표이지 꿈이 아니었습니다. 대학입시를 희망하고 대학에 진학한 것도 꿈이 아니고 목표였습니다. 프로그래머라는 꿈을 좇아서 여기 이 자리까지 오게 됐지만, 결국은 프로그래머라는 것도 꿈이 아니고 목표였던 것입니다!

그렇게 생각하고 나니 다시 또 앞으로 나가고 싶은 의욕이 생겨나기 시작했습니다. 지금은 사회 초년생 프로그래머지만 앞으로 더 많은 시스템을 개발하고 싶은 마음입니다. 사용자들이 필요로 하는 부분까지 미리 파악하여 시스템에 녹여내는 프로그래머가 되고 싶습니다. 작은 부분 하나까지 세세하게 신경 써서 확장성이 좋은 프로그램을 개발함은 물론 10년이 지나도 20년이 지나도 사람들 손에 의해서 쉽게 읽힐 수 있는 프로그램을 개발하고 싶습니다. 이런 일이 가능할지는 모르겠지만, 무엇보다도 제가 작성한 프로그래밍 코드를 남들이 봤을 때 시처럼 느낄 수 있는 그런 프로그래머가 되고 싶습니다.

꿈을 좇는 사람과 목표를 이뤄 나가는 사람. 이 둘의 의미는 동일한 것일까요? 아무튼 저는 이제 시작입니다. 이 세상을 살아감에 있어서, 길치가 되는 것을 두려워하지 않았으면 좋겠습니다. 길을 잃고 헤매더라도 좋습니다. 길을 가다가 힘이 들면 잠시 쉬어가기도 하고 잠시 다른 길의 풍경도 감상하길 바랍니다. 세상에는 정말 다양하고 알 수 없는 상황이 수없이 펼쳐지고 있습니다. 그리고 희망을 잃지 않는다면 그 속에 항상 즐거움이 포함되어 있을 것입니다. 가장 중요한 것은 길 끝에 있을 목적지, 종착역을 잊지 않는 것입니다.

앞을 향해 나아가길 바랍니다.

VISION

WORLD PREMIER
IT SERVICE PROVIDER

+

GOAL2020

- 매출 1.5조 영업이익 1,500억
- 국내 1위 SCM/MEDIA IT 전문기업
- 대외/해외 매출비중 50%

MISSION

우리는 최고의 IT 서비스로
고객 비즈니스의 성공을 지원하고,
SCM과 MEDIA IT분야의
GLOBAL 전문기업이 된다

SLOGAN

MAKE IT EASY!

- **E**FFICIENT-SERVICE (고객의 니즈에 최적화된 **효율적인 서비스**)
- **A**DVANCED-TECHNOLOGY (트렌드를 선도하는 **앞선 기술**)
- **S**PEEDY-SUPPORT (변화하는 비즈니스와 고객요구에 **신속한 지원**)
- **Y**OUTHFUL-THINKING (**O**NLY**O**NE 서비스를 위한 **젊은 생각**)

in the
uality
such
s, and
s ope
ed by N
imageh

현대자동차

김 형 민

현대자동차 해외영업본부 미주서비스팀
홍익대학교 공과대학 산업공학과 졸

인턴경험

2010. 06 – 2010. 07 현대자동사 품질총괄본부 품질브랜드혁신팀 하계 인턴

대외활동

2010. 09 – 2010. 11 한국오토모티브컬리지 자동차정비 정규기본과정

2009. 05 – 2009. 11 삼성전자 마케팅 리더 자이제니아 6기

2009. 03 – 2009. 12 전국경제인연합회 Young Leaders Club 15기

2009. 09 – 2009. 12 교육과학기술부 대학생 맨토링 프로그램

2009. 07 – 2010. 01 보건복지가족부 금연 서포터즈 3기

어학연수

2007. 03 – 2008. 01 필리핀(마닐라)□캐나다(밴쿠버) 연계 연수

수상경력

2011. 02 현대기아자동차 인재개발원 신입사원교육 우수상

2010. 11 대한산업공학회 추계학술대회 대학생프로젝트 장려상

2010. 11 대한산업공학회 추계학술대회 대학생프로젝트 단체상

2009. 11 삼성전자 HIT상품 기획미션 공모전 3등

자격사항

자동차정비 기능사 – 한국산업인력공단

유통관리사 2급 – 대한상공회의소

Microsoft Office MASTER – Microsoft

워드프로세서 1급 – 대한상공회의소

운전면허 1종 보통 – 서울지방경찰청

새로운 시작을
꿈꾸는 그대에게

2012년 11월 미국 출장 중 베버리힐즈에서 쏘나타와

2010년 9월 13일 떨리는 마음으로 합격자 발표 홈페이지에 들어갔습니다. 제 이름과 주민등록번호를 넣고 확인 버튼을 클릭하는 순간, 환호가 터져 나왔습니다. 합격이었습니다. 합격은 또 다

현대자동차 김형민

른 시작이라지만 이 순간만은 모든 것을 다 이룬 듯 기쁨을 주체할 수 없었습니다.

대한민국 최고 대기업의 일원이 되었다는 기쁨과 함께, 국가경제발전을 이끌어야 할 막중한 책임감도 느꼈습니다. 부모님의 축하를 받는 동안 이 순간을 위해 그간 노력했던 시간들이 주마등처럼 지나갔습니다.

학사경고를 받고 방황하던 1학년 시절부터 어학연수 시절, 학점 및 스펙과의 전쟁이었던 학창시절, 그리고 현대자동차 인턴시절 최종 보고서 발표를 위해 밤을 지세며 준비했던 시간까지…. 매 순간이 지금의 합격을 위한 의미 있는 시간으로 다가왔습니다. 하버드에 입학한 것도, 사법고시를 패스한 것도 아닌 대기업 입사라는 다소 평범한 합격 스토리지만, 대부분의 대한민국 대학생들이 오늘도 도서관에서 토익 문제집과 씨름하며 고민하는 최대의 관심사는 '대기업 입사' 아니겠습니까.

저보다 훨씬 뛰어난 스펙과 스토리의 소유자들도 많지만, 저 나름대로의 대학생활에 대하여 지금부터 여러분과 공유하려 합니다. 많은 분들이 자신이 원하는 기업에 합격하여 사회로의 멋진 첫발을 내디딜 수 있도록, 제 경험이 조그마한 도움을 주었으면 합니다.

좌절감을 자신감으로 –
어학연수

캐나다에서 친구들과의 파티

　지금은 현대자동차 해외영업본부에서 매일 영어로 업무를 하는 저이지만, 학창시절 가장 큰 약점은 영어였습니다. 중고등학교부터 영어공부에 딱히 흥미를 느끼지 못했고, 공부방법도 잘못되었는지 항상 영어성적은 바닥이었습니다. 대학 1학년 땐 필수 영어 과목에서 D-를 받으며 또다시 영어와 제 사이는 멀어져 갔습니다. 그러던 중 당시 인기를 끌던 미국 시트콤 〈프렌즈(Friends)〉를 우연히 TV에서 보게 되었는데 재미가 있는 것입니다. 〈프렌즈〉 앓이가 시작된 것이죠. 바로 전 시즌을 영어 자막과 함께 다운받았습니다. 지루한 문법책과 달리 이해되지 않아도 충분히 재미가 있어 3달에 걸쳐 전편 240회를 다 보았습니다. 처음으로 영어가 재미있다고 느껴졌던 시간이었습니다. 생전 듣지 않던 팝송들도 들으며 그야말로 공부가 아닌 재미로 영어와 친해졌던 시간이기도 합니다.

　이렇게 1학년이 끝나고 군대를 가게 되었고 전역을 앞두고 어학연수를 가기로 결정했습니다. 요즘은 어학연수가 스펙의 필수 요소로 자리 잡아 너도나도 가지만, 당시 저는 취업이 뭔지 스펙이 뭔지도 전혀 모르는 상태였습니다. 단지 막 재미를 붙이기 시작한 영어를 제대로 알아보기 위함이었습니다. 그때 저의 결정을 흔쾌히 받아주시며 정신적, 금전적으로 지원을 아끼지 않으셨던 부모님께 다시 한 번 감사의 말씀을 전합니다. 어학연수는 굉장히 신중해야 합니다. 1년이라는 시간 그리고 천문학적으로 들어가는 돈의 결실을 맺어야 합니다. 모르면 물어봐야 하는 법! 저는 대형 유학원에 무작정 찾아가 상담을 받았고 필리핀(마닐라)·캐나다(밴쿠버) 연계 어학연수 과정을 추천받았습니다. 막연히 미국에서 공부하면 좋지 않을까 하는 생각도 있었지만 지금 생각해 보면 유학원의 추천을 따른 것이 올바른 판단이었습니다.

　2007년 3월 11일 비행기에 몸을 싣고 마닐라로 향하고 있었습니다. 1학년 여름방학 때 어머니와 유럽여행을 보름 다녀온 것 외에는 외국 경험이 전무했기 때문에, 과연 제가 잘 해낼 수 있을까 하는 떨림과 외국 생활에 대한 설렘이 공존했습니다. "떠는 자는 실패하고 설레는 자는 승리한다."는 누군가의 말처럼, 그때 저는 떨림보다는 새로운 세상에 대한 설렘이 더 컸던 것 같습니다.

　필리핀 연수의 장점은 저렴한 학비와 1:1 수업이라 할 수 있습니다. 미국 및 캐나다 대비 반값의 학비로 1:1 수업을 들을 수 있습니다. 캐나다는 보통 하루에 4시간 정도 수업이 이루어지고 한

반에 15명 정도가 같이 수업을 듣습니다. 하지만 필리핀에서는 하루 6시간 이상 맨투맨 수업을 들을 수 있고 저녁에는 각종 보충수업 그리고 선생님과 룸메이트가 되어 기숙사 생활을 할 수 있는 등, 단기간에 집중적인 교육을 받기 원하는 저 같은 영어 초급생들에게는 최적화된 커리큘럼이었습니다. 당시 원어민 선생님과의 룸메이트 생활은 아침에 일어나서 잠들 때까지 24시간 영어사용 환경을 만들어 주었습니다. 지금 필리핀 어학연수를 앞두고 계신 분이 있다면 선생님과의 룸메이트가 가능한 어학원을 선택하시길 강력 추천드립니다.

어학연수를 하면서 제가 깨달은 것이 하나 있다면 영어는 무조건 외워야 한다는 것이었습니다. 실전에서는 단 한 문장이라도 외운 것만 말이 나오지, 책 10장을 읽어도 외우지 못한 문장은 결국 제 것이 아니었습니다. 한 주제에 대하여 한 페이지 정도 본문을 읽고 토론을 하는 형식의 맨투맨 수업을 들었는데, 매일 한 페이지를 통째로 외워서 수업에 들어갔었습니다. 일단 본문을 암기하고 나면, 질문에 대답할 때 본문의 문장을 그대로 읽는 것만으로도 훌륭한 고급 문장이 됩니다. 지금 업무를 할 때도 당시 외운 문장들이 큰 도움이 되는 것을 보면 좋은 방법이라 추천하고 싶습니다.

2007년 6월 30일, 3개월 반의 필리핀 생활을 마치고 동고동락하던 선생님과 룸메이트들과의 작별인사 후 캐나다행 비행기에 몸을 실었습니다. 이제 어느 정도 영어에도 자신감이 붙어 넓은 세상으로의 발걸음이 더욱 설레었습니다. 캐나다에서는 필리핀과 다르게 기숙사 생활이 아니라 홈스테이를 했습니다. 학원에서의 수업시간이 짧은 캐나다 어학원의 특성상, 나머지 시간을 함께 보낼 수 있는 홈스테이 선택이 어학연수의 승패를 결정할 만큼 중요했습니다. 밴쿠버는 특히 한국인들이 많은 도시라, 자칫 잘못하면 연수 내내 한국인들과 어울리다 돌아오는 유학생이 비일비재한 만큼 더욱 철저히 준비해야 했습니다. 제가 유학원에 요구한 것은 무조건 한국 학생이 없는 홈스테이로 배정을 해달라는 것이었습니다. 99명의 외국인과 1명의 한국 사람이 있는 곳에 가면, 결국은 1명의 한국인과 어울리게 되어 영어와 멀어지게 됩니다. 그래서 처음부터 철저히 외국인과 어울리는 환경을 조성해야 했습니다. 휴양 도시답게 조용하고 깨끗한 도시였고 넓은 해안과 공원들 그리고 아름다운 주택들이 늘어서 있는 밴쿠버는, 그 자체로도 아름다운 예술 작품 같았습니다.

홈스테이 가족은 독일계 남편 '에론'과 필리핀계 부인 '버지니아' 그리고 초등학생 남자아이 '제시' 이렇게 3명이었습니다. 그리고 네덜란드에서 온 동갑내기 친구 '미켈'과 일본에서 온 '아키'가 이미 홈스테이 생활을 하고 있었습니다. 버지니아는 필리핀에서 캐나다로 이민 온 이후 수십 년 동안 한 번도 고향을 가보지 못해 저를 무척이나 반갑게 맞아주었고, 홈스테이 생활 내내 가족처럼 잘 챙겨주었습니다.

제가 다니게 된 학원 GV의 첫날은 레벨 테스트로 시작이 되었습니다. 당시 GV는 두 개의 캠퍼스를 가지고 있었는데 레벨 1~5까지는 GASTOWN 캠퍼스, 6~10까지는 YALETOWN 캠퍼스에서 수업을 듣게 됩니다. 게스타운 캠퍼스에는 한국인과 동양계 학생이, 예일타운 캠퍼스에는 유럽과 남미 학생들이 주를 이룹니다. 문법, 작문, 듣기, 회화 테스트로 구성된 시험에서 저는 정말 운 좋게도 레벨 6을 받았고, 예일타운에서 공부할 수 있게 되었습니다. 좋은 출발이었습니다. 캐나다 현지인과 친구가 되어 어울리는 것이 현실적으로 어려운 상황에서 어학원에서 어울리는 친구들과 연수의 대부분의 시간을 보내는 만큼, 저보다 영어수준이 높은 친구들을 많이 사귀는 것이 중요했습니다. 저도 이곳에서 만난 여러 명의 친구들과 4개월 동안 붙어 다니며 돈독한 우정을 쌓을 수 있었습니다. 필리핀에서는 영어를 강의실과 기숙사에서만 배웠지만, 캐나다에 와서는 돌아다니는 모든 곳에서 영어를 활용할 수 있어 저는 수업보다는 최대한 많은 경험을 하며 다양한 상황에서 영어를 사용하려고 노력했습니다.

학원에서 만난 멕시코인 세르지오, 독일인 말루, 브라질인 칼라와는 나이도 비슷하고 밴쿠버에 도착한 시기까지 같아 금방 친해졌고, 학원이 끝나기가 무섭게 매일 밴쿠버 시내를 탐험하며 즐거운 시간을 보냈습니다. 한국 학생이 없는 홈스테이와 학원에서 사귄 외국인 친구들과의 생활 덕분에, 1주일에 한 번 부모님께 전화드릴 때 이외에는 100% 영어만 사용하는 환경이 자연히 조성되었습니다. 이런 생활이 2개월 이상 이어지자 영어로 꿈을 꾸는 날이 늘어갔습니다. 영어로 꿈을 꾼다는 것이 신기하면서도 늘어가는 영어 실력에 뿌듯함을 느꼈습니다.

빅토리아 아일랜드 여행

　그러던 와중 친구들과 저는 밴쿠버 인근의 빅토리아 아일랜드로 여행을 가는 계획을 짰습니다. 여행사를 통하지 않고 숙소에서 교통편까지 모두 직접 정하는 배낭여행이었습니다. 각자 역할을 분담할 때 저는 가장 중요한 여행일정 및 방문지 설명을 맡기로 했습니다. 가지고 있던 한국어 여행 가이드북과 인터넷을 바탕으로 일정과 방문지를 선정하였고, 이를 영어로 번역하기 시작했습니다. 특히 유적지나 유물 소개는 전문적인 용어들이 자주 등장하여 여행 전부터 많은 공부를 해야 했습니다. 현지에 도착해서 주요 관광명소에 관한 역사와 정보 등을 모두 영어로 잘 설명해 줄 수 있었고, 훌륭한 여행 가이드라며 친구들의 칭찬도 받았습니다. 한 시간 넘게 걸어 도착한 성이 공사 중이어서 허탈하게 돌아갔던 순간도 있었고, 예약한 숙소를 찾지 못해 버스를 세 번이나 갈아타는 등 힘든 일도 많았지만, 캐나다가 낯선 네 명의 외국인들의 좌충우돌 여행기는 즐겁게 끝이 났고, 지금도 메신저를 통하여 자주 연락을 주고받는 소중한 인연이 되었습니다. 여행을 준비하는 과정에서 영어실력이 크게 늘었고, 여행 도중에는 각각 다른 나라 친구들의 사고방식을 이해할 수 있었던 소중한 경험이었습니다.

밴쿠버에서 저는 운 좋게 좋은 친구들과 홈스테이 가족들을 만나 무척 즐겁게 생활하며 꿈같은 시간들을 보냈습니다. 영어실력도 많이 늘어 연수 막바지에는 성공한 어학연수라는 생각이 저 스스로 들기도 했습니다. 한국으로 떠나기 하루 전날, 홈스테이 가족들과 친구들이 모두 모여 밤새 송별파티를 벌이며 작별의 아쉬움을 달랬습니다. 이들을 다시 볼 수 있을지는 모르겠지만 오래도록 기억에 남을 인연과 추억이 되었습니다.

도서관 죽돌이 –
학점

2004 년도 1 학년 2 학기				
학수번호	과목명	영문과목명	학점	성적
001009	영어	ENGLISH	3	D0
002135	네트워크시대의경제논리	ECONOMIC PRINCIPLE IN THE NETWORK SOCIETY	2	C+
012116	생명공학	GENERAL BIOLOGY	3	C+
012202	대학수학(2)	UNIVERSITY MATHEMATICS(2)	3	D0
012205	선형대수학	LINEAR ALGEBRA	3	
012304	정보시스템개론	INTRODUCTION TO INFORMATION SYSTEM	3	C0
012305	객체지향프로그래밍	OBJECT-ORIENTED PROGRAMMING	3	C+

성적경고 신청학점 20 신청평점 1.60

학사경고를 받은 1학년 학점

　어학연수를 마치고 2학년 1학기로 복학하고 보니, 마치 꿈을 꾸다가 현실로 돌아온 기분이었습니다. 3년간 휴학을 했기 때문에 어떻게 전공 수업을 따라갈지 막막하였습니다. 안 그래도 학사경고를 받았던 1학년 학점이 매우 저조한데다, 수능 이후 4년간 공부에서 손을 놓고 있었던 것이나 다름없었기 때문입니다. 이때부터 여유롭고 즐거웠던 어학연수 시절과는 정반대로, 학점과의 전쟁을 벌인 2학년 생활이 시작되었습니다. 가장 큰 문제는 수학이었습니다. 산업공학과의 특성상 통계학과 각종 수학이 많이 등장하는데, 대학수학은커녕 기본적인 삼각함수나 근의 공식조차 기억나지 않았던 것입니다. 새롭게 시작된 수업들은 알아들을 수 없는 수학들로 가득 차 있었습니다. 뭔가 긴급조치가 필요했습니다.

　개강 초 3월, 아름다운 날씨에 모두 설레는 맘으로 나들이를 갈 때 저는 서점으로 가 수학의 정석 – 공통수학, 수1, 수2, 미분적분 그리고 통계학, 이렇게 수학 문제집 5권을 구입했습니다. 수학과의 전쟁이 시작된 것입니다. 도서관으로 가 공통수학 첫 페이지부터 풀기 시작했습니다. 이때가 제 인생에서 가장 집중해서 공부한 때인 것 같습니다. 낮에는 수업을 듣고, 수업이 끝나자마자 도서관으로 달려가 수학 문제집을 풀었습니다. 좀처럼 끝이 없어 보였지만 전공 수업이 같이 진행되고 있었으므로 수업을 따라가려면 빨리 고등학교 수학을 마무리 지어야 했습니다. 동기들은 전공과 교양 수업 과제나 복습하고 있을 때 저는 도서관 한쪽에서 고등학교 수학들과 씨름하고 있었던 것입니다. 친구들도 이 많은 걸 언제 복습하느냐며 수없이 말렸지만, 중간고사가 시작되기 전까지 고등학교 수학을 마무리 짓고 중간고사 대비도 해야 하는 저에게는 절대적으로 시간이 부족했습니다. 결과적으로 저는 한 달 만에 5권의 수학 문제집을 모두 풀었습니다. 고등학교 3년 과정을 한 달 만에 복습한 것입니다. 그때 다져놓은 수학의 기초가 남은 3년간 수업을 따라가는 데 있어서 결정적인 역할을 했습니다. 군 복학 후 수학 때문에 어려움을 겪는다면 제 방법을 이용해 보길 바랍니다. 물론 지루한 자신과의 싸움에서 이겨야 하지만, 여러분에게 상상하는 미래를 이루기 위한 열정이 있다면 누구나 할 수 있다고 생각합니다. 그렇게 치열했던 2학년 1학기를 마치고 성적이 개시되는 날이었습니다. 두근거리는 마음으로 학교 홈페이지에서 확인한 학점은 4.34였습니다. 한 과목을 제외하고는 모두 A+를 받은 것입니다. 이때 처음으로 하면 된다는 것을 느꼈습니다. 직전 학기에 1.60으로 학사경고를 받은 저로서는 무척 의미 있는 결과였습니다. 이어진 여름 계절학기 4.20, 2학년 2학기 4.33의 학점을 받으며 저는 2학년 생활을 마무리했습니다. 그렇게 해서 4학년 1학기가 시작되고 인턴 원서를 접수할 때는 3.86의 학점으로 지원할 수 있었습니다. 지금 학점 때문에 좌절하고 계신 분이 저학년이라면 절대 포기하지 말고 도전하시길 바랍니다. 1.60이었던 저도 해냈습니다.

입사 후 많은 후배들로부터 취업에서 가장 중요한 스펙이 무엇이냐는 질문을 받으면, 저는 주저 없이 학점이라고 대답합니다. 매 학기 주어진 상황에서 최선을 다해 받는 결과물이 학점입니다. 그런 학점이 높이 학생이라면 회사에 와서도 주어진 업무에 최선을 다할 것이 자명하기 때문입니다. 대학 4년간 성실함의 표상인 학점을 절대 게을리하지 않았으면 합니다.

당신의 열정을 보여주세요 – 대외활동

도서관에서 전공 책과의 사투에서 승리한 후 학점은 순식간에 4에 근접하게 되었습니다. 학점이라는 높은 벽을 1년 만에 정복한 후 제가 관심을 갖게 된 것은 대외활동이었습니다. 최근 입사에는 학점, 토익, 대외활동이 3대 스펙으로 불릴 만큼, 대외활동은 대학생활에서 빠질 수 없는 필수요소입니다. 대외활동 전성시대라 할 만큼 각종 기업이나 대학에서 대학생을 모집하고 대외활동을 진행하고 있지만, 활동에는 엄청난 시간이 소요되는 경우가 많으므로 신중히 결정해야 합니다. 입사지원서에는 대외활동을 적는 칸이 보통 2~3줄밖에 없습니다. 더 적고 싶어도 칸이 없고, 회사에서도 여러 가지 대외활동을 필요로 하지 않는다는 뜻입니다. 그러므로 정말 자신의 스펙을 올려줄 수 있는 대외활동 2~3개에만 도전하여 열심히 활동하기를 권장합니다. 기업에서 중요하게 보는 부분은 그 대외활동을 얼마나 열심히 하여 인정을 받았는가 하는 점이지, 활동의 개수가 아닙니다. 회사 안에서 업무를 할 때 주어진 하나의 프로젝트를 잘 해내는 직원과 감당도 못할 프로젝트에 이것저것 참여하여 어느 것 하나 성과를 못 내는 직원 중 누구를 선호할지 생각해 보면, 대외활동의 방향을 잡을 수 있을 것입니다. 여러분 모두 자신의 가치를 높여줄 수 있는 대외활동에 참여하여 멋진 결과를 얻었으면 합니다.

(1) YLC (Young Leaders Club)

3학년 1학기의 거의 모든 시간을 쏟은 YLC활동 시절

3학년 1학기가 되면서 대외활동을 시작해야겠다고 마음먹었습니다. 이때까지 한 번도 해본 적이 없었고, 워낙 경쟁률이 높아 뽑히기도 힘든 것이 대외활동이었습니다. 이미 다른 친구들은 2학년 때부터 여러 활동들을 하고 있어서, 학점에 매달리느라 도

서관에서만 지낸 저로서는 조급함마저 느껴졌습니다.

3월 초 학교를 나서려 하는데 벽보 하나가 저의 눈길을 끌었습니다. YLC(Young Leaders Club)에서 붙여놓은 홍보 포스터였습니다. Young Leaders Club이라는 이름이 멋있어 보여 읽어 보니, 마침 홍보 설명회가 저희 학교에서 실시되는데 바로 10분 후에 시작된다는 것입니다. 무언가 저와 인연이 될 것 같은 느낌으로 설명회장에 들어갔습니다. 전국경제인연합회에서 주관하는 YLC는 자유경제와 민주주의에 대하여 배우고 토론하며 인적 네트워크를 넓히는 데 그 목적이 있었습니다. 평소 공대에서 이런 쪽으로는 전혀 접해 보지 못했기에, YLC는 저의 지적 영역을 넓혀주기에 적격인 활동이었습니다. 바로 지원서를 작성하고 결과를 기다렸고, 대학생활 중 처음으로 어딘가에 지원을 한 것이기 때문에 무척 긴장이 되었습니다. 다행히 서류 전형은 합격이었고, 이어서 명지대에서 진행된 면접을 위해 경제신문을 읽으며 최근 경제이슈 사항들을 정리했습니다.

대외활동에서 학생을 뽑을 때 가장 중요하게 보는 것은, 중간에 그만두지 않고 성실히 활동할 것이냐 하는 점입니다. 대외활동 경력이 전무한 저는 학점을 어필하며 모든 YLC 활동도 성실히 수행할 것이라는 점을 강조했습니다. 회사 면접 때도 마찬가지입니다. 확실한 근거를 바탕으로 자신을 어필해야지, 학점과 토익 성적은 바닥인데 자신은 성실하며 끈기 있는 인재라고 설명해 봐야 믿을 면접관은 한 명도 없을 것입니다. 결과적으로 저의 첫 대외활동 지원은 합격이었습니다. 저는 면접 때 말한 대로 매주 이어지는 포럼과 과제, 운동회와 MT 등에 한 번도 빠지지 않고 참여했고, 1년 뒤 무사히 수료할 수 있었습니다. 결석 및 지각이 누적되면 자동 제명되는 시스템에서 수료 때까지 남은 인원은 3분의 1도 안 되었습니다. 다양한 대학과 전공의 친구들을 만나 저의 사고의 폭을 넓혀준 10개월간의 YLC 활동은 평생 기억에 남을 소중한 추억이었습니다.

(2) LG 글로벌 챌린저

글로벌 챌린저 보고서를 위해 참가한 〈신성장 동력 박람회〉

YLC에 합격한 후 제가 두 번째로 도전한 것은 공모전이었습니다. 대외활동과 더불어 공모전 입상 또한 필수적인 스펙 중 하나이기 때문입니다. 대학생에게 가장 인기 있는 공모전 중 하나인 LG 글로벌 챌린저는, 주제 선정부터 기획까지 모든 것을 학생들이 자체적으로 해야 하고, LG는 당선작에 한해서 해외 탐방 활동비를 무제한 제공합니다. 4명으로 구성된 저희 팀은 당시 이슈 사항이던 U-City를 주제로 잡고 보고서를 기획하였고, 당선

만 되면 유럽의 친환경 유비쿼터스 도시들을 보름간 무료로 방문
해 볼 수 있는 기회를 가질 수 있었습니다. 당시 저희 팀의 작전
은 발로 뛰는 보고서였습니다. 홍익대 산업공학과 대학원에 계
신 LG CNS 전무님을 섭외하여 보고서 전반에 관한 지도를 받고,
'U-City 수익모델 및 민관협력 모델 세미나'에 참석했습니다. 또
한 '한국 유비쿼터스 도시협회'와 '상암 DMC 홍보관'을 방문하였
고 '인천 경제자유구역청 팀장' '안산시 투자경영과 위원' 'LG전자
및 CNS 관계자'와의 인터뷰를 통해 보고서의 현장감을 끌어올렸
습니다. 저희의 작전은 주효했고 1차 예선을 통과하게 되었습니
다. 2차 보고서 준비 중에는 63빌딩에서 열린 '신품질 컨벤션'에
서 싱가포르의 미래도시에 관한 연구발표를 듣고, 킨텍스에서 열
린 '2009 신성장 동력 박람회'에 참석하여 실제로 어떤 유비쿼터
스 제품들이 만들어지고 있는지 확인했습니다.

하지만 5월 말 여의도 트윈타워에서 열린 최종 면접 후의 결과
는 불합격이었습니다. 최선을 다했다고 생각했지만 저희보다 뛰
어난 학생들이 많다는 것을 면접장에서 느꼈고 많은 자극이 되었
습니다. 자칫 자만할 수 있던 3학년 시절 저 자신을 다시 한 번
되돌아볼 수 있는 계기가 돼주었습니다. 실패는 성공의 어머니라
는 말처럼 이 실패의 경험 또한 제 성장의 주춧돌이 된 것만은 틀
림없습니다.

(3) 삼성전자 대학생 IT 마케터 자이제니아

중국탐방단   신제품 홍보마케탕 체험

LG 글로벌 챌린저 최종면접 불합격 소식을 받고 집으로 향하던 중 한 통의 전화가 걸려왔습니다. 삼성전자였습니다. 이전에 지원했던 삼성전자 대학생 IT 마케터 자이제니아에 합격한 것입니다. 불합격과 합격 소식을 모두 접한 다이내믹한 하루였습니다. 여기서 잠깐 삼성전자 자이제니아에 대하여 당시 연합뉴스에 보도된 기사를 소개하겠습니다.

〈연합뉴스(2009년 5월 10일)〉

20대 1 경쟁률 뚫고 다양한 경력과 특성 갖춘 대학생 60명 선발. 6개월간 마케팅, IT 봉사활동, 전시회 서포터즈 등 다양한 활동.우수 활동자에 신제품 체험, 해외탐방, 인턴십 기회 등 특전 제공.

삼성전자는 지난 9일부터 이틀간 경기도 용인의 한 펜션에서 대학생 컴퓨터 오피니언 리더 모임인 '삼성 자이제니아 6기' 발대식을 가졌다. 자이제니아는 삼성전자가 제품 개발과 마케팅에 고객의 목소리를 적극 반영하기 위해 지난 2004년부터 6년째 운영하고 있는 프로슈머 모임이다. 자이제니아 6기는 UCC 전문가, 파워 블로거, PC 리뷰어, 마케팅 전공자 등 다양한 특성과 재능을 가진 우수한 대학생들로 구성됐다. 총 60명을 선발하는 자이제니아 6기에는 1,200명 이상이 지원해 20대 1이 넘는 높은 경쟁률을 보였다. 서류전형, 블로그 미션, 면접으로 이어진 3차례의 선발과정을 통과한 합격자들은 마케팅/기획, 얼리어답터, 온라인/블로그, UCC/사진활동 등 4가지 분야에서 다양한 활동을 하게 된다. 이번에 선발된 회원들은 6개월의 활동기간 동안 마케팅 실무교육, IT 봉사활동, 전시회 서포터즈 등 다양한 프로그램에 참여하게 된다. 특히 6개 팀으로 나눠 상품을 직접 기획하고 히트 제품 발굴을 위한 신제품 전략을 수립하는 미션을 집중적으로 수행할 예정이다. 삼성전자는 우수 활동자에게 삼성전자 중국법인 해외탐방, 신제품 체험 기회를 제공하는 한편 삼성전자 인턴십 기회를 부여하는 등 다양한 특전을 제공할 계획이다. 삼성전자 컴퓨터 사업부 전략 마케팅팀 엄규호 상무는 "자이제니아 회원들의 다양한 아이디어와 제안이 실제 삼성전자의 PC사업에 많은 도움을 주고 있다."며, "이번에 선발된 6기 대학생들이 자이제니아 활동을 통해 기업의 전략과 상품기획 프로세스 등의 실무적인 내용을 많이 체험할 수 있었으면 좋겠다."고 말했다.

당시 자이제니아는 활동 하나하나가 기사화되어 언론에 보도될 만큼 영향력이 큰 대외활동이었습니다. 저에게는 삼성이라는 대기업의 탄탄한 대외활동을 경험하며, 공대생으로는 부족한 마케팅 감각을 기르는 초석이 되었습니다. 열심히 활동하여 7월 최우수 개인 활동상을 받았고 19명만 선발되는 중국탐방단에 뽑혀, 중국 노트북 생산 공장과 베이징 삼성전자 법인을 방문했습니다. 북경대학교 학생과 합작 프로젝트 등도 경험해 보면서, 학교에서는 배울 수 없는 실무 감각을 익히게 되었습니다. 공대생이기 때문에 마케팅 활동이 취업과는 관련이 없을 수도 있지만, 이 경험으로 저는 현대자동차 인턴에 합격한 후 공대생은 잘 배치되지 않는 품질 브랜드 혁신 팀에서 마케팅 관련 업무를 맡을 수 있었습니다.

저는 대학생활을 통틀어 3학년 1년간 YLC와 삼성전자 자이제니아라는 두 개의 대외활동을 했습니다. 적은 숫자라고 생각할지 모르겠지만 저는 이 두 활동을 누구보다 열심히 했고 YLC에서는 평생회원 자격을, 자이제니아에서는 중국탐방단의 기회를 얻었습니다. YLC에서 쌓은 경제학적 지식과 민주주의에 대한 고찰 및 토론문화, 자이제니아에서 쌓은 마케팅 실무경험과 삼성전자 기업문화 체험은 공대 도서관에 머물러 있던 저의 시야를 한층 넓혀주었습니다. 3학년 2학기를 마무리하는 시점에 두 활동을 수료하며, 저는 2년간 학점과 대외활동이라는 두 스펙을 남들보다 미리 완성할 수 있었습니다.

무조건 외우자! – 토익

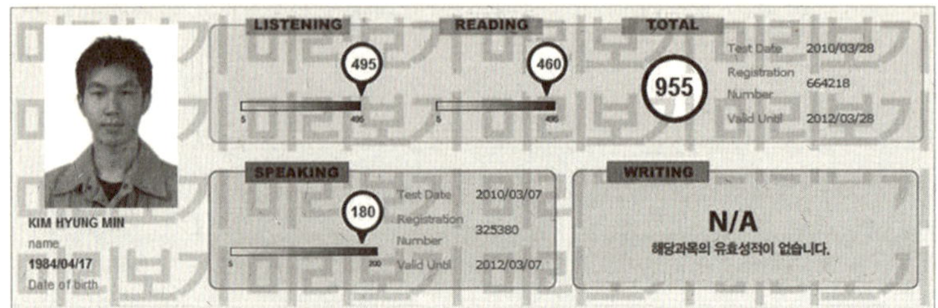

토익 955점, 토익 스피킹 180점 획득!

3학년 2학기가 끝나고 겨울방학이 시작되었습니다. 모든 대외 활동을 마치고 홀가분히 맞이한 겨울방학 때 저는 마지막 남은 스펙인 토익점수를 끌어올리기로 마음먹었습니다. 어학연수 후 자신만만하게 친 토익시험에서 700점대의 성적이 나와 충격을 받은 후, 꼭 토익성적을 올리겠다고 벼르고 있었기 때문입니다.

유난히도 눈이 많이 온 그해 겨울 1월 첫 주부터 강남역 해커스 어학원을 다니기 시작했고, 이번에는 토익이라는 새로운 정복상 대를 만난 것입니다. 제가 해커스 어학원을 선택한 이유는 잘 짜 인 스터디 조직 때문이었습니다. 수업과 별도로 학원에서 스터디 를 조직해 주어, 각 팀별로 자유롭게 스케줄을 짜 공부할 수 있었 습니다.

토익공부의 양대 성공요소는 스터디와 단어암기라는 것을 저는 경험으로 알고 있습니다. 학원에서 배우는 문제풀이법이 조금은 도움될지 모르나, 근본적인 실력을 올리기 위해서는 무조건 단어를 암기해야 한다고 생각합니다. 단어를 암기하기 가장 좋은 방법이 스터디에서 단어시험을 보는 것입니다. 단어시험을 보지 않고 혼자서는 절대 단어를 집중해서 외울 수 없습니다. 저는 토익 공부를 하는 두 달간 공부시간의 90%를 단어암기에 투자했습니다. 토익점수가 오르지 않는 학생들의 대표유형이, 단어암기는 하지 않고 문제집만 푸는 것입니다. 지금 그렇게 공부하고 있다면, 당장 단어집부터 반복해서 외우길 바랍니다.

저는 해커스 토익보카 일명 노랑이로 단어 공부를 했는데, 단어뿐만 아니라 토익시험에 나오는 숙어까지 수록되어 있어 더욱 효과적으로 공부할 수 있었습

내 토익공부의 9할은 해커스 노랑이

니다. 단어와 함께 숙어를 암기하면 문법을 몰라도 답을 맞힐 수 있습니다. 어느 단어에는 전치사 with가 붙고 어느 단어에는 on이 붙는 것에 뚜렷한 공식 따위가 있을 리 없습니다. 언어란 수 세기에 걸쳐 자연스럽게 사용되면서 만들어지는 것이기 때문입니다. 학원에서는 각종 공식을 만들어 수학처럼 영어를 가르치고 있는데, 30초에 한 문제씩 풀어야 하는 토익 시험장에서 이 공식을 생각해 내기란 여간 어려운 것이 아닙니다. 그냥 단어와 숙어를 외우면 전치사 문제는 저절로 해결됩니다.

매일 수업 전 스터디에서 전날 외워온 단어시험을 치고, 수업

시간에는 시간에 맞춰 문제를 푸는 연습을 하며 실전 감각을 길렀습니다. 그렇게 한 달 뒤 치른 토익 시험성적은 850점이었습니다. 2월에도 똑같은 방식으로 하루하루 반복하여 토익공부를 해나갔습니다. 첫 달보다 변한 것은 이제 시간이 조금씩 남기 시작했다는 점입니다. 세 번 외운 노랑이도 네 번째에 접어들고 있었고, 그렇게 치른 두 번째 2월 시험에서 915점을 받게 되었으며, 4학년 1학기 개강 직후 치른 3월 시험에서는 저의 최고 득점인 955점을 받아낼 수 있었습니다. 학원을 다니기 전 제 토익성적은 700점대였습니다. 하지만 두 달간 매일 10시간 이상을 토익학원에 머물며 공부에 매진한 결과 200점 이상을 끌어올릴 수 있었습니다. 비슷한 시기에 치른 토익 스피킹에서도 180점이라는 높은 점수를 받으며, 취업을 위한 모든 준비를 4학년 1학기가 끝나기 전에 마칠 수 있었습니다

응시과목	시험일	성적
TOEIC	10.03.28(일)	LC 495 | RC 460 | Total 955
TOEIC	10.02.28(일)	LC 480 | RC 435 | Total 915
TOEIC	10.01.24(일)	LC 480 | RC 370 | Total 850

3개월간의 토익점수 변화: 850 → 915 → 955

제가 사회에 나오고 느낀 점은 토익성적이 사람을 평가하는 중요한 잣대 중 하나라는 점입니다. 토익시험이야말로 모든 학생들이 공평하게 보는 단 하나의 시험이기 때문입니다. 학점은 학교

마다의 수준과 특수성이 있어 1:1 비교가 어렵지만, 토익은 모두에게 공평한 시험이라고 생각합니다. 모두 자신만의 방법을 찾아 토익에서 원하는 결과를 성취하시길 바랍니다.

마지막 관문 – 인턴

인턴시절

4학년 1학기가 시작되자마자 기업들의 인턴 공고가 쏟아져 나오기 시작했습니다. 이미 모든 스펙을 갖췄다고 생각한 저는 인턴에 도전해 보기로 했습니다. 지금도 그렇지만 기업들이 인턴으로 직원을 모집하는 비중이 점점 늘고 있었습니다. 학생들로서도 여름방학 때 취업이 결정된다면 남은 4학년 2학기까지 마음 편히 보낼 수 있다는 장점이 있었습니다. 저는 대기업 인턴 공고를 꼼꼼히 살피며 하나씩 지원해 나갔습니다. 자기소개서를 쓴다는 것

현대자동차 김형민

은 만만한 일이 아니었고, 작년에 대외활동을 하며 몇 차례 자기소개서를 써봤지만 입사지원서는 더욱 신중에 신중을 기하다 보니 밤을 새우는 경우가 허다했습니다. 거기에다 모집 마감일은 어찌나 빨리 다가오던지 2~3일에 하나꼴로 원서를 썼습니다. 이때까지는 쌓아온 스펙을 믿고 자신만만했지만, 초반 지원의 결과는 줄줄이 서류 탈락이었습니다. 취업 현실이 만만치 않음을 실감할 수 있었습니다.

10개의 기업에서 연속으로 서류 탈락을 해 기가 죽어 있을 무렵, 첫 서류 통과의 기쁨을 안겨준 곳이 바로 현대자동차였습니다. 이런 기회가 두 번 다시 오지 않을 것 같다는 느낌을 받고 저는 1주일 뒤에 치를 현대 기아차 인적성 시험인 HKAT를 공부하기 시작했습니다. 많은 학생들이 오해하는 부분이 바로 이 인적성 검사인 것 같습니다. 누구누구는 공부를 하나도 안 했는데 붙었다더라 하는 소문들은 모두 머릿속에서 지우길 바랍니다. 인적성 시험이야말로 공부한 대로 성적이 나오는(인성은 아니겠지만) 가장 정직한 시험이라고 생각합니다. 문제집을 풀어보면 알겠지만 중학교부터 고등학교까지의 모든 교과 과정과 시사, 교양, 상식부터 논리 문제까지 나오는데, 공부를 하면 그대로 성적으로 이어지는 문제들입니다.

짧은 시간에 많은 문제를 풀어야 하는 인적성 특성상 문제의 유형을 파악하는 것이 중요했습니다. HKAT는 유난히 수학 문제가 많고 어려운 것으로 유명한데, 2학년 때 고등학교 수학을 총복습한 것이 주효했습니다. 그때 코앞에 닥친 중간고사를 대비하려 했던 공부들이 생각지도 않게 여기서 큰 도움이 돼준 것입니다. 서강대에서 치러진 HKAT에서 저는 다행히 합격을 하였고 이제 최종 면접만 남겨둔 상태였습니다.

공채와는 다르게 인턴은 면접 전형이 영어면접과 종합면접으로 치러졌습니다. 드디어 최종 면접일, 저는 아침 일찍 일어나 미용실에서 머리를 정리하고 면접장으로 향했습니다. 조금이라도 깔끔하게 보여 면접관을 사로잡고 싶었기 때문입니다. 제가 속한 조는 영어면접이 먼저였는데, 저로서는 자신 있던 영어면접이 먼저여서 잘되었다는 생각이 들었습니다. 다른 회사들과 다르게 현대자동차는 토익 스피킹이나 오픽 점수를 인정하지 않았습니다. 대신 영어면접 때 외국인과 1:1로 회화를 하며 말하기 성적을 테스트했습니다. 면접 진행은 토익 스피킹 시험과 유사하다고 생각하면 됩니다. 처음에 간단한 자기소개 후 파생질문 2~3개, 그 다음 사진을 보여주고 사진묘사를 하고 마지막으로 입사지원 동기 등에 관해 간단히 묻습니다.

이어지는 종합면접에서 가장 중요한 것은 100초 스피치입니다. 모든 현대자동차 지원자가 최종면접에 오면 꼭 거쳐야 하는 100초 스피치는, 면접의 당락을 결정짓는 가장 큰 요소였습니다. 열심히 준비했지만 너무 긴장한 탓에 연습한 것보다는 잘하지 못한 것 같았습니다. 하필 가장 왼쪽에 앉아 발표 순서도 첫 번째여서 분위기에 적응도 못한 상태에서 시작한 100초 스피치라 가장 아쉬움이 남았습니다. 게다가 같이 들어간 3명의 경쟁자들의 뛰어난 자기소개를 듣고 있는 동안 등에서 식은땀이 흘렀습니다.

이어지는 전공 질문들과 간단한 질문들이 끝나고 면접장을 빠져 나오는데 느낌이 썩 좋지는 않았습니다. 그렇지만 아쉬움을 뒤로 한 채 이제 제가 할 수 있는 건 기다리는 일뿐이라고 생각했습니다. 6월 15일 떨리는 마음으로 확인한 메일의 결과는 합격이었습니다. 5월 말에 이미 포스코 인턴 최종합격을 받아놓은 상태라서 현대자동차 인턴까지 합격한 저로서는 그동안의 대학생활을 한꺼번에 인정받는 기분이었습니다.

서류전형→HKAT→면접(종합면접+영어면접)→연수(1주)→인턴(4주)→실무면접→채용전환면접→최종합격

결국 저는 여름방학에 포스코 대신 현대자동차 인턴 활동을 했습니다. 둘 다 좋은 기업이지만, 해외에서 일할 기회를 가져보고 싶은 제게는 글로벌 기업인 현대자동차가 적격이었습니다. 1주일간의 연수와 4주간의 인턴 그리고 이어지는 실무면접과 채용전환면접을 무사히 마치고, 인턴 중 70%가 정규직으로 전환되는 합격자 명단에서 제 이름을 발견한 저는, 4학년 2학기가 시작하기 전에 취업을 마무리할 수 있었습니다. 4학년 2학기 공채 때 단 한 곳의 회사에도 지원하지 않았습니다. 인턴을 하며 현대자동차의 매력에 흠뻑 빠졌고 다른 회사에 지원할 이유를 느끼지 못했기 때문입니다.

기회는 준비된 자에게 온다

최종합격 후 축하 꽃다발과 대표이사님의 편지

"기회는 준비된 자에게 온다."고 하였습니다.

평소 매 순간순간 최선을 다하며 성실히 주어진 일들을 해나간다면, 사실 취업준비가 따로 있는 것은 아닌 것 같습니다.

저는 '2학년=학점, 3학년=대외활동, 겨울방학=토익'이라는 나름대로의 세 축을 세워놓고, 2년간 묵묵히 계획을 실천에 옮겼을 뿐이고 합격의 기쁨은 자연히 따라온 것이라 생각합니다. 저를 선택해 준 현대자동차에 고맙고, 저 역시 이 회사를 선택한 제 결정을 굳게 믿고 있습니다. 이 책을 읽는 여러분 모두와 사회에서 멋진 모습으로 만나게 되기를 기대합니다.

현대자동차 김형민

현대자동차 최종합격 자기소개서

1) 본인을 세 단어로 표현하고 각각의 이유를 한 문장씩으로 서
  술하시오.

1. 타우엔진

세계가 인정한 최고의 타우엔진처럼 미래의 내 꿈을 향해 강력하게
질주하면서도 한없이 부드러운 미소를 잃지 않는 남자입니다.

2. VSM(Vehicle Stability Management, 차량통합제어시스템)

매 순간 최선을 다하며 나에게 주어진 일엔 6시그마를 넘어 '사고율
0'을 달성하는 신뢰감 있는 남자입니다.

3. LDWS(Lane Departure Warning System, 차선이탈감지시스템)

조그만 실수나 실패에 인생의 차선을 이탈하지 않고 언제나 나의 목
표를 향해 한길을 달리는 꿈이 있는 남자입니다.

2) 본인이 가장 자신 있는 것에 대해 서술하시오.

팀 프로젝트에 참여하여 팀원들과 함께 최상의 결과를 이끌어내는 것
에 자신 있습니다. 그 프로젝트가 나아가야 할 방향과 비전을 제시하
고, 팀원들을 적재적소에 배치하며, 무엇이 필요하며 무엇을 준비해
야 하는가에 대한 남다른 안목을 가지고 있습니다. 대학 3년간 대부
분의 팀 프로젝트에서 팀장을 맡아왔고, 특히 모든 전공과목이 프로
젝트로 진행되던 2학년 때는 4.34와 4.33이라는 높은 학점을 받아낼
수 있었습니다. 프로젝트가 끝난 후에도 모든 팀원들로부터 같이 프
로젝트를 하고 싶은 친구로 불리며 진한 인간관계를 쌓는 것 또한 제

가 프로젝트를 즐기며 잘할 수 있는 원동력입니다.

3) 본인만의 독특한(인상적이었던) 경험에 대해 서술하시오.

캐나다 연수 시절 친하게 지내던 독일, 브라질, 멕시코 친구와 함께 빅토리아 섬으로 배낭여행을 떠나게 되었습니다. 여행사를 통하지 않고 숙소에서 교통편까지 모두 직접 정하자는 계획은, 영어가 서툰 우리에게는 매우 힘든 일이었습니다. 각자 역할을 분담할 때 저는 가장 중요한 여행일정을 짜는 일에 지원했습니다. 가지고 있던 한국어 여행 가이드북과 인터넷을 바탕으로 일정과 방문지를 선정하였고, 이를 영어로 번역하여 설명해 주었습니다. 현지에 도착해서도 주요 관광명소에 관한 역사와 정보 등을 모두 영어로 설명해 주는 등 훌륭한 여행 가이드 역할을 해냈습니다. 한 시간 넘게 걸어 도착한 성이 공사 중이어서 허탈하게 돌아갔던 순간도 있었고, 예약한 숙소를 찾지 못해 버스를 세 번이나 갈아타는 등 힘든 일도 많았지만, 길을 헤매는 중 그토록 찾던 마트를 발견하여 그날 밤 필요한 야식과 맥주를 사게 되는 전화위복도 경험했습니다. 캐나다가 낯선 네 명의 외국인들의 좌충우돌 여행기는 힘들었지만 즐겁게 끝이 났고, 지금도 메신저를 통하여 자주 연락을 주고받는 소중한 인연이 되었습니다. 여행을 준비하는 과정에서 영어실력이 크게 늘었고, 여행 도중에는 서로 다른 나라 친구들의 사고방식을 이해할 수 있었던 소중한 경험이었습니다. 대학시절 현대자동차라는 새로운 여행을 꾸준히 준비한 저는 이 여행 또한 멋지게 해낼 것입니다.

4) 본인에게 가장 부족한 점과 이를 극복하기 위해 노력한 것은?

항상 제 발목을 잡았던 영어는 대학에 와서도 걸림돌이었습니다. 1학년 영어 과목에서 D−를 받은 것입니다. 전역과 동시에 영어를 정복하리라 마음먹고 떠난 어학연수 10개월은 매일 자신과의 싸움이었습니다. 캐나다에서의 첫날, 지하철 사용법을 못 읽어 한국 교민이 도와주기까지 1시간을 헤맨 영어 열등생이었지만, 뜨거운 열정과 끊임없는 도전으로 영어를 가장 친한 친구로 만들었습니다. 처음 보는 외국인들에게 웃으며 다가가 친구가 되었고 같이 영화를 보며 여행도 떠났습니다. 그날 익힌 단어와 표현들을 정리하기 위해 수많은 밤을 지새웠습니다. 복학과 함께 수강한 영어 과목 4개 중 3개의 A+를 받았고 토익 955점(리스닝 만점)을 받았습니다. 교과부 대학생 멘토링 프로그램과 타 기업 중국탐방단에 선발되는 등, 이젠 영어가 저의 가장 큰 무기가 되었습니다. 이루고자 하면 이룹니다! 저의 이 열정과 도전을 지켜봐 주십시오!

5) 현대자동차에 지원하게 된 동기와 희망직무 및 이유를 서술하시오. (경험, 수강 관심과목 등 연계)

베이징을 달리는 수많은 현대 택시를 보며 현대자동차에 가야겠다고 마음먹었습니다. 당당히 해외 명차들과 어깨를 나란히 하는 현대차를 보며, 대한민국 국민으로서 가슴속의 뜨거운 열정이 용솟음쳤습니다. 도요타 사태 이후 가장 중요하게 떠오른 것이 바로 품질입니다. 품질을 잊은 기업은 미래가 없다고 생각합니다. 이런 상황에서 품질 경영을 최우선으로 내세우며 세계를 향해 나아가는 현대자동차야말로, 저의 인생을 걸어볼 만한 멋진 직장이라고 생각합니다. 대학 3년간 저의 지도교수님께서는 품질 경영 전공자이셨습니다. 그 영향으로 1학년 때부터 품질 경영에 관심을 갖고 관련 과목들을 수강했습니다. 품질의 기초가 되는 통계학, 컴퓨터응용통계, 실험계획법에서 A+를 받았고 SAS를 활용한 통계학 실습에서 A를 받았습니다. 이를 바탕으로 3학년 전공과목인 품질 경영에서 A+를 받을 수 있었고 신뢰성공학, 작업분석, 생산경영, 인간공학, PLM 등의 전공과목을 수강했습니다. 글로벌 아웃소싱으로 국내뿐만 아니라 해외의 품질 또한 중요해진 이때에, 현대차의 글로벌 품질 역량을 키울 수 있는 생산 부문 품질 분야의 해외 정비 품질의 직무를 경험해 보고 싶습니다. 현장과 본사, 해외를 두루 경험해 볼 수 있는 품질 분야야말로 세계 일류를 향해 나아가는 현대의 기술력을 느낄 수 있는 자리라 믿습니다.

6) 현대자동차가 나아가야 할 방향과 그 안에서 본인이 기여할 수 있는 역할에 대해 기술하시오.

Post Oil 시대가 다가옴에 따라 현대자동차는 전기자동차, 하이브리드카, 수소연료전지차 등 친환경 자동차의 개발에 박차를 가하고 있습니다. 하지만 이런 변화의 소용돌이 속에 자칫 힘겹게 쌓아올린 현대의 품질이 무너질 수 있습니다. 저는 표준, ISO 등에 관심이 많아 한국표준협회가 주관하는 표준화 강좌를 한 학기 동안 이수하고 기술표준원을 견학한 적이 있습니다. 그래서 표준을 차지하는 기업이 시장을 지배한다는 것을 누구보다 잘 알고 있습니다. 친환경 자동차의 신기술들이 세계의 표준으로 우뚝 서기 위해서는 기술력뿐만 아니라

우수한 품질이 뒷받침되어야 할 것입니다. 저는 미래의 친환경 자동차의 품질에 특히 관심을 가지고, 현대차가 미래의 표준 전쟁에서 승리할 수 있도록 최선을 다할 것입니다.

7) 자동차 관심도에 대해 서술하시오.

저는 운전을 좋아합니다. 2004년 운전면허를 따자마자 틈틈이 운전을 하였고, 친구들과 차를 렌트하여 여행을 갈 때면 운전을 도맡아 한 7년 경력의 소유자입니다. 또한 경차부터 대형차에 이르기까지 다양한 차를 몰아본 폭넓은 운전 경험을 가지고 있습니다. 운전뿐만 아니라 자동차의 신기술에도 관심이 많아 에쿠스와 오피러스, 소나타 등의 신차가 나올 때마다 관련 사이트와 기사를 검색하며 신기술의 내용과 원리를 알아갔습니다. 에쿠스에 들어가는 타우엔진, VSM, LDWS 등의 기술이 무엇인지부터, 각 차가 지향하는 콘셉트와 가치 등도 현대차의 경영 철학에 맞추어 비교해 보며 자동차에 관한 지식을 쌓아왔습니다. 현대차에 입사하게 된다면 저의 이런 운전 경력과 자동차에 대한 관심 및 지식은 업무에 큰 보탬이 될 것이라 확신합니다.

100초 스피치

현대자동차는 GQ3355를 야심 차게 추진하고 있습니다. 이처럼 저 또한 대학생활 중 목표했던 3가지 역량에 대해 말씀 드리겠습니다.

첫 번째는 '협력'입니다. 저는 주위 사람들과의 협업을 통해 혼자서는 할 수 없는 큰 성과를 이루는 것을 좋아합니다. 대부분의 전공이 팀 프로젝트로 이루어진 2학년 때 4.34와 4.33이라는 높은 학점을 받았고 삼성전자의 IT마케터, 중국탐방단, 전경련의 시장경제동아리, 교과부 대학생 맨토링 프로그램, 보건복지부의 금연서포터즈등 다양한 대외활동을 하였습니다. 특히 중국 탐방단에서는 북경대 학생들과 함께 마케팅 프로젝트를 진행해 보았고 처음가본 북경에서 현대자동차의 위상도 확인할 수 있었습니다.

두 번째는 '글로벌 마인드'입니다. 부족한 영어실력을 보완하기 위해 1년간 어학연수를 다녀왔습니다. 그곳에서 저는 처음 보는 외국인들에게 말을 걸고 친구가 되었으며 하루하루 영어실력을 쌓아 나갔습니다. 그 결과 토익 955점, 리스닝 만점, 토익스픽킹 180점을 받을 수 있었고 이 성적 보다 더 소중한 '넓은 세계를 보는 눈' 을 얻을 수 있었습니다.

세 번째는 '전공 지식'입니다. 대학 3년간 제 지도교수님께서는 품질전공자이셨습니다. 그 영향으로 품질에 기초가 되는 다양한 과목들을 이수하고 이를 바탕으로 3학년 전공과목인 품질경영에서 A+를 받을 수 있었습니다.

저의 이런 3가지 역량은 현대자동차에 큰 도움이 될 것입니다. 감사합니다.

영어면접 자기소개

I set two goals to improve my ability for my career. When I got into the university,

The first goal was to enhance English proficiency. I have thought that communicating fluently in English was not optional. It was a must for working for a global company in these days. In order to study English, I have been in Canada and the Philippines about 1 year. Going abroad is not only studying English, but it gave me many opportunities to learn how to overcome culture differences. I could not only learn English but also how to live together with people who are different with me.

The second one was to acquire diverse experiences. I have believed that diverse experiences make me a person with a wide range of knowledge and give me an ability to communicate and understand people. I participated in many programs to acquire many experiences. Especially I could learn a lot of things through "IT marketing program(by Samsung)." and "Young Leaders Club(by The Federation of Korean Industries)." I went to diverse fields and met many people who were CEOs, directors, workers, and Students while I did programs for 1 year. I could learn how to communicate and get along with people.

HYUNDAI
NEW THINKING.
NEW POSSIBILITIES.
E=mc²
JOB fair
입장 제한 없이 누구나 방문 가능하십니다.
(우수 자기소개서 전시, 직무상담, 상반기 합격자 노하우 소개)
체험 프로그램 (자기PR, 1:1 자소서 클리닉, 영어면접) 현장 추첨 예정

삼성전자

신 용 우

Chapter.5

삼성전자 신용우

삼성전자 영상디스플레이사업부 영상전략마케팅팀 상품기획그룹
동국대학교 산업공학과 졸업

인턴경험
2009. 12 - 2010. 02 삼성전자 동계 인턴

대외활동
2010. 11 - 2010. 11 광저우 아시안 게임 삼성 네티즌 리포터
2010. 04 - 2010. 08 삼성전자 I Creator 1기
2010. 02 - 2010. 03 삼성전자 싱크마스터 F2380MX 체험단
2009. 11 - 2010. 05 삼성전자 마케팅 리더 자이제니아 Board 1기
2009. 05 - 2009. 11 삼성전자 마케팅 리더 자이제니아 6기
2009. 09 - 2010. 10 캐논 익서스 200is 체험단
2009. 09 - 2009. 12 웅진식품 모니터 7기
2009. 12 - 2009. 12 필립스 NFM 체험단
2009. 10 - 2010. 01 보브옴므 포스맨 3기
2009. 11 - 2010. 02 미소 국가대표 1기
2010. 05 - 2010. 07 윈도우 폰 캠퍼스 챌린지
2010. 07 - 2010. 09 뉴발란스 마케터즈 1기
2010. 09 - 2010. 10 HP Printing 패널 6기
2009. 03 - 2009. 06 대우건설 대학생 홍보대사 1기

수상경력
2010. 02 삼성전자 동계 인턴 팀 프로젝트 1등
2010. 07 윈도우 폰 캠퍼스 챌린지 3등
2009. 11 삼성전자 마케팅 리더 자이제니아 최우수 개인상
2009. 11 삼성전자 중국탐방단 최우수 팀(자이제니아)
2009. 02 웅진식품 마케팅 공모전 우수상

노력하면
안 되는 것은 없다

여러분께서는 대학교에 입학했을 때 어떤 생각을 가장 먼저 하셨나요? 저 같은 경우에는 '우선 신나게 놀자!'였습니다. 대학합격도 어렵게 했고 고등학교 시절 고생한 것도 좀 보상받자는 의미에서 대학교 1, 2학년 때는 정말 신나게 놀았습니다. 대리출석에, 수업시간에 출석만 부르고 빠져나가는 일도 다반사였고, 시험기간이 아니면 공부란 것은 생각도 하지 않았습니다. 친구들도 대부분 저와 비슷했고, 그때에는 그것이 대학생활의 모든 것처럼 느껴졌습니다. 그렇게 맘껏 놀다가 2학년을 마치고 군대를 가게 되었습니다.

저는 성남 비행장의 대통령 전용기 부대인 35정비대대에서 공군 635기로 근무했는데, 여기가 진짜 군대인가 싶을 정도로 다양한 복지시설이 있었고, 그중 가장 놀랐던 것은 내무실 건물에 있던 독서실이었습니다. 제가 평소에도 공부하게 된 계기가, 바로 이 군대 독서실이었습니다. 군 생활이 8개월쯤 남은 시점에 새벽 4시부터 기상해 공부하는 병사들이 생기기 시작했습니다. 한두 명이 그렇게 공부하는 것을 보면서 마치 유행처럼 새벽공부가 퍼졌고, 저 또한 동참하게 됐습니다. 졸린 눈을 비벼가며 책을 보게 된 이유는, 새벽부터 열심히 공부하는 병사들이 소위 학벌이 좋았기 때문입니다. 저보다 머리가 좋을 것 같은 사람들이 열악한 상황에서도 묵묵히 노력하는 모습을 보면서 저 또한 열심히 해야겠다는 생각이 들었던 것입니다.

제대 후 돌아간 학교는 이전과는 너무 다른 분위기였습니다. 여자 동기들은 취업을 준비하느라 바빴고, 남자 동기들도 전과 달리 공부에 매진하고 있었습니다. "군대를 다녀오면 정신 차린다."는 말은 군대에서 배우는 것도 많지만, 2년 정도 학교를 떠나 있다 돌아와 보면 달라진 분위기 때문에 열심히 하게 되는 것도 있는 것 같습니다. 저는 복학하면서 한 가지 결심을 했습니다. '과 톱을 한 번 해보자!' 제게 과 톱이라는 단어는 그저 멀기만 한 단어였지만 장학금을 받지 못하면 학교를 다니지 못할 상황이었고, 열심히 노력한다면 나도 과 톱을 할 수 있지 않을까 하는 기대감에 마음을 다잡고 학교를 다니기 시작했습니다. 그때 들인 노력은 그다지 어려운 것이 아니었습니다. 가장 먼저 공부습관부터 바꿨습니다. 군대에서 평소에 책을 읽는 습관을 들였기 때문에 공강 시간이면 학교 독서실에서 공부하고, 전공 수업시간에는 앞자리에 앉아서 수업을 듣고, 이해가 되지 않는 것은 교수님 연구실에 찾아가 묻기도 했습니다. 복학한 첫 학기는 평일에는 학교에서 공부하고, 주말에는 생활비를 벌기 위해 학원에서 고등학생을 대상으로 수학강의를 하면서 정신없이 일주일을 보냈습니다. 그렇게 착실하게 3개월을 노력한 결과, 남들 이야기로만 알았던 과 톱을 해 장학금을 받고 계속해서 학교에 다닐 수 있었습니다. 이후로 제 좌우명은 "노력해서 안 되는 것은 없다."가 되었습니다. 이때의 경험은 제가 취업준비를 할 때나 대외활동을 할 때 큰 도움이 되었습니다.

학번	2004			성명	신용우		학년/가진급학년	4학년/4학년
대학	정보산업대학			학부(과)	산업시스템공학과		주전공	
입학년도	2004			학생구분	학생		특기구분	
학적상태	졸업			최종학적변동	복학		최종학적변동일	2010-03-01
이수학기수	8	등록학기수	8	휴학학기수	1		연락처	
최종등록일자	2008-08-20	도서대출유무	N	교직유무	N		학위과정	학사과정 ▶최초사진보기

▷ 학생성적정보   조회 엑셀

순번	년도	학기	이수구분	이수구분영역	학수강좌번호		교과목명	담당교원	학점	등급	삭제구분	재수강구분	재수강년도	재수강
1	2008	2학기	전필	기초	ISE2008	01	산업시스템프로그래밍응용및실습	오제연	3.0	A+				
2			전필	전문	ISE4015	01	비즈니스인텔리전스	권영식	3.0	A+				
3			전공	전문	ISE4017	01	안전공학	박지영	3.0	A+				
4			전공	전문	ISE4022	01	제품개발	정지찬	3.0	A+				
5			학기	제4영역:자연과학	PRI4025	01	공학수학1	문환표	3.0	A0				
6			전공	전문	ISE4019	01	의사결정분석	조성구	3.0	A+				

2008년도 / 2 ▼ 신청과목수 6 신청학점 18 취득학점 18 평점계 79.5 평점평균 4.42 증명서평점 4.42 학과학년석차 1/80

3학년 1학기 복학 당시 성적표

　제 이야기의 첫 부분에 학점 이야기를 적은 이유는, 학점은 성실함의 척도이므로 노력만 하면 누구나 좋은 점수를 받을 수 있다는 말을 하고 싶었기 때문입니다. 대외활동만으로 취업이 보장되는 것은 아닙니다. 학점도 중요하므로 대외활동에 집중하느라 학교생활을 너무 소홀히 하지는 마시기 바랍니다.

삼성전자 신용우

215

아르바이트는
돈만 주는 것이 아니다

제 첫 아르바이트는 수능을 본 직후였습니다. 한겨울의 추운 날씨에 대형 할인마트의 야외 주차장에서 차를 안내하는 역할이였죠. 처음 아르바이트를 시작한 계기는 매우 단순했습니다. "내 돈으로 휴대폰을 사야지."

뚜렷한 목표가 있었기 때문에 몸은 고되었지만 즐겁게 할 수 있었습니다. 그렇게 몇 달간 일한 월급을 가지고 스스로 산 휴대폰을 손에 쥐었을 때는 매우 기뻤습니다. 그 이후로 저는 자신의 용돈은 스스로 벌자는 마음으로 여러 아르바이트를 경험하였습니다. 처음에는 단순히 돈을 벌기 위해 시작했지만 아르바이트를 통해 정말 많은 것을 배울 수 있었습니다. 특히, 학교에서는 배울 수 없는 것들을 배웠던 것 같습니다. 제가 대학교를 들어가서 가장 처음 했던 아르바이트는 대학로에 있는 쌀국수 집에서 서빙을 하는 것이었습니다. 대형마트의 주차요원이 비교적 고객과의 교류가 없었던 것에 비해 서빙은 고객과 매우 밀접한 관계를 가지고 있었습니다. 제 성격은 긍정적이며 활발한 편인데, 그런 성격은 서빙을 하면서 영향을 받은 것 같습니다. 다양한 사람들과 만나면서 어떻게 해야 손님이 기분 좋게 식사를 하고, 저도 즐겁게 일할 수 있는지 배웠으며 여러 돌발상황을 겪으면서 위기관리 능력도 배웠습니다.

그 이후로도 학교 생활에 지장을 주지 않는 선에서 다양한 아르바이트를 하였습니다. 웨딩홀 뷔페 직원, 학원 수학 선생님, 법무팀 계약직 직원, 과외, 음식점 서빙 등 직종을 가리지 않았던 것 같습니다. 여러 아르바이트를 하면서 느꼈던 것은, 열심히 하든 시간만 때우든 똑같은 돈을 받지만 내가 즐거운 마음을 가지고 해야 얻어가는 게 있다는 것이었습니다.

우연한 기회에 한 회사의 법무팀 계약직 직원으로 일하게 되었는데 이곳에서 사회생활과 법의 무서움에 대해서 몸으로 느낄 수 있었습니다. 대학교에서 공학법제라는 법 과목을 들으면서 민법, 형법 등에 대해 배웠지만 사실 크게 와 닿지 않았습니다. 하지만 법무팀에서 일하면서 책에서만 보던 소송이라는 것이 어떻게 진행되는지, 법을 어기면 어떻게 되는지 직접 볼 수 있었습니다. 그리고 아르바이트에 가까운 계약직 지원이긴 했지만 6개월 정도 일하면서 '나중에 내가 회사원이 되면 이렇게 되는구나' 라는 것을 느낄 수 있었습니다. 그때의 경험 덕분에 제가 회사생활을 좀 더 수월하게 적응할 수 있었고 제 진로를 정할때에 고민을 적게 할 수 있었습니다.

저는 학비 마련 및 용돈 마련을 위해 아르바이트를 했지만, 그 시간이 아깝다거나 후회는 없습니다. 특히, 돈을 주고도 배울 수 없는 다양한 지식들을 배웠다는 것에 만족합니다. 이 책을 읽는 분들도 방학 때에 딱히 할 것이 없다면 아르바이트를 해보는 것을 추천합니다. 그리고 이왕이면 단순히 돈을 많이 주는 것보다는 독특한 아르바이트를 해보셨으면 합니다. 그런 독특한 경험은 나중에 자신만의 강점이 될 수 있을 것이며 앞으로의 인생에도 좋은 영향을 줄 것이라고 생각합니다.

내 인생을 바꾼
공모전

2008년 2학기를 기분 좋게 마무리한 이후, 방학이 오자 갑자기 할 일이 없어졌고 주말에 하던 학원 강의를 제외하고는 시간이 붕 뜨게 되었습니다. 그렇게 지내던 2009년 1월쯤, 같은 과 친구에게 제안을 받았습니다. "이번에 공모전 예선을 통과했는데 혹시 PPT 약간만 손보고 발표 좀 할래? 상금은 물론 나눠주마." 평소 PPT 만들기와 발표를 좋아했던 저는 단박에 OK를 했고, 친구가 미리 초안으로 만든 PPT를 디자인과 내용을 약간 변경해서 제가 발표하기 쉽게 만들었습니다. 준비할 때만 해도, 그냥 친구가 차려놓은 밥상에 숟가락만 얹은 기분이라 아무 생각이 없었습니다. 하지만 제 인생을 바꾼 최초의 사건이 이때 일어났습니다. 공모전 당일이 되자 긴장이 되기 시작했습니다. 공모전에 직접 가본 것도 처음이고, 학교를 벗어나서 무엇인가 해본 것도 처음이었기 때문입니다. 두근거리는 마음을 안고 들어선 웅진식품 건물 내부는 학교만 알던 저에게 신선한 충격을 주었습니다. 학교와는 확연히 다른 분위기, 정장을 입고 열심히 일하는 프로페셔널한 회사원의 모습, 화이트보드에 어지럽게 적혀 있던 마케팅 전략까지, 저에게는 모두 새로운 것이었습니다.

여기서 대학생 분들에게 꼭 해주고 싶은 말은, 가고 싶은 기업이 있다면 그 기업에 견학을 가보라는 것입니다. 견학이 안 된다면 회사 건물이라도 눈에 새겨 넣으시길 바랍니다. 분명 좀 더 그 기업에 대해 매력을 느끼게 될 것이고, 가고 싶은 열망은 더 커질 것입니다.

발표 직전에는 신나서 사진도 찍고, 회사도 둘러보면서 들떠 있었지만, 공모전 본선에서 느낀 단 한 가지 감정은 '부끄럽다!'였습니다. 저보다 훨씬 화려한 PPT에 마케팅 기본이론을 바탕으로 한 탄탄한 로직, 거기에 유창한 발표까지. 전 우물 안 개구리였던 것이죠. 그때 받은 충격이 저를 마케팅으로 이끌지 않았나 싶습니다. 공모전이 끝나고 나니 마케팅을 잘하고 싶다는 생각뿐이었고, 마케팅이 뭔지도 몰랐던 공대생이었기에 약 한 달 정도는 마케팅 서적을 보면서 기본지식을 익혔습니다. 하지만 곧 벽에 부딪히고 말았습니다. 책으로 익히는 마케팅 지식으로는 문과대 학생을 따라갈 수 없다는 생각이 들었습니다. 이미 3학년이어서 전공으로 몇 년간 배운 그들을 이기기 어렵다고 판단했기 때문입니다. 그래서 '내가 어떻게 하면 마케팅을 그 사람들만큼 잘할 수 있을까?' 생각하며 여기저기 알아보다가, '대외활동'이란 것을 알게 되었습니다. 지금 생각하면 참 운이 좋았던 것 같습니다. 인터넷 사이트를 돌아다니다가 정말 우연하게 '대우건설 대학생 홍보대사'라는 모집공고를 보고 지원해 대외활동을 시작한 것이, 제가 지금 이렇게 마케팅부서에 종사할 수 있는 계기가 되었기 때문입니다. 3학년 2학기. 지금 생각하면 정말 적절했던 시기였던 것 같습니다. 아마 4학년이 되었다면 용기있게 시작하지 못했을 것입니다. 만약 이때 대외활동을 하지 않았다면 마케팅 부서가 아닌 생산관리 같은 전공 관련 업무에 종사하고 있었을지도 모르겠네요. 취업을 준비하는 대학생 분들께 해주고 싶은 말은 "시작은 빠르면 빠를수록 좋다!"입니다.

내 인생을 바꿔준 웅진식품 공모전

Fail의 의미는 실패가 아니라 다시 한다는 것이다

인터넷에서 이런 글을 보고 감명을 받았던 적이 있습니다. "아이가 스마트폰 게임을 하다 fail이 뜨자 좋아하더라. 그래서 fail의 무슨 뜻인지 묻자 '실패'라고 대답하더라. 그래서 실패가 무어냐고 묻자 아들이 '다시 하라는 거야'라고 했다."

즉 실패라는 단어의 의미는 정의하기 나름이라는 것이죠. 실패를 끝이 아니라 다시 시작한다는 의미로 생각한다면 윗글의 아이처럼 기뻐할 수 있을지도 모르겠습니다. 저도 실패라는 말을 별로 싫어하지 않습니다. 도전의 다른 이름이기 때문입니다. 특히 저는 공모전에서 많은 실패를 겪었습니다. 대외활동을 하며 틈틈이 마음 맞는 친구들과 공모전에 도전했지만 결과는 그다지 좋지 않았습니다. 첫 공모전이었던 웅진식품 공모전이 제 인생을 마케팅의 길로 인도하고 장래를 크게 바꾸어 놓았다면, 그 이후의 공모전들은 저를 성장시키는 데 도움이 되었던 것 같습니다. 대학생활 동안 여러 공모전에 도전했는데, 아쉽게도 입상은 못했지만 가장 기억에 남는 것은 LG 글로벌 챌린저였습니다. 학생들이 직접 정한 주제를 바탕으로 외국 탐방을 보내준다는 매력적인 프로그램으로, 1등을 한 팀에게는 LG 입사의 기회도 주어지는 정말 엄청난 공모전이었죠.

저에게 웅진식품 공모전의 기회를 준 친구가 2009년 4월경 또다시 공모전을 제안했습니다. Entrepreneurship(기업가 정신)을 가지고 LG 글로벌 챌린저에 도전하자는 것이었습니다. 전 다른 주제로 하고 싶었지만 계속된 토론 끝에 '기업가 정신의 청소년 교육 방향'이라는 주제가 전공과 연관도 있고, 가장 잘 할 수 있다고 생각되어 해당 주제로 공모전을 진행하기로 했습니다. 주제를 정한 후에 작업을 진행하다 보니 공대생인 저희 둘의 영어실력의 부족함을 깨닫게 되었고, 영어영문학과 2명을 초빙하여 팀을 꾸렸습니다.

지금 생각하면 정말 겁이 없었던 시기였던 것 같습니다. 외국회사와 공기관에 무작정 메일을 보내고, 답변도 오지 않았는데 탐방을 가면 만나줄 것이라는 기대로 일정에 집어넣으며 신나했던 기억이 납니다. 몇 주 안 되는 짧은 기간 동안 학교 전산실에서 밤을 새가며 자료를 수집하고 PPT를 만들고, 국내외 기업들에 연락을 하며 겨우 마감일에 맞출 수 있었습니다. 그해의 대세가 녹색성장이었던 것에 비해 우리 팀의 주제는 약간 생소하여 걱정을 많이 했는데, 운 좋게 1차에 합격하여 면접을 보러 가게 되었을 때는 정말 뛸 듯이 기뻤습니다. 그러나 들뜬 기분도 잠시, 복도 게시판에 붙어 있던 합격 팀들의 학벌을 보는 순간 기가 죽을 수밖에 없었습니다. 면접 팀의 반 정도가 소위 포항공대를 포함한 SKY였기 때문이었습니다. 떨리는 마음과 불안한 마음을 가지고 면접장에 들어섰는데, 아마 이때가 저로서는 본격적인 첫 면접이 아니었을까 합니다. 그것도 엄청난 압박 면접이었습니다. 제가 평생 면접을 보면서 이때만큼 긴장한 적이 없었을 정도로, 교수님들의 질문은 매우 날카로웠습니다.

"기업가 정신을 배우러 유럽에 간다고 했는데, 유럽이 객관적으로 우리나라보다 기업가 정신이 뛰어나다고 생각하시나요?" "피터 드러커가 주창한 기업가 정신에 대해서 영어로 설명해 보세요."

면접을 처음 봤을 뿐만 아니라 너무나 심한 압박 면접에 당황하여 대답이 변변찮았습니다. 결국 최종 탈락을 했지만 이때의 경험이 저를 강하게 만들었다고 생각합니다. 그 이후의 면접은 이때에 비하면 매우 편안한 분위기에서 진행되었기 때문에, 늘 약간의 여유를 가지고 말을 할 수 있었습니다. 이외에도 다양한 분야의 공모전에 도전하면서 많은 주제에 대해 고민해 보았고, 나름대로의 로직을 짜는 연습을 많이 했습니다. 지금 돌이켜보면 딱 한 번의 입상 이후에 실패밖에 없었던, 남들이 보기엔 의미 없는 길일지 모르지만, 저에게는 제가 하고 싶은 일을 할 수 있게 해준 밑거름이 되었습니다.

기업과 대학생 모두 win-win 하는 대외활동이란?

처음 대외활동을 시작할 때는 그저 아무거나 하나 됐으면 하고 지원하는 사람이 대부분일 것입니다. 저도 물론 그렇게 시작했습니다. 그러다가 몇 개의 대외활동을 하다 보면 활동비를 많이 주고, 활동 기간이 짧고, 혜택이 많은 것을 골라서 하게 됩니다. 그러나 과연 그렇게 해서 남는 것이 무엇일까요? 제가 원하는 기업에 취업할 수 있었던 이유 중 하나는 이런 활동을 열심히 하여 무엇인가 결과를 냈기 때문이라고 생각합니다. 단순히 활동비를 받기 위해, 제품을 공짜로 쓰기 위해, 해외여행을 무료로 가기 위해 한 것이 아니라, 그 기업에 대해 관심을 가지고 무엇인가 얻어가기 위해 노력했다는 것입니다. 어차피 자기소개서에 경력을 적는 칸은 정해져 있습니다. 단순히 대외활동을 많이 한다고 해서 좋은 것이 아니고, 대외활동을 통해 어떤 Story를 만들었는가가 중요한 것입니다.

제 경우에는, 삼성전자 자이제니아를 통해서 삼성전자의 마케팅과 기업문화에 대해 배웠다는 것을 강조했습니다. 신제품을 가장 먼저 체험해 보고 다양한 루트를 통해 Viral 마케팅을 진행하면서 큰 즐거움을 느꼈다는 것을 어필했고, 전공수업에서 했던 제품 개발 프로젝트를 엮어서 실제로 입사하게 되면 상품기획 부서에서 일하고 싶다는 Story를 만들어 냈습니다. 다른 회사의 다양한 IT 제품의 체험단을 했다는 것을 말하면서, 제가 IT 제품에 어느 만큼의 관심이 있는지도 한 번 더 강조했습니다.

정리해 보면 "평소 IT 제품에 관심이 많아서 관련 정보를 제공하는 블로그를 운영하고 있고, IT 제품 관련 체험단과 대외활동을 다양하게 경험하였으며, 자이제니아 대학생 마케터즈를 통해 문화와 마케팅에 대해서 배울 수 있었고, 이것이 제가 이 회사에 지원한 계기입니다."가 제가 1년간 만든 저만의 Story입니다.

한정된 면접 시간에 말할 수 있는 것은 정해져 있습니다. 아무리 많은 대외활동을 했어도 면접 때 말할 수 있는 것은 몇 개의 활동뿐이라는 것입니다. 그러므로 대외활동을 고를 때 가장 중요한 것은 본인이 하고 싶은 업무, 혹은 가고 싶은 회사에 관계된 것을 하라는 것입니다. 그래야 대외활동 때 경험했던 것을 면접에서 자신의 강점으로 말할 수 있습니다. 어떤 기업에에 지원하면서 전혀 다른 업종, 전혀 관계없는 회사의 활동을 한 것은 면접관의 흥미를 끌기 어려울 것입니다. 게다가 대외활동에 투자하는 것은 본인의 시간입니다. 취업을 위해 대외활동을 한다면 꼭 가고 싶은 분야의 대외활동을 하시기 바랍니다.

그럼 자신에게 맞는 대외활동을 고르는 요령을 살펴보겠습니다. 첫째, 자신이 진정 하고 싶은 업무가 무엇인지 알자. 둘째, 겹치기 대외활동은 No! 하나를 해도 열심히 하자. 셋째, 인맥을 넓힐 수 있는 인연의 끈을 놓지 말자. 넷째, 즐겁게 하지 못할 거면 시작하지 말라.

　제가 확실히 말할 수 있는 것은 대외활동이 다른 어떤 스펙들보다 Story를 만들기가 쉽다는 것입니다. 그렇다고 닥치는 대로 대외활동을 하게 되면 분명 체력적으로나 정신적으로 지치게 되므로, 위의 4가지 요령을 꼭 염두에 두고 대외활동을 골라서 하시길 바랍니다.

대외활동을 하기 위해서는 차별화된 스펙이 필요하다

　　　　　　　　　　대외활동에 막연한 두려움을 갖고 있다면, 마음 편하게 먹고 우선 지원서부터 쓰라고 말하고 싶습니다. 저도 처음에는 지원서 쓰는 것이 어려웠지만 이력이 쌓이고 쌓이면서 자연스럽게 자신감이 생겼습니다. 면접도 마찬가지입니다. 대외활동에서의 면접 경험이 나중에 도움을 줄 수 있으므로 겁먹지 말고 도전하십시오.

　그러면 먼저, 대외활동 서류전형에 대한 팁을 말해보겠습니다. 저는 많은 대외활동을 했고, 대부분의 대외활동에서 90% 이상 서류 합격을 했습니다. 거기에는 여러 이유가 있겠지만 확실한 것은 블로그를 열심히 했고, UCC를 만들 줄 안다는 것이 크게 작용했다는 것입니다. 누구나 다 서류에서 보면 열정이 넘치고, 이 활동을 위해 모든 걸 희생할 것 같은 뉘앙스를 풍깁니다. 그렇다면 과연 무엇이 서류에서 합격과 탈락을 좌우할까요?

삼성전자 신용우

225

기업이 생각하기에 대외활동에 도움이 될 만한 능력을 가지고 있느냐 없느냐가 여러분이 면접을 볼 수 있느냐 없느냐를 결정하는 것입니다. 그렇기 때문에 대외활동에 도움이 될 만한 스펙 1~2개 정도는 꼭 만들어 두는 것이 좋습니다. 예를 들어 사진을 잘 찍는다든가, PPT를 잘한다든가, 다양한 현장 홍보경험이 있다든가, 성격이 좋아서 인맥이 넓다든가 하는 것들 말입니다.

서류에서 합격을 하였다면 다음은 면접입니다. 면접관 분들과 마주 앉아 자신을 어필하는 시간입니다. 제가 여러 군데 대외활동 면접을 보면서 느낀 점은, '남들보다 튀지 못하면 탈락!'이라는 것입니다. 다대다의 면접을 보다 보면 어떤 지원자는 기억에 남지만, 어떤 지원자는 대체 뭘 했는지 기억도 안 나는 경우가 있습니다.

생각해 보십시오. 여러분이라면 하루 백여 명의 지원자 중 어떤 사람을 뽑으시겠습니까? 아마 남들과 같은 사람보다는 뭔가 하나는 특별한 사람, 기억에 남는 사람을 뽑을 것입니다. 그러므로 꼭 자신만의 필살기 하나는 준비하는 것이 좋습니다. 참고로 저는 대외활동 면접 때마다 춤을 추었고, 합격 후 운영진 분들께 전해들은 바로는 매우 기억에 남았으며 뽑는데 plus로 작용했었다고 합니다.

어차피 면접은 자신을 상대방에게 파는 자리입니다. 자신을 뽑을 수밖에 없게 만들려면 남들보다 열정이 있다는 것을 보여주십시오. 그게 어떤 것인지 발견하는 것은 물론 이 글을 읽는 여러분의 몫입니다.

제가 많은 대외활동을 할 수 있었던 결정적인 키워드는 3개입

니다. UCC, 춤, 블로그! 저는 이 3개의 키워드를 통해 다양한 대
외활동을 경험할 수 있었습니다. 여러분도 자신만의 차별점을 발
견해서 원하는 활동을 하게 되기를 바랍니다.

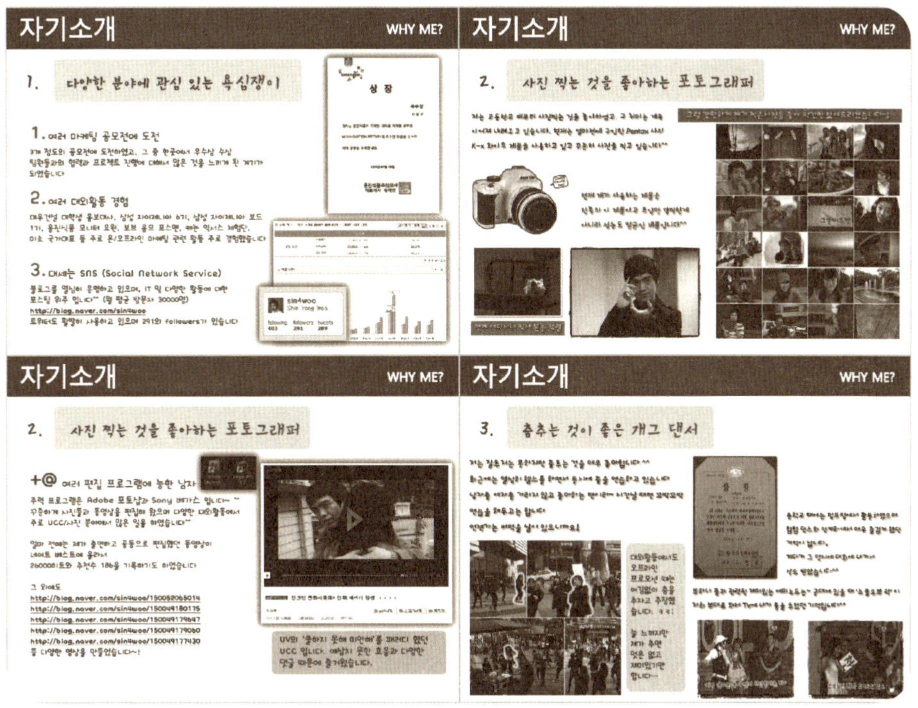

대외활동용으로 작성했던 자기소개서.

나를 특별하게 해준
춤 이야기

저는 중학교 때 힙합댄스 동아리 및 펌프 팀
에 있으면서 춤에 대한 재미를 느꼈습니다. 지금까지 꾸준하게

삼성전자 신용우

춤을 춰온 것은 그때의 습관이 남아서 그런 것 같습니다. 재미있는 것은 대학교 때도 댄스동아리를 했고 대외활동에서도 많은 춤을 췄었는데, 결국은 입사해서도 여전히 춤을 많이 췄다는 것입니다. 게다가 회사 생활에 익숙해진 지금은 사내 댄스 동아리에 가입하여 활동하고 있습니다. 저는 춤을 잘 춘다기보다는 열심히 출 뿐인데, 한 가지 장점이 있다면 남들보다 춤을 금방 외운다는 것입니다. 이는 다양한 곳에서 활용될 수 있었습니다. 가장 크게 도움이 된 것은 역시 대외활동 면접이었습니다.

사실 제가 면접 때마다 춤을 추게 된 계기는 대우건설 대학생 홍보대사 때부터였습니다. 별다른 준비 없이 말로만 때우고 있는데, 갑자기 면접관께서 "춤을 좋아한다고 쓰여 있는데, 혹시 푸르지오를 춤으로 표현해 보시겠어요?" 하는 것입니다. 정말 황당한 요청이었습니다. 푸르지오를 춤으로 표현해 보라니요! 당시 무반주로 소녀시대의 〈gee〉를 추었는데 너무 긴장한 나머지 엄청 틀렸던 기억이 납니다. 멋쩍은 생각에 "푸르지오의 상큼함이 소녀시대 gee의 춤과 느낌이 비슷한 것 같아 이 춤을 선택하였습니다."라고 덧붙였더니, 같이 면접 보던 지원자들도 웃고 면접관들도 웃으셨습니다. 그런데 결과는 합격이었습니다.

그 당시 제가 느낀 것은 '아, 이렇게 하면 즐겁게 면접을 볼 수 있겠구나'였습니다. 그래서 그 이후로는 면접 때마다 댄스를 하나씩 준비했고, 결과적으로 춤을 춘 대외활동 면접에서는 100% 합격을 했습니다. 이뿐만 아니라 대외활동에서 주어진 다양한 미션에서도 춤을 활용할 수 있었습니다.

　그 중 제일 재미있었던 것은 대학로, 명동, 인사동, 강남 등지를 돌며 했던 플래시 몹이었습니다. 당시 신제품을 홍보하기 위해 아이디어 회의를 하다가, 춤을 좋아하던 저는 플래시 몹을 해보는 것이 어떻겠냐고 의견을 내었습니다. 주도적으로 기획을 한 후에, 자발적으로 참여 인원을 뽑았습니다. 지원한 대부분이 춤에 익숙하지 않았기 때문에 연습 과정이 조금은 힘들었습니다. 며칠간의 준비를 마친 후 드디어 플래시 몹을 진행했는데, 명동에서의 플래시 몹이 가장 기억에 남습니다. 구경하는 분들이 제일 많기도 했고, 많은 시민들께서 춤을 따라 춰주셔서 흥도 많이 났기 때문입니다. 저는 사람들 앞에 나서는 것을 좋아해서 괜찮았지만, 이런 것을 처음 해보는 팀원들은 초반에는 쑥쓰럽고 힘들어 하였습니다. 하지만 한 번, 두 번, 장소를 이동하면서 플래시 몹이 계속 되자 나중에는 "너무 재미있다, 또 하자!"라며 오히려 적극적으로 참여하는 것을 보면서, 춤의 위력을 새삼 느끼기도 했습니다. 이런 미션 하나하나가 제가 면접을 볼 때 강점으로 작용했습니다. 면접 때 저는 "단순히 춤만 춘 것이 아니라 춤을 통해 어떤 일이든 즐겁게 하면 시너지가 날 수 있다는 것을 배웠습니다. 그렇기 때문에 제가 합격된다면 누구보다 즐겁게 업무를 볼 수 있을 것입니

명동에서의 플래시 몹 장면

삼성전자 신용우

229

다.”라고 말씀드렸더니 면접관들께서도 미소를 지어주셨습니다.

남들이
하기 싫어하는 것을 하자

저는 대학교 때, 취미를 적으라고 하면 'PPT 만들기, PPT 발표하기'라고 적었습니다. 물론 처음부터 그랬던 것은 아닙니다. 대학교에 입학했을 때 가장 어려웠던 것이 팀 프로젝트였습니다. 4~5명의 학생이 모여서 하나의 주제로 과제를 진행해야 하는데 스케줄을 맞추는 것도 쉽지 않았고, 일을 분담하는 것도 힘들었습니다. 특히 가장 어려웠던 것은, PPT 만드는 것과 만든 자료를 바탕으로 발표할 사람을 정하는 것이었습니다. 발표자를 정하려고 하면 아무도 나서지 않는 일이 자주 발생했고, 그때의 그 침묵을 견디는 것이 제 성격에는 맞지 않았습니다. 그렇게 몇 개의 수업을 하다 보니 이런 생각을 하게 되었습니다.

'어차피 해야 할 일인데, 내가 빨리 하고 다 같이 쉬는 게 낫겠다'

이처럼 생각을 바꾸자 오히려 마음이 편해졌습니다. PPT를 만드는 것도 공부를 하다 보니 재미가 생겼고, 자연스럽게 발표에도 자신감이 생겼습니다. 이후부터 대부분의 팀 프로젝트에서 PPT 제작과 발표를 맡게 되었고, 그러다 보니 동기 사이에서도 같은 팀을 하고 싶은 사람이 되어 있었습니다. 게다가 대학교 1~2학년 때 PPT를 만들 줄 알게 되면, 3~4학년 때 대외활동이나 공모전, 취업 포트폴리오 등을 만들 때도 유용하게 쓸 수 있습니다. 그리고 그때의 그런 경험들이 현재 업무에도 큰 도움이 되고 있음은 물론이고요.

또한, 대외활동을 하다 보면 가장 힘든 것이 UCC 편집이라는 것을 느낄 수 있습니다. 그 이유는 시간이 가장 오래 걸리기 때문이며, 다 같이 하는 촬영이 끝난 후 홀로 진행해야 하는 일이기 때문입니다. 그래서 많은 사람들이 UCC 편집이라는 업무를 어려워하고 대외활동을 운영하는 기업에서는 해당 능력을 우대해 주는 곳이 많습니다. 저도 대외활동을 하기 전까지는 UCC가 뭔지도 모르는 사람이었습니다. 하지만 팀에서 필요로 했기 때문에 며칠 밤을 꼬박 새면서 인터넷을 보고 영상 편집을 공부하였고, 이는 결국 저의 차별화 포인트로 자리잡게 되었습니다. 여러분도 한 번 남들이 하기 싫어하는 것을 자발적으로 지원해 보십시오. 물론 처음에는 뭔가 손해 보는 느낌도 들고, '남들은 편하게 하는데 왜 나만 이렇게 힘들게 하나?'라는 생각을 가질 수도 있습니다. 혹시라도 그런 생각이 들었다면 조금만 마음을 가라앉히고 더 멀리 바라보십시오. 남들보다 약간 힘들고 좀 더 시간이 소모되기는 하겠지만, 결국에는 자신에게 엄청난 플러스가 될 것입니다. 누구나 할 수 있고 하기 쉬운 것은 내가 하거나 남이 하거나 크게 티가 나지 않습니다. 하지만 남들이 쉽게 하지 않는 것을 잘할 경우에는 어딜 가서든 환영받을 수 있고 자신만의 강점으로 승화시킬 수 있습니다.

삼성전자 신용우

231

서울, 대전, 대구, 부산
그리고 서울

　　　　　　대학생활 동안 정말 많은 대외활동을 했었지만, 그중에 가장 기억에 남는 일은 자이제니아 시절 했던 신제품 홍보 미션이었습니다. 여러분에게 만약 1박 2일 동안 150여 만원을 가지고 10명의 팀원이 전국을 돌며 신제품을 홍보하라고 한다면 하실 수 있겠습니까? 만약 제가 직접 해보지 않았다면 말도 안되는 일이라고 했을 것입니다.

　때는 2009년 6월, 한 카페에서 만나 한창 아이디어 회의를 하고 있었습니다. 어떻게 하면 신제품을 재미있게 홍보할 수 있을까 고민을 하다가 그 당시 유행하던 UCC를 제작하기로 하였습니다. 구체적으로 뭘 할까 고민을 하다가 춤을 좋아하던 저는 다 같이 춤을 추자고 건의했고, 한 팀원은 전국일주를 하고 싶다고 하였습니다. 처음에는 다들 '그런걸 어떻게 해?' 라고 하였지만, 대학교 때 아니면 언제 해보겠냐는 팀장의 말에 모두 동의하여 기획이 진행되었습니다. "전국 일주를 하면서 UCC를 찍고, 각 지역의 시민들에게 프로모션을 통해 신제품을 알리자." 처음 계획은 거창했지만 준비는 생각처럼 쉽지 않았습니다. 프로모션에 사용할 경품부터 시작해서, 동선 및 홍보 장소를 알아보는 것도 어려웠으며 한정된 예산과 바쁜 일정도 발목을 잡았습니다. 그래도 다시는 이런 경험을 하지 못할 것이라는 생각에 모두들 열심히 준비했고 떠나지 못할 것만 같았던 전국일주를 출발하게 되었습니다.

간단하게 정리하면 다음과 같았습니다.

강남역 앞에서 모여 UCC에 사용할 춤을 추고 대전으로 이동 → 대전으로 버스를 타고 이동하여 으능정이 거리에서 프로모션 진행 (가위바위보 게임 및 시민 인터뷰) → 대구로 버스를 타고 이동하여 동성로에서 프로모션 진행 → 부산까지 기차로 이동하여 숙박 → 다음날 아침 해운대에서 프로모션 진행 → 다시 서울 강남으로 기차를 타고 복귀하여 마무리.

글로 썼을 때는 매우 간단해 보이지만 1박 2일 동안 정말 정신없이 진행되었습니다. 게다가 6월의 뜨거운 날씨와 반복되는 촬영은 체력적으로도 많이 부담을 주었습니다. 그래도 묵묵하게 자신이 맡은 일을 하는 팀원들 덕분에 바쁜 일정 속에서도 웃으면서 진행을 할 수 있었고, 아무 문제없이 프로모션을 마칠 수 있었습니다. 엄청나게 고생을 했지만 결과적으로 홍보 미션에서 1등을 할 수 있었고 불가능처럼 보였던 프로모션을 완수했다는 사실에 매우 짜릿했습니다. 거기다 보너스로 대학생활의 잊을 수 없는 추억을 얻을 수 있었습니다. 가끔씩 옛 팀원들이 모이면 전국일주 미션을 떠올리며 "다시는 그런거 못할꺼야." 라고 말하며 웃고는 합니다. 여러분도 대학생이 아니면 할 수 없는 무엇인가를 해보시기 바랍니다. 언젠가 취업을 하게 되면 그때의 경험이 소중하다는 것을 느낄 수 있을 것입니다.

한 우물을 파다

　　　　　　저는 삼성 관련 대외활동을 5개나 했습니다. 이렇게 계속해서 같은 기업의 대외활동을 한 이유는 다른 기업에 비해 시스템이 잘 짜여 있었고, 활동하는 사람에게 뭔가 도움이 됐기 때문입니다. 물론 제가 이 기업에 입사하겠다는 목표를 가지고 있었기 때문이기도 합니다. 최근에 다양한 기업들이 너도나도 대외활동을 운영하고 있는데, 이름만 대학생 마케터이고 서포터즈이지, 뽑아놓고 실상은 기업 홍보 알바로 쓰는 일이 비일비재합니다. 대외활동을 지원할 때는 과연 이 활동은 무슨 일을 하는 것인지, 지원은 어느 정도 해주는지 자세히 파악한 후에 해야 합니다. 아무런 정보 없이 대외활동을 지원했다가는, 주구장창 블로그에 홍보글만 올리다가 배우는 것 하나 없이 끝날 가능성이 높기 때문입니다.

　처음으로 삼성에 입사하고 싶다고 느낀 것은, 지금은 없어진 자이제니아 시절 KES(한국 전자전) 스태프로 일하면서 삼성전자의 화려한 부스를 봤을 때였습니다. 엄청나게 큰 킨텍스 전시장 중, 가장 넓은 자리를 차지하고 있었으며 가장 화려하였습니다.

2009 KES 삼성 부스　　　　　　　　Staff로 일하던 모습

원래도 전자제품에 관심이 많았지만, KES를 보면서 제 진로를 확실하게 결정할 수 있었습니다. '내가 나중에 기획한 제품이 CES(국제전자제품박람회)에서 전시되게 해야지' 그렇게 마음먹었기 때문에 계속해서 여러 대외활동을 하고, IT 관련 공부를 했던 것 같습니다. 이처럼 대학교 3학년 때 꾸었던 CES의 꿈이 이제는 조금씩 현실이 되고 있습니다.

사실 자이제니아 6기로 활동할 때는 구체적으로 뭘 해야 상품 기획을 할 수 있는지도 몰랐고, 회사에 입사하려면 어떻게 해야 하는지도 몰라서 그냥 활동만 열심히 했습니다. 누구보다 회의에 열정적으로 참여하면서 다양한 활동에도 빠지지 않고 참석했고, 남들이 하기 싫어하는 일이 있으면 앞장서서 했습니다. 그 덕분에 우수 활동자로 뽑혀 중국 탐방도 갈 수 있었고, 수료식 때에는 최우수 활동자로 뽑히기도 했습니다. 다양한 면접에서 대외활동 1등이라는 꼬리표가 큰 도움이 된 것은 물론입니다. 요새 보면 대외활동을 무리하게 겹쳐서 하는 사람들이 있는데, 그것보다는 한 가지를 해도 열심히 하라고 말해 주고 싶습니다. 기업 입장에서도 이것저것 활동만 많이 한 사람보다는, 한 가지를 했어도 그곳에서 뭔가 결과물을 낸 사람이 더 신용이 갈 것이기 때문입니다. 물론, 여러 개를 전부 잘할 자신이 있다면 다양한 활동을 하셔도 됩니다. 저 같은 경우도 체험단을 포함하여 2~3개를 동시에 진행하였으며 몸은 힘들었지만 매우 다이나믹한 대학생활을 보낼 수 있었습니다.

마케팅 대외활동은 대부분 비슷한 프로세스를 가지고 있습니다. 자이제니아 활동을 기준으로 말씀드리면 서류를 통과하고 면접에서 합격하게 되면 먼저 발대식을 하게 됩니다. 주로 1박2일로 진행되는데, 주어진 미션을 통해 같은 팀원들과 친해지는 계기가 됩니다. 그 후에는 매월마다 다양한 미션이 주어지고 신제품 홍보, 상품 기획, 플래시 몹, UCC 제작 등의 활동을 하면서 마케팅에 대해서 배우게 됩니다. 단순히 회사에서 시키는 것이 아니라 처음부터 끝까지 팀원들이 고민을 하고 스스로 만들어 나가는 미션이기 때문에, 성취감도 있고 각자에게 큰 도움이 되었던 것 같습니다.

제가 했던 여러 가지 미션 중에서 가장 실제 업무에 가까웠던 것은 몇 달에 걸쳐 진행되었던 신제품 기획 미션이었습니다. 다른 미션들이 대부분 '홍보'에 가까웠던 것에 비해 이는 정말로 '상품기획' 업무였기 때문입니다. 이 미션이 무척 재미있었기 때문에 KES와 더불어 상품기획 부서에서 일하고 싶다고 생각했던 것 같습니다. 분명히 말씀드릴 수 있는 것은 아무 상관도 없을 것 같던 미션 하나하나가 전부 마케팅을 이해하는 데 도움이 되었다는 점입니다. 공대생이었던 제가 마케팅 부서에서 불편함 없이 업무를 하고 있는 것은, 이론뿐 아니라 실제로 어떻게 적용하는지를 경험해봤기 때문이라고 생각합니다.

저는 자이제니아 활동을 11월에 끝내고 바로 인턴으로 합격했는데 활동하면서 배운 것들은 인턴면접 때 큰 도움이 되었고, 특히 대외활동을 하면서 얻은 인맥으로 면접 전 많은 정보를 획득하여 남들보다 유리한 위치에 서 있을 수 있었습니다.

저는 대학교 3학년 2학기부터 마케팅을 하겠다는 일념으로 전공과는 관련이 없는 많은 활동을 꾸준하게 했습니다. 여러분도 꿈이 있다면 우물을 파듯 묵묵하게 목표를 향해 노력하시기 바랍니다. 여러 우물을 파서 모두 물이 나온다면 좋겠지만, 보통은 하나의 우물을 깊게 파는 것이 더 좋은 결과를 얻을 수 있을 것이라고 생각합니다.

가슴에 품은 상품기획자의 꿈

여러분은 취업이 된 후 연수원에 들어가기 전까지 무엇을 하겠습니까? 기업마다 차이는 있겠지만 최종 합격이 된 후에 짧게는 1달 길게는 10개월 정도의 여유 기간이 있습니다. 이 기간 동안 다른 기업에 지원을 한다거나 외국을 다녀온다거나 다양한 일을 할 수 있겠지만, 저는 대외활동을 더 하기로 마음먹었습니다. 그것도 제가 상품기획 부서에서 일할 때 도움이 될 만한 것으로 하려고 했습니다. 그러던 중 학교에서 우연히 어떤 대외활동 홍보물을 보았습니다.

"상품기획(PM)에 관심 있다면 지원하세요."

I-Creator의 포스터를 보는 순간 '이건 정말 나를 위한 활동이구나.'라고 생각하고 바로 지원서를 작성했습니다. 그동안 갈고 닦은 자기소개서와 면접경험을 통해 합격한 I-Creator에서는, 상품기획 프로세스가 어떻게 진행되는지, 상품기획자는 무엇

을 하는지 등을 배울 수 있었습니다. I-Creator가 다른 활동과 차별화 됐던 점은, 실제 현업에 계신 상품기획자 한 분이 멘토가 되어, 매달 진행되는 상품기획 미션의 피드백을 주신다는 것입니다. 활동 자체도 재미있었지만 제가 목표로 하는 상품기획이 어떤 과정을 거쳐 진행되는지 알 수 있어서 참 좋았습니다. 타깃을 분석하고, 콘셉트를 도출하고, 상품을 기획하는 과정이 매우 즐거웠고, 대외활동을 통해 실제 상품기획 업무를 가볍게나마 접해볼 수 있다는 것이 I-Creator의 가장 큰 장점이 아닐까 싶습니다. 매달 스마트 TV에 어울리는 서비스, 프로모션 방안 등을 기획했던 경험이 지금 많은 도움이 되는 것 같습니다.(다만, 2기 부터는 제가 했던 활동과는 다른 종류의 활동을 진행하는 것으로 알고 있습니다.)

재미있는 것은 저희 팀이 냈던 많은 아이디어 중 몇 개는 현재 여러 기업의 TV에 들어가 있거나 들어갈 준비를 하고 있다는 것입니다. 예전에 현빈이 광고했던 인터넷을 보며 하는 실시간 SNS 서비스나, 카메라가 내장된 TV, 중력 센서가 장착된 리모컨 등이 그것입니다. 물론 저희 전에 이미 기술이 개발되고 있었겠지만 팀원들 입장에서는 매우 보람찬 경험이었습니다.

입사 전 1년의 시간 동안 I-Creator뿐 아니라 다양한 기업의 활동도 병행했습니다. 젊은 층의 트렌드나 브랜드 선호도 같은 소비자 조사를 했던 뉴발란스 마케터즈 활동은 현재 업무를 보는 데 도움이 되고 있고, 윈도우폰 캠퍼스 챌린지와 HP Printing 패널 등 IT 관련 활동들은 부서 면담 때 제가 왜 상품기획 부서에 가야 하는지를 설명할 때 도움이 되주었습니다.

주위에서 입사가 확정되면 외국여행을 가거나 영어공부를 하거나 휴식 기간을 가지는 것을 보았는데, 저는 남은 기간 동안 상품기획에 도움이 될 만한 다양한 활동을 하는 것이 득이 될 것이라고 생각하여 쉬지 않고 달렸습니다. 그렇게 상품기획자라는 꿈을 이루기 위해 노력하였고, 입사 전의 이러한 노력 덕분에 결국 그 꿈을 이룰 수 있었습니다.

입사 전 경험했던 다양한 대외활동

중국에서
꿈의 행방을 찾다

상품기획과는 약간 거리가 있을 수도 있지만, 제가 입사 전에 했던 일 중 가장 잘했다고 생각하는 것은 '광저우 아시안 게임 삼성 네티즌 리포터'입니다. 제일기획에서 진행했던 대외활동인데 말 그대로 광저우 아시안 게임에 가

삼성전자 신용우

서 취재하는 것이었습니다. 이것을 할 수 있었던 이유는 많은 대외활동 경험을 통해 포스팅에 대한 노하우가 있었기 때문입니다. 광저우 아시안 게임 리포터는 다양한 외국인들과 만나면서 견문을 넓힐 수 있는 기회였으며 재미있는 일도 많았습니다. 하루는 대한민국 국가대표의 다이빙 경기가 있는 날이었는데 실수로 표를 잘못 사서 예선경기를 못 들어가게 되었습니다. 자원봉사자들에게 상황을 설명하고 들여보내달라고 했지만 통하지를 않아, 결국은 본선이 시작되는 오후까지 기다려야 했습니다. 여자 대학생 두 명이 VIP쪽 입구를 지키고 있었는데, 심심하던 차에 그들과 여러 이야기를 나누게 되었습니다. 제가 한국인이라고 하니 대뜸 '슈퍼주니어'를 아냐고 물어보고는, 갑자기 〈Sorry Sorry〉를 부르는 게 아닙니까. 저도 노래를 부르며 춤을 추었더니 기다렸다는 듯이 춤까지 따라 춰서 매우 즐거웠던 기억이 있습니다.

제가 광저우에서 취재 아이템 중 하나로 잡았던 것은 '외국인의 삼성에 대한 인식'이었습니다. 이곳저곳에서 외국인들에게 삼성이라는 브랜드에 대해서 어떻게 생각하느냐고 물어보았는데, 그들의 대답이 저에게 많은 아이디어를 제공해 주었습니다. 중국인들에게 물었을 때는 대부분 긍정적으로 대답해 주었습니다. 다만 몇 몇 분들이 제품은 튼튼하고 성능도 좋고 마음에 들지만 중국 제품에 비해 가격이 높다라는 의견을 주셨습니다. 즉 브랜드 자체는 좋지만 자국 브랜드보다 가격이 높아 구매가 어렵다는 것이었습니다. 저는 이런 이야기들을 들으면서 어떻게 해야 중국인들에게 제품을 팔 수 있을까 고민했고, 중국 브랜드에 가격으

로 경쟁하기보다는 차별화를 통해 프리미엄을 받으면 좋겠다는
생각을 했습니다. 또 영국에서 온 한 노신사는 삼성을 한마디로
'Best Brand'라고 대답해 주셨습니다. 이처럼 삼성의 이름을 걸
고 취재활동을 하면서, 다양한 외국인들이 삼성이라는 브랜드에
대해 매우 긍정적으로 생각하고 있다는 것에 자부심을 느낄 수
있었습니다.

삼성전자 휴대폰을 사용하던 아주머니　　　　세팍타크로 경기를 응원하던 당시 모습

　그러던 어느 날, 세팍타크로 경기장에 입장하기 위해 줄을 서
고 있는데 중국인 모녀분이 삼성 휴대폰을 쓰고 있는 것을 발견
했습니다. 짧은 영어로 어떤 이유로 중국제품이 아닌 삼성제품을
사용하느냐고 물어보았더니 "이 휴대폰은 글씨가 크고 사용하기
편하다. 디자인도 맘에 든다."는 대답이 돌아왔습니다. 저는 이
대답을 듣고 많은 것을 느꼈습니다. 원가절감을 통해 싸게 제품
을 제공하는 것도 중요하지만, 상품기획자라면 고객의 입장에서
가치 있다고 느낄 만한 Value를 제공하는 것이 더 중요하다는 것
입니다. 이런 경험을 통해 약간의 돈을 더 주고서라도 사고 싶어

삼성전자 신용우

241

지게 하는, 그런 TV를 꼭 만들어야겠다는 결심을 하게 됐습니다.

처음에는 단순히 아시안 게임을 취재하러 간다는 생각이었는데, 가서 외국인들과 삼성에 대한 이야기를 나누다 보니 삼성전자의 상품기획자가 되고 싶다는 마음이 더욱 커졌습니다. 여러분도 어떤 회사에 지원하기 전에 자기가 하고 싶은 업무를 꼭 찾으시길 바랍니다. 그리고 그 부서에 갈 수 있도록 많은 준비를 하십시오.

삼성에서는 하계 올림픽, 동계 올림픽, 아시안 게임 등 다양한 스포츠 행사에 리포터를 파견하고 있으니, 기회가 된다면 꼭 한 번 도전해 보시기 바랍니다. 평생 기억에 남을 일들을 경험하게 될 것입니다.

가장 중요한 것은 "어느 회사에 가고 싶은가" "어떤 업무를 하고 싶은가" 두 가지이다

제가 원하는 기업에 입사할 수 있었던 이유 중 하나는 앞서 이야기한 것처럼 "해당 기업에 관심을 가지고 다양한 활동을 했으며 입사를 위해 한 우물을 팠다."라고 생각합니다. 여러분께서는 취업하기 위해 어떤 노력을 하고 있습니까? 어학연수, 복수전공, 학점공부 등 다양한 일을 하고 있으리라 생각합니다. 하지만 대부분의 대학생들이 준비하는 이런 일반적인 것들이 아닌, 특정 기업에 맞춤 형식으로 준비를 한다면 더 큰 도움이 될 것이라고 생각합니다.

제 경우에는 자이제니아 활동이나 I-Creator 같은 활동을 통해 삼성전자에 대해 알 수 있었고, 그 활동을 열심히 함으로써 이 기업에 얼마나 가고 싶은지를 보여줄 수 있었습니다. 여러분께서도 가장 먼저 어느 기업에 가고 싶은지 자신에게 물어보십시오. 물론 꼭 한 군데일 필요는 없습니다. 대학생활은 길고 기업은 많습니다. 가고 싶은 기업이 많다면 대학생활을 활용하여 더 열심히 준비하면 됩니다. 제가 가고 싶은 기업 찾기를 강조하는 이유는, 그것을 찾지 못한다면 노력을 해야 할 이유를 찾기 힘들 뿐만 아니라 결국엔 아무 기업이나 지원하게 되기 때문입니다. 취업은 어디까지나 모든 것을 본인이 결정하는 것이고, 이 한 번의 선택으로 평생이 좌우되기 때문에 많은 고민을 통해 결론을 내리시기 바랍니다. 그리고 가고 싶은 기업을 찾을 때에는, 꼭 그 회사에 다니는 사람들을 만나 이야기를 들으십시오. 관심 있는 회사의 분위기는 어떤지, 기업 문화는 어떤지, 본인이 궁금한 것을 빠짐없이 물어보고, 가고 싶은 기업 리스트를 작성해 보십시오. 밖에서 보는 것보다는 자세한 정보를 알 수 있기 때문에 차후에 후회할 확률이 줄어들 것입니다.

가고 싶은 기업을 찾았다면 어떤 업무를 하고 싶은지 또 한 번 고민해 보시기 바랍니다. 단순하게 '난 ㅇㅇㅇㅇ에 들어갈 거야.'라고 생각하면, 나중에 많은 고민을 하게 될 것입니다. 입사 후 부서 소개를 받지만 그것만으로는 내가 원하는 업무를 어떤 부서에서 할 수 있는지 알기에 충분하지 못할 수도 있기 때문입니다. 그러므로 하고 싶은 업무는 어떤 것이고, 실제 기업에서 이 업무는 어떤 부서에서 하는 것인지 등을 미리 알아두는 것이 좋습니다. 혹시나 원하는 부서에 가지 못했다고 해도 너무 실망할 필요는 없습니다. 대부분의 기업이 일정 기간마다 개인의 경력을 위해 부서를 옮기게 되므로, 원하는 부서가 아니라고 바로 이직하는 실수는 하지 않길 바랍니다.

또한 현재 여러분이 생각하는 '하고 싶은 일 = 잘할 수 있는 일'이 아닐 수도 있음을 명심해야 합니다. 내가 하고 싶은 일은 남들도 모두 하고 싶은 일일 경우가 많습니다. 그러므로 하고 싶은 일이 내가 진정 잘할 수 있는 일인지, 내가 즐거움을 느낄 수 있는 일인지 많은 고민을 해보시기 바랍니다. 그러한 고민 없이 그저 남들이 하고 싶어 하는 일을 지원하다 보면, 엄청난 경쟁률에 힘들어질 것이며 취업에 대한 동기부여도 어려울 것입니다. 자신이 제일 잘할 수 있는 일이 여러분의 하고 싶은 일이 되었으면 좋겠습니다. 제가 생각하는 즐거운 인생은 '본인이 하고 싶은 일을 즐겁게 하면서 돈을 받는 것'입니다. 이 글을 읽으시는 모든 분들이 즐거운 인생을 살게 되기를 기원합니다.

공대생에게 마케팅이란?

마지막으로, 이 책을 읽으실 대한민국의 모든 공대생 분들을 위해 몇 자 적어보려고 합니다. 제가 글의 말미에 이 내용을 적게 된 이유는, 블로그를 운영하다 보니 정말로 많은 공대생 분들이 마케팅을 하고 싶다며 제게 문의해 왔기 때문입니다. 지금은 블로그를 운영하지 않지만, 아직도 많은 분들이 메일이나 쪽지로 문의를 하고 있습니다. 그만큼 마케팅이라는 단어는 많은 공대생 분들에게 매우 매력적일 것입니다. 하지만 그만큼 경쟁률이 치열하며, 실제 하게 되는 업무는 마케팅이라는 세 글자로 표현하기에는 매우 다양한 것들입니다.

공대생 여러분이 전공을 살려 엔지니어/소프트웨어 직군을 지원할 경우, 마케팅 직군에 비해서 약간은 수월하게 입사가 가능할 것입니다. 그 이유는 문과생들은 아예 지원조차 할 수 없고, 뽑는 인원이 마케팅 직군에 비해 많기 때문입니다. 하지만 반대로, 마케팅 직군에는 전공 불문하고 지원이 가능한 곳도 있기 때문에 엄청나게 많은 인원이 몰리게 됩니다. 물론 경쟁률이 높다고 해서 꼭 불합격되는 것은 아니므로, 정말로 마케팅 업무를 하고 싶다면 소신 있게 지원하시기 바랍니다. 위에서 말했듯이 이 일이 자신이 제일 잘할 수 있는 일이라면 아무리 험난한 길이라해도 헤쳐 나가실 수 있을 것입니다.

만약 여러분이 전자제품 업종에서 마케팅을 한다면 어느 정도의 IT 지식이 있는것이 도움이 될 수 있기 때문에, 공대생에게도 유리한 점이 있다고 생각합니다. 많은 업무가 공대생에게 익숙한 엑셀과 PPT로 이루어지고, 마케팅 업무라는 것이 혼자 하는 것이 아니라 늘 엔지니어 분들과 협업을 해야 하므로 어느 정도 기술적인 지식이 있다면 약간은 업무를 편하게 할 수 있기 때문입니다. 이는 팀 프로젝트와 컴퓨터가 익숙한 공대생에게 어드밴티지가 있다는 것입니다. 현재 하고 있는 상품기획이라는 업무도 제가 IT 제품에 관심이 많았고 공대생이었기 때문에, 좀 더 수월하게 할 수 있었습니다. 그러니 꼭 마케팅 전공이 아니더라도 구애 받지 말고 하고 싶은 업무에 지원하시기 바랍니다. 제 경우도 마케팅 비전공자지만, 학교에서 배웠던 몇 가지 전공들이 마케팅 업무를 하는 데 큰 도움이 되었습니다. 인간공학이라는 전공에서 인간공학적인 발명품에 대해서 배웠는데 그때 읽었던 논문과 접했던 제품이 TV를 기획하는 데 도움이 되기도 했고, 비즈니스 인텔리전스라는 전공은 시장조사를 이해하는 데 도움이 되었습니다.

사실 보잘것없는 제가 이렇게 책을 쓰게 된 계기는 저와 같이 마케팅을 하고 싶지만, 마케팅 비전공자인 분들에게 약간이나마 도움이 되고 싶었기 때문입니다. 제가 대학교에 다닐 때만 해도 공대생이면서 마케팅을 하는 사람이 주위에 없었기 때문에, 위에 적었던 것들을 알 수 없었습니다. 문과가 아니어도 마케팅 직군에 지원할 수는 있는지, 면접에서는 어떤 것들을 물어보는지, 실제 회사에 입사해서도 불이익은 없는지 등 현업 종사자가 아니라면 알 수 없는 것들이 입사 전에 정말 궁금했으며, 많은 대학생분들도 비슷할 것이라 생각하여 글을 쓰게 되었습니다.

"사람은 행복하기로 마음먹은 만큼 행복해진다."라는 말이 있습니다.

저는 상품기획자가 된다면 행복해질 것이라고 생각으로 끊임없이 노력할 수 있었고, 결과적으로 현재 매우 행복합니다. 여러분도 행복하기로 마음먹으시고 그 행복을 위해 노력하시기 바랍니다. 행복은 단순히 누가 손에 쥐어주는 것이 아닌 본인의 노력으로 얻는 것이라고 생각합니다. 이 책을 덮으시면서 '난 무엇을 하면 행복할까?'라는 고민을 하게 되신다면, 전 그것으로도 충분히 만족할 것 같습니다.

in this
quali
such
s, and
red by N'P
imageh

아모레퍼시픽

윤 형 준

Chapter.6

아모레퍼시픽 윤형준

아모레퍼시픽 아리따움 사업부 아리따움 TM팀(Trade Marketing Team)
세종대학교 영어영문학과 졸

인턴경험
2009. 06 - 2009. 08 SK Telecom Internship

대외활동
2008. 04 - 2008. 10 아모레퍼시픽 미쟝센 스타일테이너 3기 팀장
2008. 07 - 2008. 12 EXR KOREA 케포츠 리포터 2기 팀장
2008. 10 - 2010. 06 성동구청 어린이회관 영어자원봉사 SELS 1기
2009. 01 - 2009. 06 한국 선진화 포럼 홍보대사 3기
2009. 01 - 2009. 06 제일모직 FUBU 스타일리더 4기

수상경력
2008. 10 SK COMMUNICATIONS & VANK KOREA 대한민국 홍보 아이디어 공모
        아이디어 수상
2008. 12 프랑스 두피케어 전문브랜드 '르네 휘 테르' 마케팅 공모전 수상
2009. 03 한국방송공사 KBS 로드쇼 퀴즈원정대 '세종대 편' 최종우승

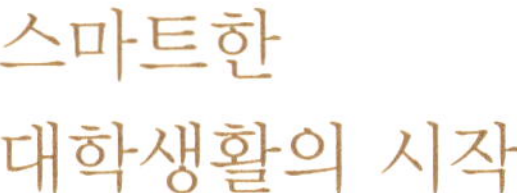

스마트한
대학생활의 시작

고등학생은 고등학생이 아닌 대학교 입학을 준비하는 대입 수험생으로 불리고, 대학생은 대학생이 아닌 취업을 준비해야 하는 취업 준비생으로 불리는 현실에서, 취업을 준비하려는 대학생들에게 조금이나마 도움이 되길 바라는 마음으로 글을 시작합니다.

저는 사람들과의 모임을 굉장히 좋아해서 학과모임이나 친구들과 어울리는 자리에는 어김없이 참석했습니다. 수험생 신분으로부터의 해방감과 대학생으로서의 특권이라 생각하며, 저의 대학생활 적응은 곧 술에 대한 적응이기도 했습니다. 대학교 때 친구들과 어울렸던 시간에 대해서는 지금도 후회가 없고 즐거웠던 추억으로 간직하고 있습니다. 하지만 제가 대학 신입생 때 아쉬웠던 점 한 가지는 바로 '그냥' 놀았다는 점입니다.

그렇습니다. 학생의 본분인 공부! 공부도 '그냥' 하는 게 아니라 스마트하게 할 수 있습니다. 어떤 공부를 할지 정해야 할 때는 내가 관심 있는 것과 내가 잘할 수 있는 것, 그리고 미래에 비전이 있는 것 등을 알아보고 고려해서 한두 가지만 선택하면 됩니다. 선택과 집중이 필요하기 때문입니다. 여러 가지 공부를 다 잘하기에는 할 일이 너무 많으므로, 공부 역시 전략적으로 해야 합니다. 학점, 토익, 자격증, 운동과 아르바이트 등등, 한 번에 다 하려고 하지 말고 하나씩 하세요. 그 대신 확실하게 하는 것입니다.

학점을 높게 받는 것이 목표다! 그러면 4.0 넘기라는 목표가 아닌 장학금을 목표로 정하세요. 학점 잘 받기보다는 장학금 받기로 높여 잡고 그것에만 집중해야 목표도 확실히 이룰 수 있습니다. 그 목표를 이루고 났을 때의 성취감이 또 다른 목표를 차근차근 이루어 내는 데 큰 도움이 됩니다. 괜히 여러 가지 하겠다고 어설프게 덤볐다가는 너무 벅차서 아무것도 이루지 못하고 포기하게 되기 십상입니다.

공부하기에 앞서 졸업하고 어떤 사람이 될 것인지, 무슨 직업을 가질 것인지, 나의 적성이 무엇이며 내가 할 일이 어떤 것인지를 찾는 과정이 필요합니다. 무엇을 위해 공부하는 것인지도 모른 채 학점을 따고, 자격증을 취득하기 위해 도서관에 앉아 있는 것은 어떤 면에서는 낭비가 될 수 있습니다. 진로와 전혀 상관없는 자격증을 공부하고 있을 가능성이 더 크기 때문이죠. 그래서 그 시기에는 도서관에 앉아 있기보다는 밖으로 나가 경험을 쌓고, 사람들과 어울림을 통해 자기 자신이 앞으로 어떤 일을 해야 할지를 찾아보라고 이야기하고 싶습니다. 그만큼 노는 시간에도 투자하라는 이야기입니다. '그냥' 놀라는 이야기가 아니라 '어떻게' 노느냐가 중요하다는 것입니다.

사실 제가 군대에 입대하기 전까지는 새로운 사람을 만날 기회도 별로 없어서, 주로 친한 친구나 대학 동기들과만 어울렸습니다. 마냥 즐거웠지만 항상 비슷한 분위기로 새로움이나 변화, 발전에는 크게 기여하지 못했던 단순한 친목모임에 그쳤습니다. 그러다가 대학생 홍보대사 등의 대외활동을 하며 지역, 대학, 전공, 나이, 성격과 가치관 등이 나와 다른 사람들을 만나면서 왜 진작 경험해 보지 않았을까? 하는 신선한 충격을 받았습니다.

대외활동으로 단편영화촬영을 한 적이 있습니다. 영화촬영 경험과 새롭게 만난 친구들은 저의 많은 면에 변화를 선사했습니다. 대학생활을 하면서 보았던 인문학 전공의 학생들과는 달리, 영화촬영을 위해 모인 연극영화 전공의 학생들은 사상이나 행동이 매우 독특하다는 인상을 받았습니다. 처음에는 개개인의 개성이 매우 강해 부담스럽기도 했지만, 그들의 주체할 수 없는 끼와 열정에서 배울 점이 많다는 것을 느꼈습니다. 다른 분야의 사람들과 어울리고 대화하면서 서로 가지지 못한 장점을 보게 되고, 그동안 생각해 보지 못했던 것을 새롭게 알아가고 경험해 볼 수 있었습니다.

그렇게 새로운 분야에 도전하고 그것을 성취하면서 점점 자신감을 갖게 되었고, 또 다른 분야에 도전하는 것에 습관을 가질 수 있었습니다. 새로운 사람을 만나고 그들과 놀면서 즐기다 보면 자연스럽게 다양한 인맥과 경험, 그것을 통한 다양한 정보를 얻을 수 있습니다. 이것은 곧 몇 년 후 취업을 준비하는 데 있어 선택의 폭을 넓혀줄 수 있는 자원이 됩니다. 다양한 경험들은 자신의 진로와 취업을 준비하는 시기가 되었을 때, 자신이 택할 수 있는 선택의 폭을 넓히고 더 좋은 선택을 할 수 있게 해줍니다. 그러니 우리 모두 스마트한 세상에서 스마트하게 공부하고 그만큼 스마트하게 놀 줄 아는 사람이 됩시다.

대외활동 – 단편영화 촬영(스탭,배우)

취업을 위해
대학을 이용하라!

(1) 복수전공은 맛있는 퓨전요리와 같다

저는 학과입학이 아닌, 학부 내 학과 전공 기초과목 수강을 통해 자신에게 맞는 전공학과를 선택하는 학부제도로 입학을 했습니다. 선배들이 인문학부에서는 복수전공하는 것이 취업에 유리하다며 복수전공 선택을 추천해 주었습니다. 그런데 복수전공을 신청하려고 보니 학점 제한이 있었습니다. 1학년 평점이 3.5 이하는 지원 자격조차 없었습니다. 저는 1학년 평점이 2점대였습니다. 결국 학점 제한이 없는 부전공만 신청이 가능했고, 막연히 신문방송학을 선택했습니다.

2006년 8월 제대를 하니 2년 동안 세상이 급변해 있었습니다. 사회 분위기와 함께 학교도 많은 부분이 바뀌었는데 바로 취업난 때문이었습니다. 취업난은 더욱 심화되어 기존의 백수에서 확장된 백조(여성 취업지원자), 이태백(20대 태반이 백수) 등의 신조어를 낳으며 대학문화도 우울하게 만들었습니다. 그런데 저에게는 기회가 생겼습니다. 학교에서 학생들의 취업 경쟁력 강화를 위하여 복수전공 자율신청제도를 처음으로 시행한 것입니다. 복수전공 자율신청제도는 학생들의 열렬한 지원으로 인해 전공자가 광 클릭(빛의 속도로 수강신청 클릭)을 해도 전공과목 수강신청에 실패를 하거나, 100명 정원의 수업을 200명이 꽉 채워지게 만들어 오히려 수업 분위기가 저하되는 역효과를 낳았습니다. 그러다가 결국 인기학과 전공자들의 반발이 거세져 운영 1년 만에 폐지되었습니다. 그 기간에 저는 운 좋게도 경영학 복수전공자가 되었습니다. 경영학과는 취업에 유리한 전공이라 워낙 신청자가 많아서, 장학금을 받을 정도로 성적이 우수한 학생들도 지원했다 떨어지는 경우가 허다한 인기학과입니다.

그러나 준비가 안 된 저에게 경영학 복수전공은 독이나 다름 없었습니다. 군대 제대 후 일주일 만에 복학을 하였고, 갑작스럽게 수강신청을 하느라 수강신청 할 수업이 무엇을 배우는지도 파악하지 못했고, 그냥 시간표에 맞출 수 있는 과목들로만 신청했던 기억이 납니다. 경영학은 특히 회계와 재무관련 수업에 있어서 선수과목을 수강하지 않고 3, 4학년 수업을 들으면 따라가기 힘든 수업들이 대부분인데, 저는 개념조차 모르고 4학년 수업인 기업재무분석이나 회계분석 수업을 아는 이 하나 없이 혼자 듣게 되었습니다. 결과는 생각보다 나쁘지 않았습니다. 군대를 제대하고 높은 학점을 따겠다는 독기를 품으며 완벽히 무장한 상태에서, 500페이지가 넘는 두꺼운 경영학 책을 그것도 수학 계산이 필요한 재무, 회계 내용을 그냥 통째로 외워버렸습니다. 그 정도 공부했으면 올 A+에 장학금을 받아도 좋았을 터인데, 시간 투자한 것에 비하면 만족할 만큼 성적이 높지는 않았습니다.

여기서 수강신청 팁 하나 드립니다. 일명 주 3파, 주 4파로 수강신청 당시 시간표 조정을 잘해서 평일에 1, 2일은 학교에 나오지 않고 나머지 3, 4일 동안 모든 수업을 듣는 유형 알고 계시지요? 주로 월요일과 금요일에 안 나오기를 노리는데, 저도 주 4파로 18학점 들을 당시 중간고사와 기말고사 일정이 모두 수, 목 이틀 동안 잡혀서 시험공부하기도 힘들었고 결국 시험 성적도 기대에 미치지 못했던 기억이 있습니다. 너무 타이트하게 수강신청을 하면 시험기간에 리포트 작성과 시험공부로 힘들어질 수 있으니 유의하셔야 합니다.

저는 마케팅 수업이 재미있고 성적도 잘 나와 가장 좋아하는 과목이었습니다. 이후 마케팅 관련 수업들로 수강신청을 했고, 이는 나중에 취업을 준비하는 데 큰 도움이 되었습니다. 마케팅 수업은 팀워크, PPT 발표자료 만들기, 프레젠테이션 발표하기, 아이디어 공모전 참가 및 발표 등을 쉽게 접할 수 있는 기회를 만들어 주었습니다. 원래 전공이었던 영어영문학도 영어학과 영문학으로 크게 나뉘게 되는데, 영어학은 필수과목만 수강한 채 적성에 더 맞는 영문학을 집중해서 공부했습니다. 이 두 전공의 영어영문학과 경영학에서 특히나 문학과 마케팅의 퓨전은, 제가 세상을 바라보는 사고방식에 좋은 밑거름이 되었습니다.

문학은 사람과 사람이 살고 있는 세상을 중심으로 작품을 쓰고, 작품을 읽고, 작품 속 인물과 세상을 다시 그려내는 학문입니다. 경영학은 기업의 성장과 이윤창출을 목적으로 다양한 기업의 활동들을 공부하는 학문입니다. 영문학과 경영학을 공부한 저는 두 가지의 다른 시선으로 세상을 바라볼 수 있는 방법을 배웠습니다. 두 전공의 퓨전이 향후 업무를 맡았을 때도 두 가지 관점을 바탕으로 생각하게 해주고, 그러한 접근 방식이 시너지 효과를 낼 수 있으리라 생각했습니다. 복수전공으로 경영학을 하였기에 영문학 전공만으로는 알지 못했고 생각하지 못했을 능력을 분명히 배웠습니다. 복수전공으로 학업은 힘들었지만 그만큼 배우고 얻은 것이 많다는 것을 느낄 수 있었습니다.

(2) 특강을 찾아다녀라

저는 단 한 번의 특강으로 새로운 영감을 얻은 적이 있어서, 명사특강의 좋은 면을 알고부터는 특강의 기회가 있을 때면 최대한 찾아 듣는 습관을 만들었습니다. 경영학 수업시간에 교수님께서 대학동문 출신인 기업 CEO 분의 특강을 마련해 주셨습니다. 당시 강의 내용은 현재의 각광받는 인재상에 대한 것이었습니다. '과거에는 한 분야를 깊이 파고드는 전문가가 각광을 받았다면, 현재에는 세상이 다양해지고 복잡해지면서 다방면의 지식과 능력을 가진 이들이 더욱 경쟁력 있는 인재로 각광받고 있고, 최근에는 메마른 현대사회에서 두뇌와 감성까지 갖춘 십자가형 인재가 더 각광받는다. 그러기 위해 후배들도 깊이 있게 공부하고, 넓은 경험을 쌓고, 감성을 길러야한다'는 내용이었습니다.

한 시간 남짓이었던 이 강의로 인해 저는 새로운 생각을 하기 시작했습니다. 강의내용을 바탕으로 우선 제가 세상이 필요로 하는 인재가 되기 위해 어떻게 해야 할지 고민해 보았습니다. 경쟁상대를 생각하고 제가 어떤 경쟁력을 갖췄는지를 고민했습니다. 우선 저보다 앞서 있는 주변인을 찾아보기로 하고, 친구들보다 제가 잘하는 것이 무엇인지 찾기 시작했습니다. 그런데 생각할수록 제가 잘하는 것이 별로 없었습니다. 학벌이나 성적을 떠나 누구와 비교해도 친구들보다 나은 것이 별로 없었습니다.

고민에 빠져있던 어느 날, 선배들한테 학교 앞이니까 술 마시러 오라는 연락이 왔습니다. 옆에 있던 친구에게 같이 가자고 했더니 선배들 불편해서 못 가겠다며, 선배들과 잘 어울리는 제가 부럽다는 말을 했습니다. 생각해 보니 어디에서든 잘 어울리는 제 모습이 부럽다는 이야기를 여러 번 들은 적이 있습니다. 이게 부러울 일인가? 그러면 이것이 나의 장점인가? 그렇다고 내가 무엇을 할 수 있을까? 하는 생각이 들었습니다. 그래도 한 가지 분명한 것은 주변의 친구들보다는 대인관계를 중요하게 생각하고, 활동적이고, 활발하고, 주목도가 높은 편이라는 것이었습니다. 그래서 저는 일단 깊이 있게 파고드는 전문가형인 '1' 자형 인간보다는, 강의에서 들었던 경험이 중시되는 사회에서 다양한 경험을 쌓을 수 있는 '一' 자형 인간이라도 되어보자는 생각을 했습니다.

무엇보다 명사특강을 통해 제가 좋아하고 잘하는 것을 파악하고, 추구해야 할 방향이 무언인지에 대해 고민하게 된 것이 제게는 행운이었습니다. 명사특강을 듣지 않았다면 자신만의 경쟁력을 키워가기 위한 고민을 더 늦게 시작했을지도 모릅니다. 이렇듯 우연한 기회의 단 한 번의 특강으로 인해 저 자신에 대한 새로운 고민과 노력이 생겨난 것입니다.

(3) 영웅을 만나라

요즘과 같은 시대에는 영웅의 탄생이 점점 어려워진다고 합니다. 예전에는 문화와 기술, 지식의 수준이 낮았고 그것에 대한 공유가 활발하지 못했기 때문에, 남들보다 열심히 공부하고 조금 다른 생각과 노력을 하면 영웅이 될 수 있었습니다. 그러나 이제는 축적된 문화와 기술과 지식의 수준이 높아졌고, 개방되었으며 누구나 쉽게 배울 수 있어졌습니다. 그래서 강력한 노하우를 가진 집단이 더 큰 세력을 유지하기 위해 계속해서 높은 지식수준과 기술을 갖춘 인재를 데려와 교육하고 육성합니다. 때문에 집단의 구성원 모두가 예전의 영웅들처럼 상향평준화되고, 개인의 영웅화는 점점 더 어려워지는 상황입니다.

그렇지만 우리 주위에는 여전히 남다른 노력으로 성공한 위인들이 많이 있습니다. 성공한 사람들을 직접적으로 만날 기회를 갖는다면, 그들에게 감동하고 전율을 느끼며 에너지를 나눠 갖게 될 것입니다. 앞서 언급한 특강은 강사에서 청중으로의 일원화된 커뮤니케이션이 주를 이루지만, 토론이나 독대는 쌍방향 커뮤니케이션이므로 더 큰 감동을 받을 수 있습니다. 이 감동은 INSPIRATION(영감)이 되어, 어떤 일을 하고자 하는 데 있어 지혜와 용기와 방향성을 제공해 줍니다. 그러니 명사와의 토론이나 독대할 기회가 있다면 놓치지 말고 꼭 잡으십시오.

언젠가 저도 전 법무부장관 출신 변호사님과 한 시간 동안 대화할 수 있는 자리에 초대받은 적이 있습니다. 그때 그분의 눈빛, 말투, 손끝 하나에서 느껴지던 포스라니! 같은 자리에서 말을 주고받는 것 자체가 몹시 큰 영광이었습니다. 그러니 만약 내일 리포트 제출과 명사특강이 겹친다면 주저하지 말고 명사특강에 참석해 보세요. 유명 인사나 위인들과 만남의 기회를 가지다 보면, 그들과 비슷한 꿈을 꾸게 되고 자신의 생각보다 더 큰 것을 바라보게 되며, 자신의 미래를 준비하는 데 아주 큰 자양분이 될 것입니다. 지금 당장 학교 게시판이나 인터넷에 검색해 보세요. 자신을 변화시킬 명사특강이 예정되어 있을 것입니다.

(4) 취업 관련 수업을 들어라

4학년 2학기에 남들은 취업준비를 한다고 12~15학점 수업만 여유 있게 들을 때, 저는 이수학점 채우기와 낮은 학점을 끌어올려야 해서 21학점을 꽉 채워 들어야 했습니다. 그래서 생각한 것이 취업에 도움이 되는 교양수업의 선택이었습니다. 취업난이 심해지면서 취업 관련 강의가 많아지기 시작했고, 4학년뿐만 아니라 1, 2학년들도 취업 관련 수업에 많이 참여했습니다. 4학년에게 1, 2학년이 많이 듣는 교양수업은 A+를 받기에 조금 유리한 수업이 됩니다.

취업 스터디와 실전 면접으로 다져진 저는 취업 관련 수업에서 저학년들과는 레벨이 달랐습니다. 4학년 2학기에 들었던 취업 면접화법과 이미지 메이킹 등의 수업을 통해 취업 준비와 A+ 학점 취득이라는 두 마리 토끼를 잡을 수 있었습니다. 취업 관련 교양수업은 1, 2학년들에게는 남들보다 앞서 취업 준비를 경험하는 것이어서 좋고, 3, 4학년들에게는 수업이 곧 취업 준비이기 때문에 좋습니다.

한창 자기소개서를 쓰며 입사원서를 작성하는 기간에는, 수업 내용임과 동시에 중간고사 시험 자체가 기업 자기소개서를 쓰는 것이었기에, 같이 수업을 듣는 사람들에게 첨삭을 받으며 교수님께도 부담 없이 자기소개서를 보여드리고 조언을 구할 수 있었습니다. 또한 기말고사 기간에는 실제 기업의 면접 전날에 실기 면접시험을 치르게 되었는데, 다음날 기업 면접을 앞둔 저로서는 기말고사 면접 실습을 실제 면접 때 준비했던 내용으로 볼 수 있었습니다. 교수님들은 표정, 제스처, 정장과 넥타이 컬러, 구두 등의 세부적인 것까지 챙겨주셨고 학점은 A+를 받았습니다.

이렇게 취업에 도움이 되는 수업을 선택하여 4학년 2학기 21학점과 취업 준비를 병행하면서도, 높은 학점 취득과 취업에 성공을 할 수 있었던 것입니다.

(5) 취업 캠프, 취업 스터디에 참여하라

4학년 1학기를 마치고 자격증과 토익시험을 위해 휴학했지만 별다른 성과를 거두지 못해, 그에 대한 반성의 의미로 겨울방학을 혹독하게 보냈습니다. 우선 학점을 조금이라도 높이기 위해 계절학기를 신청했습니다. 2과목 5학점으로 하루 5시간씩 수업을 들었습니다. 그러다가 우연히 학교 게시판을 보게 되었는데, 취업 지원과에서 4학년을 대상으로 '한국생산성 본부 동계 취업 캠프'를 개최한다는 내용이었고 전액 학교지원, 선착순 마감을 한다기에 곧바로 지원을 했습니다. 아침 9시부터 밤 9~10시까지 매일 12시간 이상을 계절학기와 취업 준비에 매진했습니다. 계절학기가 끝난 이후에는 하루 종일 취업 스터디만 했습니다.

취업 캠프에서는 취업 전문 컨설턴트의 강의와 기업 인사담당자의 특강이 이어졌습니다. 취업 스터디에서는 조원들과 함께 산업별 분석, 기업분석, 직무분석, 자기소개서 작성, 자소서 첨삭, 일대일 면접, 다대다 면접, 토론면접, 프레젠테이션, 인적성 시험공부 등 취업에 필요한 다양한 스킬들을 연습할 수 있었습니다. 조원들의 구성이 잘 맞아서 모두들 열심히 참여했고, 스터디 때는 진지한 분위기를 끝까지 이어갔습니다. 심지어 크리스마스와 연말 연시 내내 학교에 나와 아침부터 밤늦게까지 스터디를 했습니다.

당시 취업 컨설턴트 분께서도 "이 순간에도 취업을 위해 학교에 나와 스터디를 하는 여러분의 열정이, 반드시 취업에 성공할 수 있게 만들어 줄 것이다."라고 말씀해 주셨습니다. 이런 과정을 통해 처음에는 어설프고 어색했던 자소서와 면접 스킬들도 서로의 장점을 배워가며 향상되고 있었습니다. 현재 모두 좋은 직장으로 취업에 성공했고, 가끔 친목모임을 가질 때마다 지난 시절 취업을 위해 열심히 노력했던 서로의 모습을 떠올리며 미소 짓곤 합니다.

(6) 학교를 최대한 이용하라

학교에서는 학생들의 역량 강화를 위해 다양한 지원 프로그램들을 운영합니다. 각종 자격증 시험이나 취업, 역량 계발 등 교육 강좌를 무료 혹은 할인 가격으로 운영하고, 시험의 응시 비용을 할인해 주는 등의 학생 지원 프로그램이 있습니다. 저는 그러한 프로그램을 잘 활용하는 학생이었습니다. 학교의 학생 지원 프로그램에 열심히 참여하면 지원 경쟁률이 높을 때 우선순위로 선발해 주는 장점도 있습니다. 제 대학 동기는 학교에서 무료로 진행했던 데일 카네기 코스를 수강한 후 자신이 정말 하고 싶은 일이라고 판단하여 지방 강의까지 찾아다니며 열심히 공부한 끝에, 지금은 데일 카네기 강사가 되었습니다. 평소 그 친구의 성격으로 보면 사람들 앞에 나서는 것도 부끄러워했었는데, 강의를 통해서 자신의 변화를 직접 체험했고 이제는 자신이 직접 사람들 앞에서 사람들을 변화시키는 강의를 하게 된 것입니다. 학교에서 제공한 수업을 듣고 영감을 받아 꿈을 키우고 꿈을 이룬 친구입니다. 학교에서 제공하는 프로그램은 이와 같이 어떤 이에게는 인생을 바꿀 수 있는 기회를 주기도 합니다.

　Tip! 학교에서 지원하는 학생 역량강화 프로그램은 잘 알아보고 잘 준비해서 지원해야 합니다. 그리고 자신에게 맞지 않거나 할 의욕이 없으면 지원을 하기 전에 신중해져야 합니다. 지원했다가 참여하지 않으면, 혜택을 받지 못한 학생들의 기회를 빼앗는 것이기 때문입니다. 말이 무료지 그 모든 것들은 우리의 비싼 등록금에서 나온 것이니까요!

　저는 자격시험 무료수강, 시험응시 할인혜택, 전문가 과정교육 이수, 학교 내 English zone 이용을 통한 영어회화 연습, 교환학생 Helper 활동 등 꽤 많은 프로그램에 참여했습니다. 특히 교환학생들과 어울리며 한국문화를 알리고 한국생활에 잘 적응할 수 있도록 도움을 주는 Friend ship 활동을 했습니다. 어학연수 경험으로 타지 생활의 어려움을 잘 알고 있었기에, 외국인 학생들은 저의 도움을 통해 맛집 탐방, 은행 이용, 한국어 배우기, 서울 구경 등을 할 수 있었습니다. 저는 외국 학생들과의 대화를 통해 영어사용 기회와 함께 외국인들이 생각하는 한국에 대해 직접 들을 수 있었고, 그들 자국의 문화에 대해서도 들으면서 외국에 대해 궁금했던 점도 알아가고 한국과 다른 문화의 차이점을 직접 비교해볼 수 있는 기회를 얻었습니다. 외국 사람들에게 직접 한국에 대해 들으면 외국인을 상대로 우리가 어떻게 행동해야 할지를 잘 알 수 있게 됩니다.

이 경험은 어학연수와 더불어 외국인이 한국에 대해 어떻게 생각하는지 알게 해주었고, 대한민국 홍보 공모전에 참가해 수상할 수 있는 밑거름이 되주었습니다.

학교 인터넷 게시판이나 건물 앞 게시판에는 다양한 내·외부 프로그램 포스터가 붙어 있습니다. 저는 학교를 지나다닐 때마다 포스터 내용을 확인하고, 저에게 필요한 것이라고 생각하면 곧바로 지원해서 그 혜택을 누렸습니다. 학교를 잘 활용하는 학생이 되어보세요!

대학생의 패기와 열정으로
값진 경험을 많이 쌓아라!

(1) 대학생의 사회생활 '아르바이트'

2002년 11월 수능시험이 끝나자마자 아르바이트를 시작했습니다. 제가 처음 돈을 벌어보겠다고 했을 때 부모님도 기특하게 생각하셨습니다. 헬스장 등록과 대학교 입학 후 필요한 옷과 신발, 가방 등을 사고 싶어서 아르바이트를 시작했습니다. 처음에는 테이크아웃 커피숍에서 일을 했는데 시급을 2,100원 받았던 기억이 납니다. 그 이후에도 주말이나 방학을 이용해서 커피숍 서빙, 숯불갈비 음식점, 호프집, 웨딩 뷔페, 유통회사의 냉동창고 박스

배달까지, 아르바이트를 꾸준히 했습니다. 아르바이트의 주목적은 돈을 모아 여행을 가거나 갖고 싶었던 물건을 사려던 것이었는데, 막상 돈을 받으면 친구들과 만나서 노는 데 써버리는 경우가 대부분이었습니다. 돌이켜 생각해 보면 그 시간에 공부나 하지 무엇 하러 아르바이트를 했을까? 후회할 수도 있지만, 아르바이트 경험은 값진 인생 공부의 기회이며, 진로를 선택하고 취업을 하는 데도 적지 않은 영향을 주었습니다. 아르바이트를 하면서 가지각색의 수많은 손님들을 상대하다 보면 좋은 사람, 나쁜 사람, 이상한 사람, 별난 사람들을 다 만나게 됩니다. 그러면서 사람을 대하는 법도 배우고, 돈의 가치도 배우고, 열심히 일 잘하는 방법도 배울 수 있습니다. 간혹 그 분야의 전문성까지 알게 되니 젊은 나이에 큰 자산이 되는 것만은 분명합니다. 또한 고된 일을 끝마치고 느끼는 보람과 월급을 받았을 때의 성취감 등이, 나중에 개인의 직업의식을 함양하는 데도 도움이 될 것입니다.

군대 제대를 하고 아르바이트를 하려고 하니 아버지께서, 생활비와 용돈을 줄 테니 아르바이트는 하지 말고 그 시간에 학업에 열중하라고 말씀하셨습니다. 공부를 열심히 해서 장학금을 받는다면 그게 아르바이트보다 수익도 높고 학점도 따는 일거양득이라는 것입니다.

당시 아버지의 권유대로 아르바이트 대신 장학금을 목표로 공부했지만, 장학금 타기에는 실패했습니다. 핑계를 대자면 제대 직후 사회적응과 경영학 복수전공으로 상당히 곤욕을 치르던 시기였습니다. 친한 친구 중 군대 가기 전까지 학점이 낮았던 친구가 있습니다. 그 친구는 학점을 높여야 한다며 제대 후에는 아르바이트를 전혀 하지 않았습니다. 도서관에서 열심히 공부에 전념한 덕분에 연속으로 장학금도 받았고, 공부하다 보니 공부에 재미가 들려 전혀 생각에 없던 대학원에 진학했습니다. 1학년 때 저와 학점이 누가 더 낮은지 경쟁했던 그 친구는 이제 교수님이 되려고 준비 중입니다.

저는 장학금을 목표로 공부해 봤지만 성공하지는 못했습니다. 그렇지만 그 사이 아르바이트를 통해 새로운 경험을 하게 되었고 그 안에서 많은 것을 배웠다고 생각합니다. 아르바이트 하면서 장학금까지 받는 대단한 친구들도 있겠지만, 장학금은 노력해도 못 받는 경우가 많습니다. 저처럼 평범한 사람이라면 장학금에 도전해서 좋은 결과를 얻지 못했을 때, 계속 장학금만 노리고 공부에 매진하는 것보다는 다양한 아르바이트를 해보기를 추천합니다.

장학금 받기는 뜻대로 되지 않았고, 공부는 해야겠는데 딱히 무엇을 해야 할지도 모르겠고, 하루 이틀 지나는 시간이 아까워 결국 아르바이트를 다시 하기로 결심했습니다. 취업 사이트에 이력서를 올렸는데 전화가 온 곳은 청담동에 위치한 한 클럽이었습니다. 기대했던 대기업 사무직 아르바이트보다 30~50만 원 정도 보수가 높아서, 무슨 일을 하는 곳인지도 모르고 일단 찾아갔습니다. 저는 이곳 청담동의 럭셔리 클럽에서 잠깐 일했던 경험을 통해서도 배우고 얻은 것이 은근히 많았습니다.

첫째로, 상류층 사람들의 소비문화를 체험하면서 돈으로 인한 계급이 존재한다는 경각심과 함께, 조금은 순진했던 인천 출신의 청년에게 열심히 살아야겠다는 의지와 성공에 대한 욕심을 심어 주었습니다. 둘째로, 평소 트레이닝 점퍼에 면 티셔츠를 즐겨 입던 저의 패션 센스를 향상시켜 주었고, 그로 인해 주변사람들이 저를 대하는 것이나 저 스스로의 행동이 변화됨을 느꼈습니다. 스타일의 변신은 생각보다 많은 변화를 가져다 줍니다. 마지막으로, 개인기가 없어 고민이던 저에게 곁눈질로 배운 클럽댄스가 개인기로 자리 잡혔습니다. 어색한 자리나 면접 등에서 제가 아는 몇 가지 동작으로 자신감 있게 나섰을 때 반응이 꽤 좋았고, 그 이후로도 쏠쏠한 저만의 개인기로 사용할 수 있었기 때문입니다.

이뿐 아니라 아르바이트는 취업에 직접적인 영향을 주기도 합니다.

제가 들은 이야기인데 프랜차이즈 가맹점에서 열심히 아르바이트를 하다가 점장이 되고, 직영매장의 매니저를 거쳐 본사의 정직원으로 취업에 성공하여, 현재에는 사내강사까지 하는 사람이 있다고 합니다. 아르바이트도 선택을 잘 해서 열심히 하면 분명 취업에 도움이 됩니다. 제 친구 중 한 명은 방학 때 하게 된 핸드폰 판매(이동통신사 가입) 경험으로 통신사 입사를 희망해서 결국 통신회사에 최종 입사하는 꿈을 이루었고, 또 다른 친구는 휴학 중에 핸드폰 판매 아르바이트를 해서 큰돈을 모아 핸드폰 매장 사장이 되었습니다. 대학교 졸업장은 똑같은데 젊은 나이에 사장님 직위에 좋은 차까지 끌고 다니니 정말 부럽게 느껴집니다.

저의 경우는 유독 화장품 회사와 연관된 아르바이트를 많이 했었습니다. 대외활동, 공모전, 일반인 모델 촬영, 행사진행 아르바이트 등 여러 화장품 브랜드에서 일을 한 적이 있었는데, 결국 화장품 회사에 입사하게 되었습니다. 이 또한 경험에 의한 인연이 아닐까 생각합니다.

(2) 어학연수? 외국생활 자체가 공부다

제가 아르바이트 했던 클럽은 외국인과 유학파 손님이 많이 찾는 곳이어서 영어를 사용하는 손님들이 많았습니다. 영어로 묻는 손님이 오면 클럽 매니저는 영문과 전공자인 저를 찾았습니다. 자신감과는 달리, 잘못 알아듣거나 대답할 수가 없어서 엄청 난처하고 창피함을 느꼈습니다. 사실 제 영어 실력도 부족했지만 클럽의 시끄러운 음악소리 때문에 잘 들리지도 않았고, 보통은 손님들이 만취 상태에서 말을 했기 때문에 알아듣기가 더 힘들었습니다.

그러다 사건이 발생했습니다. "Can I get a bill, please?"(계산서 좀 주실래요?)라는 외국인 손님의 요청 때문에 계산서를 갖다 줬더니 "No, beer!"(아니. 맥주 달라고요!)라는 것입니다. beer를 bill로 잘못 알아들은 것입니다. 그런데 또 다른 손님이 "Can I get a beer, please!"(맥주 주세요!)라고 해서 센스 있게 인원수대로 5병을 갖다 줬더니, 이번에는 beer가 아니라 bill을 달라는 것이었습니다. 마침 그 광경을 보고 있던 매니저가 농담 삼아 제게 "네 돈으로 5만원 내라!"라고 놀렸습니다. 전 그 사건 이후 자존심도 상했고 제 영어실력에 대한 걱정과 함께, 미래에 대한 준비를 해야겠다는 정신이 번쩍 들었습니다.

저의 현실은 학점도 안 좋고 아무 스펙도 없이, 방학 내내 아르바이트와 컴퓨터 학원 다닌 것이 전부였습니다. 한 달 후면 개강이라는 생각이 머릿속을 복잡하게 만들었습니다. 또 한 가지, 제가 한 달 내내 일해야 버는 돈을 이곳 손님들은 하루 술값으로 사용하는 것을 보고, '이렇게 살면 안 되겠다. 그렇다면 뭘 해야 할까?' 하고 진지하게 고민하기 시작했습니다. 가장 먼저 영어공부를 해야겠다는 생각이 들었습니다.

퇴근하자마자 컴퓨터를 켜고 외국에서 할 수 있는 영어공부 방법을 알아봤습니다. 이틀 정도 인터넷 검색을 하며 조사도 해보고 고민한 끝에, 바로 실행에 옮기기로 했습니다. 캐나다 밴쿠버로 어학연수를 가기로 한 것입니다. 복학을 한 달 앞두고 전혀 예정에 없던 어학연수를 결심했고, 생각한 지 2주 만에 캐나다행 비행기에 몸을 실었습니다. 한마디로 그냥 생각하자마자 질러버렸습니다.

어학연수는 제 인생에 있어 김치의 고춧가루 같은 존재입니다. 처음에는 투명한 색상에 매운 맛이 없었던 김치가 고추가 유입되고 고춧가루가 만들어지면서 맵고 빨갛게 변한 것처럼, '나'라는 자신은 그대로이지만 해외연수를 통한 외국생활이 '기존의 나'의 모습을 새롭게 변신, 변화하게 해주었습니다. 그리고 그러한 모습이 '현재의 발전된 나'를 있게 하고 대표하고 있기 때문입니다.

대부분의 학생들이 미리 영어공부도 하고 차근차근 준비해서 온 것에 비해, 저는 정말 아무 준비 없이 갔습니다. 영어가 들리

지도 않았고, 말은 한마디도 할 줄 몰랐습니다. 캐나다와 밴쿠버에 대해서도 전혀 알지 못했습니다. 저는 식당에서 주문조차 할수 없었습니다. 배가 고파 패스트푸드점이나 커피숍에서 주문을 하려고 줄을 섰다가 영어가 한마디도 생각나지 않아 줄을 이탈해야만 했고, 자신감 저하로 한동안 혼자서는 주문하는 곳에 가지 않았습니다. 며칠 동안 셀프 구매가 가능한 마트에서 산 도넛만 먹었던 기억이 납니다. 영어실력도 말할 용기도 아무것도 준비하지 않은 채 밴쿠버로 온 것입니다.

유학원도 현지에서 찾았습니다. 한국 유학원 원장이 저를 ESL 영어 어학원으로 데려갔습니다. '그래 인생 혼자다! 한국사람 안 만나고 영어공부만 해야지!' 그런데 어학원에 도착하니 학생의 20~30% 정도가 한국인이었습니다. 저는 당연히 조용한 학생이었습니다. 어학원에서는 한국말을 쓰지 못하게 하고 저는 영어를 못하니 벙어리처럼 조용할 수밖에요. 우리나라 사람들과는 말을 하고 싶지 않았고 친해지고 싶지도 않았습니다. 외국인들과도 어떤 대화를 나눠야 할지 몰랐고 그들의 말을 알아듣지도 못했습니다. 하루하루 내가 캐나다에 왜 왔는지 후회만 가득했습니다.

그러던 중 친구들과 가까워지는 기회가 생겼습니다. ESL 학생들에게는 어학 연수생들을 위한 무료 클럽파티 초대권이 많이 나옵니다. 나름 한국에서 가장 잘나가는 클럽에서 일을 했기에 그때 배운 최신 춤을 추었고, 그날로 저는 조용한 한국 학생에서 가장 주목받는 한국 친구가 되었습니다. 캐나다에서 만난 친구들과는 마음도 잘 맞고 한국에 와서도 가까이 지내고 있습니다. 혼자서는 외국인 친구들을 사귀는 데 한계가 있습니다. 한국인 친구들이 있어야 외로움이나 심심함도 덜 수 있고, 서로 알고 있는 외국인 친구들과 어울리면서 영어 사용기회를 늘릴 수도 있습니다. 외국인 친구들을 사귈 때마다 그만큼 영어를 듣고 말할 시간이 길어지다 보니, 3개월쯤 지나자 자연스럽게 리스닝과 스피킹이 뚫리기 시작했습니다. 암울하기까지 했던 캐나다 생활이 점점 즐거워지기 시작했습니다. 준비를 안 하고 간 탓에 처음에는 힘이 들었지만, 절박함을 느끼다 보니 더 열심히 하게 되고 더 빠르게 배울 수 있었던 것 같습니다.

어학연수 시절

어학연수를 갈 때 많은 사람들이 고민하는 것이 '한국 사람이 없는 곳으로 갈 것인가, 한국 사람이 많아도 어학연수 시스템이 잘 갖춰진 곳으로 갈 것인가?' 하는 점입니다. 저는 한국인이 없는 소도시보다는 한국인이 많더라도 대도시에 가는 것을 추천하고 싶습니다. 외국인과 교류가 많다는 것은 현지인들과의 교류뿐만 아니라 다양한 사람들과의 만남과 새로운 경험, 외국 문화에 대한 이해 등을 고루 배울 수 있는 장점이 있습니다. 때문에 한국 인을 피하기 위해 외국의 시골마을을 찾아가는 것보다는 대도시 에서 생활해 보는 것이 배움의 기회가 더 많을 것이라고 생각합 니다.

캐나다에서 어학연수를 하면서 해발 2~4천 미터가 넘는 산 정 상에서 로키산맥의 거대하고 웅장한 모습을 본 적이 있습니다. 그전까지 제가 가본 가장 큰 산은 설악산이었습니다. 제가 알고 있던 가장 큰 산이 이곳에서는 너무나 작은 산이었습니다. 캐나 다를 와본 덕분에 더 크고 웅장한 로키산맥의 산들을 보게 된 것 입니다. 실제로 외국에 와서 보니 그동안 제가 한국에서 보고 듣 고 느낀 것들보다, 더 크고 더 많은 것들을 보고 듣고 느낄 수 있 었습니다. 동시에 한국에 돌아가서도 기존의 내 주변, 내가 속해 있는 대학이라는 울타리를 넘어 더 큰 목표를 이루기 위해 계속 해서 노력해야겠다는 결심과 함께, 항상 새로운 것에 도전하고 더 큰 산을 바라보아야겠다는 마인드를 가지게 되었습니다.

(3) 새로운 세상을 만나게 해준 '대외활동'

어학연수 이후 때마침 대외활동이라는 것을 알게 되었습니다. 지금은 다양한 대외활동 프로그램이 있고 많은 학생들이 참여하 고 있지만, 2008년도만 해도 대외활동을 하는 기업 및 단체와 참 여하는 학생들도 너무 적었고 인식도 낮았습니다. 대외활동을 처 음 시작할 때 대부분의 친구들이 "학교 학점 따는 것 말고 중요한 게 어디 있니?" 하면서 저를 말렸습니다. 그렇지만 저는 저만의 특색과 강점을 살려서 남들과 같은 길이 아닌 다른 길을 찾아 노력한다면, 더 좋은 성과를 낼 수 있을 것이라고 믿었습니다. 사람들이 많이 도전하지 않은 영역에서는 경쟁이 덜 치열하기 때문에, 상대적으로 1등이 되기 쉽다고 생각했습니다. 그렇게 저는 다들 토익 점수 높이고 학점 높이는 공부를 할 때, 대외활동 경험을 쌓기로 한 것입니다. 그러나 내세울 것 없는 저의 스펙 탓에 대외활동 지원에서 계속 서류 탈락을 했습니다. 굴하지 않고 계속 도전을 하다 보니 첫 서류합격! 대외활동을 하고 있던 친구의 조언을 받으며 자기소개서와 면접을 준비했고, 첫 합격이 최종합격으로 이어지게 되었습니다.

무에서 유를 창조한 첫 순간이었습니다. 첫 홍보대사의 시작은 하나의 경력이 되고 스펙이 되었습니다. 한 줄 적을 이력이 생기다 보니 두 줄, 세 줄 늘어가게 되고, 경력이 늘어갈수록 합격률도 점점 높아졌습니다. 첫 시작 때 몇 번 지원해 보다가 떨어져서 홍보대사 지원을 포기했다면, 지금의 저는 없었을 것입니다. 첫 시작이 어렵지 포기하지 않고 처음 한 줄을 만들다 보면 두 줄 세 줄은 쉬워집니다.

제가 했던 대외활동은 대부분 영화촬영, UCC 만들기, 리포터, 사진촬영, 홍보모델 등이었습니다. 2009년 제일모직의 후부 스타일리더 활동에서는 춤을 배우고 연습하고 단체로 길거리 퍼포먼스를 하는 활동을 했습니다. 그러다가 우연히 지원했던 '한국선진화포럼 홍보대사'에 서류 합격을 했습니다. 무역센터로 면접을 보러 가는 날 생각했던 것보다 무거운 면접장 분위기에 긴장이 많이 되었습니다. 면접관은 대기업 총수, 대학교 명예교수, 장관 출신의 고위 공직자 원로 분들이었습니다.

저는 관심이 없었던 정치, 경제, 사회, 문화에 대한 내용을 정말 바보처럼 이야기했고 면접에서 떨어졌습니다. 그러나 당시 전 문화부장관 출신의 교수님이 선진화 포럼 홍보대사의 활동을 알리기 위해서는 UCC 촬영을 통한 내용 공유가 중요하다고 강조하셨고, 덕분에 영화촬영 경험을 어필했던 저에게 합격의 기회가 주어졌습니다. 이 활동을 통해 저는 정치, 경제, 문화, 역사, 미래에 대한 전방위 상식을 얻을 수 있었습니다.

같이 활동했던 친구들은 대부분 저보다 어린 친구들이었지만 정치부, 사회부 기자 뺨치는 상식을 자랑하는 아이들이었고, 그들과 어울리다 보니 저도 모르게 시사 잡지를 읽게 되었습니다. 정치적 신념이나 기준을 만들어 나가다 보니, 어떤 일을 하는 데 있어 선택과 판단의 기준이 조금 더 명확해지는 것을 느꼈습니다. '무엇이 더 옳은가?'라는 물음에 소신을 가지고 대답할 수 있는 기준을 정하게 된 것이, 당시 제가 배운 좋은 점입니다.

유명 인사들과 조찬 토론회를 하고, 명사 특강을 듣기도 했습니다. 국회의원과 기업가, 장관을 비롯한 정부 관계자들이 모인 정책 토론 자리에서 대학생 대표로 참석하는 기회도 갖게 되었습니다. 다양한 활동을 통해 점점 더 많은 경험과 친구들을 사귀게 되었고, 그들은 새로운 것에 대한 정보원이자 기회를 제공해 주는 사람들이었습니다. 평범했던 영문학과 학생이었던 제게 이벤트 진행, 각종 행사 초대, 잡지 촬영과 방송출연 등의 기회가 생겨났고, 첫 대외활동의 시작점은 새로운 경험의 연속을 통해 여러 갈래의 길로 뻗어 나아갔습니다.

제가 남들과 다른 장점을 가질 수 있었던 것, 남들과 다른 생각을 할 수 있었던 것은 바로 이런 경험들 덕분입니다. 이 당시 저는 오전에는 영문학, 경영학 전공수업과 영화, 음악, 디자인 등의 교양수업을 듣고, 수업이 끝나면 아르바이트를 했습니다. 어떤 날은 삼성동 무역센터에서 국회의원들과 대학생 대표로 토론회 자리에 참석했고, 어떤 날은 바로 신촌으로 건너가 힙합바지를 입고 신촌 한복판에서 춤을 추며 길거리 퍼포먼스를 했고, 어떤 날은 신사동으로 가서 잡지 모델로 촬영을 할 정도로 다양한 일들을 경험하고 있었습니다.

대외활동 – 영어학원 표지 모델　　의류업체 일반인 촬영　　　학생 모델(잡지촬영)

(4) 할리우드 흥행공식과 봉사활동의 기회

학교 교수님의 추천으로 영문과 학생들이 주축이 되어 봉사활동을 시작하게 되었습니다. 봉사활동은 매월 아이디어 회의를 통해 프로그램 주제를 정하고 진행 내용을 구성해서 준비하고, 행사 당일에는 아이들에게 우리가 준비한 프로그램을 체험하게 하고 가르치는 것이었습니다. 이 모든 프로그램은 영어로 진행되었고 매월 반복되었는데, 프로그램 선정 단계부터 세부 내용까지 모두 학생들이 진행했습니다.

그 당시 저는 단편 영화촬영 이후 영화에 대해 관심을 갖게 되었고, 연극영화과의 영화의 이해나, 역사 등을 관련 교양수업으로 듣고 있었습니다. 그중 인상 깊게 배운 내용이 할리우드 영화의 흥행공식이었습니다. 할리우드 영화는 투자자들이 있는 상업영화로서 흥행에 성공하는 것이 중요한데, 그들만의 노하우로 사람들이 좋아하는 흥행공식을 만들어 냈다는 내용입니다. 때마침 봉사활동에 참여하는 아이들에게 재미있는 프로그램을 만들기 위해 항상 아이디어 회의를 하는 상황이었습니다. 봉사활동에서 아이들이 좋아하는 요소들이 무엇일지 찾아가면서 우리만의 흥행공식들을 만들기 시작했습니다. 흥행공식이 완성될수록 프로그램 구성 회의시간은 단축되고 그만큼 남는 시간을 진행 준비에 더 투자하여, 우리의 고생은 덜고 아이들의 만족도는 높였던 기억이 있습니다.

입사 면접에 있어서 면접관의 이목을 집중시키는 지원자들은 누구일까? 취업에 성공하는 사람들에게도 분명 흥행공식이 있습니다. 개인마다 다르겠지만 흥행공식을 찾고 자신의 것으로 만들어야 합니다. 바른 자세, 자신감, 열정, 성실함, 책임감, 도전정신 등 누구나 이러한 취업에 성공하기 위한 흥행공식은 알고 있습니다. 문제는 그것을 어떻게 보여주느냐 하는 것입니다. 자신만의 흥행공식을 동원해 멋진 작품을 만드는 감독이 되어야 할 것입니다. 아는 것, 배운 것을 다른 곳에 적용하여 성공을 했을 때 큰 보람을 느낍니다. 새롭게 할 일에 대해 먼저 파악하고, 과거에 했던 어떤 경험이 이 일을 하는 데 도움이 될지를 찾는 것을 습관화하다 보면, 흥행공식이 만들어지고 성과와 퍼포먼스를 낼 때에도 좋은 자산이 됩니다.

(5) 무조건 내 것이 아니라고 생각하지 마라

학과 사무실에서 과대표로 한국방송공사 KBS 캠퍼스 퀴즈쇼 촬영에 나갈 학생을 추천했는데, 조교였던 친구가 저보고 나가보라며 전화가 왔습니다. 추억이라 생각하고 지원해서 면접을 봤더니, 출연이 확정되었으니 준비하라는 작가의 연락을 받았습니다. 09년 3월 4학년 1학기 개강 직후 퀴즈대회 촬영 날이 되

kbs대학 퀴즈쇼 우승

었습니다.

1라운드에서는 장기자랑을 해서 탈락자가 결정되면, 남은 자들끼리 체력으로 경쟁해서 이긴 자가 학교 퀸카를 차지해 한 팀을 이루는 것입니다. 러브 인 스포츠라는 1라운드에서 저는 우승을 해 퀸카와 함께 팀을 이루었고, 2라운드 우승 팀과 최종 3라운드에서 퀴즈 대결을 펼치게 되었습니다. 일단 제가 해병대 출신에다 4학년 선배인 관계로, 후배들 앞에서 꼴찌는 할 수 없었기에 '중간 안에는 들어야지' 라는 생각으로 경기에 임했습니다. 경쟁자들이 대부분 체대 학생들이었지만, 해병대에서 밤새 받았던 얼차려에 비하면 참을 만한 수준이었기 때문에 끝까지 버텼고, 결국 1라운드 체력 경기에서 1등을 하였습니다. 2라운드 장기자랑 우승 팀과 마지막 3라운드 퀴즈를 풀게 되었는데, 운 좋게도 최종 우승을 하게 되어 장학금까지 받았습니다. 공중파 방송출연과 최종우승에 장학금까지. 전혀 기대하지 않았다가 큰 수확을 얻었습니다. 공중파 방송 프로그램에서 학교 대표로 우승한 경험을 가진 사람이 대한민국에 몇이나 있겠습니까? 정말 행운이 제게 온 경우였습니다.

처음에 저는 방송 공고를 보고 망설이기만 했지 진짜 출연할 생각은 없었는데, 조교였던 친구의 전화 한 통으로 우연히 나가 우승까지 하게 된 것입니다. 그런데 최종우승을 하고 나니 이런 생각이 들었습니다. 눈앞에 기회가 있었을 때 출연하지 않았다면, 이 영광은 전혀 누릴 수 없는 남의 것이 되었을 것입니다. 다시 말해 어떤 기회가 있을 때 자신의 것이 아닌 다른 누군가의 것이라고 생각하지 말고, 일단 조금이라도 의지가 있으면 욕심을 가지고 도전해야 한다는 것입니다. 저 역시 처음에는 '내가 무슨 우승이겠어?'라는 생각으로 임했지만 해병대에서 겪었던 경험들 덕분에 최종우승까지 할 수 있었던 것입니다. 우승 후 제가 누린 환희와 기쁨은 정말 컸습니다.

한 TV 프로그램에서 "기회는 언젠가 찾아오는데 준비된 사람만 그 기회를 살릴 수 있다."는 말을 들었습니다. 해병대 생활 중 가장 고통스러운 이등병 때의 얼차려가, 힘든 고통을 쉽게 견딜 수 있는 체력과 정신력을 만들어 줄 것이라고는 생각도 못했습니다. 기회를 살리기 위해 따로 준비하지 않았더라도, 과거에 했던 어떤 경험이 우연히 맞아떨어져 기회를 살리는 준비과정으로 작용했습니다. 정말로 사서 고생한 보람이 있었습니다!

(6) '스펙 = 합격'이라는 공식은 없다

하계인턴 시즌이 찾아왔습니다. 저는 당시 학교 통신실에서 근로학생 아르바이트를 하고 있었습니다. 조금은 답답했지만 공강 시간을 학업에 투자할 수 있는 좋은 여건에 있었습니다. 간단한 사무보조로 개인시간이 많아서, 업무에 집중이 안 될 때면 취업 사이트도 볼 수 있고 인턴 자소서를 집중해서 쓸 수도 있어 좋았습니다. 스펙이 뛰어나지는 않았지만, 인턴십 기회가 내 것이 아니라는 부정적인 생각도 하지 않았습니다. 어차피 되면 좋고, 안 돼도 좋은 경험이 될 것이라 생각했습니다. 당시 대외활동과 공모전 수상, 컴퓨터 자격증 등이 있기는 했지만, 2점 후반대의 학점과 토익 점수가 낮았기 때문에 합격에 대한 기대는 크지 않았습니다.

역시나 여러 기업의 인턴에 지원했지만 계속해서 떨어졌습니다. 그래도 포기하지 않고 도전한 결과 2009년 SKT에서 2개월간 인턴활동을 하게 되었습니다. SKT는 대기업답게 엄청난 혜택을 제공해 주었습니다. 2주간의 합숙교육은 회사에 대한 이해와 함께, 대기업 취직에 대한 꿈을 강렬히 꿀 수 있게 만들어 주었습니다. 최고의 합숙시설과 교육시설, 운동시설, 매끼 제공하는 맛있는 식사, 본사 체험 등등이 인턴 교육생들을 감탄하게 만들었습니다. 현장실습 때에도 영업지원 부서에서 영업활동, 유통 및 물류시스템 등을 체험해 볼 수 있는 기회를 얻었습니다. 사실 대부분의 인턴 동기들은 학벌과 스펙이 아주 좋은 사람들이었습니다. 연수기간 중 문제해결 능력이나 발표력을 갖춘 동기들을 보면서 저의 능력과 비교하게 되었고, 오히려 자신감이 떨어져 있었습니다. 그때 같이 인턴생활을 했던 형 한 명이 말했습니다.

"뛰어난 녀석들이 많기는 하지만 학벌, 학점, 토익 점수 등 스펙이 높은 애들이 대단하다고 생각하지 마라! 그런 사람들이 많다고 기죽지도 마라! 객관적인 스펙이 낮은 네가, 이 녀석들과 같은 자리에 있는 것이므로, 오히려 네가 더 대단한 것이다!" 저에게 용기를 주며 자신감을 가지라는 말이었습니다.

어쨌든 이때의 인턴경험을 통해, 기업은 자기 회사에 맞는 인재를 채용하지 여러 가지 스펙만 만들어 놓은 인재를 선발하지 않는다는 것을 깨달았습니다. 물론 스펙에 의한 필터링이 있을 수는 있겠지만, 좋은 기업은 스펙만 중시하기보다는 그가 갖고

아모레퍼시픽 윤형준

있는 열정을 보고 채용을 한다는 확신을 갖게 되었습니다.

토익 950인 친구가 990을 만들기 위해 또다시 토익 공부를 하고 있다면, 그것은 기업에 취직하기 위한 노력이 아니라 자기만족을 위한 노력인 것입니다. 그것보다는 인사 담당자를 감동시킬 만한 자신만의 포인트를 계발하는 것이, 취업을 위해서는 더 값진 것이라고 생각합니다. 인턴경험은 경험 자체로도 값졌지만, 인턴 때 만났던 동기들 또한 소중한 인연으로 자리 잡게 했습니다. 서로 다르면서도 취업이라는 같은 목표를 가지고, 비슷한 고민을 하는 비슷한 입장의 동료들이었습니다. 그래서 더욱 친해지고 끈끈해질 수 있었던 것 같습니다.

(7) 경험이 플러스가 되는 이유

경험의 중요성은 말하지 않아도 누구나 알고 있을 것입니다. 탁구라는 운동을 처음 하는 사람보다 여러 번 해본 사람이 이길 확률이 높습니다. 그런데 경험이 더 좋은 이유는 내가 탁구를 쳐봤으면 배드민턴도 더 잘 칠 수 있고, 테니스까지 더 잘 칠 수도 있기 때문입니다. 책에서 본 내용인데 장기를 둘 줄 알면 처음 체스를 두더라도, 장기와 체스를 둘 다 해본 적 없는 사람보다 체스에서 이길 확률이 더 높다는 것입니다. 다시 말해 자신이 체험했던 어떤 한 경험이, 그와 유사하거나 전혀 다른 곳에서도 도움이 될 확률이 크다는 것입니다.

저는 어학연수를 갔다 와봤기 때문에, 외국친구들이 한국의 역사에는 관심이 없고 다이내믹 코리아를 더 좋아한다는 사실을 알고 있었습니다. 그 친구들한테 우리나라 역사와 인물들에 대해 아무리 얘기해 봤자 전혀 관심을 두지 않았습니다. 하루는 중국인 친구가 물었습니다. 왜 한국은 자금성 반도 안 되는 경복궁을 내세우며, 맨날 반만년 역사를 이야기하느냐는 것이었습니다. 오히려 외국인 친구들은 안전하고 깨끗한 한국의 밤 문화에 훨씬 더 흥미를 가졌습니다. 우리나라에는 24시간 네온사인이 꺼지지 않는 밤거리와 24시간 쇼핑문화가 있습니다. 이것을 건전하게 콘텐츠화하면 한류와 더불어 큰 인기를 끌 수 있을 것 같았습니다. 일본보다 싸고 안전하고 맛있고 건전한 문화! 외국은 길거리에서 술도 못 마시고 새벽에는 차도 없고 위험하다는 것을, 경험을 통해 비교해 볼 수 있었기에 가능한 생각이었습니다. 이렇듯 경험에서 나온 사실(fact)을 찾는 것이 중요합니다. 저는 이때 갖고 있던 생각들을 '대한민국 알리기 공모전'에서 발표하여 우수 아이디어로 선정되기도 했습니다.

또 다른 경험은 아모레퍼시픽 신입사원 연수 때였습니다. AP의 신입사원 3대 과제 중 첫 번째는 기업문화 퍼포먼스였습니다. 우리 기업에 대한 이해와 신입사원으로서의 포부를, 자유 형식으로 표현하여 조별로 발표하는 것이었습니다. 정말 많은 고민을 했는데 대부분이 진부하고 뻔한 내용이었습니다. 어떻게 하면 잘할 수 있을 까 계속 고민하던 중 갑자기 아이디어가 떠올랐습니다. 바로 제가 SKT 인턴 때 비슷한 경험을 했던 기억이 떠올랐기 때문입니다. 그때 우리 조는 SKT를 창의적으로 표현하기 위해 열심히 아이디어를 내고 발표 준비를 했지만 상을 받지 못했었습니다. 당시에 상을 받았던 조들이 했던 것을 차례로 더듬어 보았고, 1등이 왜 1등을 했는지를 떠올렸습니다. 거기에 그동안 제가 영문학을 전공하며 배웠던 작품 구성력, 영화 강습과 촬영, 그리고 연극영화과 교양수업 등을 토대로 배운 연출력을 바탕으로 기업문화 퍼포먼스 미션을 수행해 낼 수 있었습니다. 그 결과 심사위원 만장일치 우승과 함께 극찬을 받았던 경험이 있습니다.

이것이 경험에 의해 이루어진 성과들입니다. 창조는 아니지만 경험을 통한 모방과 응용이, 좋은 결과를 가져다 준 것입니다. 다양한 경험을 쌓으면 언젠가 어디서든 큰 도움이 되는 자산이 될 것입니다.

일단 도전!
부딪히고 실수를 해봐야
더 크게 성장한다!

우리나라의 벤처기업이 선진국에 비해 부족한 이유는 '실패를 성공을 위한 좋은 밑거름'이라고 생각하지 않고, '한번 실패하면 뒤가 없는 낙오자'로 인식하는 극단적인 사고방식 때문이라고 들은 적이 있습니다. 시간이 흐를수록 이러한 경쟁에서 살아남아야 한다는 치열함과, 실패하면 낙오자가 된다는 인식이 더욱 커지는 것 같습니다.

취업 원서를 쓰는 것도 어려운 도전인 것이 대한민국의 현실입니다. 제가 취업사이트에 올라온 공채를 체크하고 원서를 쓰고 있을 때, 대부분의 친구들이 원서를 쓰지 않거나 쓰다가 포기하고 있었습니다. 왜 안 쓰냐고 물어보면, 어차피 스펙이 없어 써도 떨어진다는 대답과 함께, 뒤늦게 스펙을 높이기 위해 토익과 자격증 공부를 하고 있는 것입니다. 그 친구들은 저보다 학점도 어학점수도 높은 친구들이었습니다. 그런 그들이 자격증 하나 더 따고, 토익점수 더 높이고 나서 지원하겠다며 원서 쓰는 것을 포기했던 것입니다.

저는 그 기간에 자기소개서를 썼고 친구들은 결국 한 군데도 쓰지 않았습니다. 그 사이 저는 회사에 취직을 했고, 친구들은 도서관에서 공부하다가 제가 취업한 후에야 자기소개서를 어떻게 쓰는 건지 도와달라고 요청했습니다. 떨어질 게 두려워 원서도 쓰지 않고 무슨 합격을 기대할까요? 토익 850점은 떨어지고 950점은 붙는 회사는 다닐 필요도 없습니다. 점수대로 필터링은 할 수 있지만, 점수로만 뽑는 회사라면 안 다니면 그만입니다. 그러니까 일단 지원부터 해봐야 합니다!

면접을 보다 보면 알면서도 실수하는 경우가 종종 생깁니다. 제게도 순간적으로 잘못된 판단을 하여 실패한 경험이 있습니다. 굴지의 식품회사의 마케터 면접을 갔습니다. 당시 그 회사의 신제품을 먹어봤냐는 질문에 저는 거짓말로 먹어봤다고 했습니다. 다른 지원자들은 다들 먹어봤다고 하는데 저만 안 먹어봤다고 하면 관심이 없는 지원자로 보일 것 같아 그랬습니다. 조리법과 맛에 대한 세부적인 물음에 결국 제대로 대답하지 못했고, 부끄럽지만 거짓말도 들통 나서 그 면접에서는 당연히 떨어졌습니다.

이렇듯 알면서도 기본을 지키지 않으면 실패할 확률이 높아지게 됩니다. 알면 아는 만큼 기본에 충실하고, 모르면 알 수 있도록 경험하고 배우고 실천하면 됩니다. 작은 부분이라고 생각하지 말고 신중해야 합니다.

그러나 실패했다고 해서 좌절할 필요는 없습니다. 저는 위의 실패를 경험해 봤기 때문에 당시에는 힘들었지만, 기본을 지키지 않는 것이 실패의 원인이 될 수 있음을 깨달았습니다. 놓칠 수 있었던 것을 작은 도전과 실패를 통해 배웠던 것입니다. 그리고 그 실패는 더 큰 성취와 기쁨을 얻는 계기가 돼주었습니다. 그때 식품회사 마케터에 합격했다면 SKT 인턴에 지원하지 않았을 테고 합격되지도 않았을 것이기 때문입니다. 기회는 계속해서 찾아옵니다. 간절히 하고 싶었던 일에 실패했는데, 목표했던 것보다 더 좋은 기회가 찾아와 그것을 살린 경험이 제게도 여러 번 있습니다. 실패를 두려워하지 말고 기회가 찾아오도록 끊임없이 도전해야 합니다.

저는 항상 부족했지만 대신에 항상 배우려고 했습니다. 그리고 실제로 조금씩 성장하는 저를 보았습니다. 그 바탕에는 저만의 3가지 행동강령이 있었습니다. '생각하라! 행동하라! 습관화하라!'가 그것입니다. 이런 구호를 만들게 된 계기는, 클럽에서 아르바이트를 하다가 영어 공부를 해야겠다고 생각한 지 2주 만에 행동으로 옮겨, 휴학을 하고 캐나다로 어학연수를 떠났을 때입니다. 능동적으로 생각하고 스스로 결정하여 행동으로 옮긴 아주 좋은 경험이었습니다. 갑작스러운 행동과 결정으로 인해, 기존에 살던 삶과는 전혀 다른 새로운 삶과 생각을 할 수 있게 되었기 때문입니다.

이것을 실천했던 최근의 경험은 신입사원 연수를 마치고 현장체험을 하던 때였습니다. 저는 아리따움 이대점에서 신입사원 현장실습을 하게 되었습니다. 화장품 회사에 입사했지만 화장품에 대해 무지했던 저는 제품을 판매하기 어려웠습니다. 이렇게 현장실습기간을 보낼 것인가? 그래서 어떻게 하면 우수한 현장실습 경험을 하고, 최종발표에서 신입사원다운 성과를 보여줄 수 있을지 고민했습니다. 고민하다 보니 신규회원 가입을 적극적으로 유치하면 저만의 좋은 성과를 낼 수 있을 것이라는 생각이 들었습니다. 그 즉시 저는 신입사원 중 아무도 하지 않았던 신규 회원유치를 바로 행동에 옮겼습니다. 먼저 매장 매니저님께 하루 3시간 동안 매장을 비우고 주변에서 신규 회원가입을 받겠다고 이야기했습니다. 8월의 뜨거운 태양과 무더위에도 저는 매일같이 길거리에 나가 지나가는 사람들에게 신규 회원가입 유치를 받았습니다. 회사 이미지에도 혹여 누가 될까 말끔히 차려입고 항상 조심스럽게 행동했습니다. 대부분의 사람들이 무시하고 지나치기 때문에 기분도 상하고 자존심도 상했지만 포기하지 않고 매일같이 반복했습니다.

결국 현장체험 기간 동안 200명의 신규 회원을 유치할 수 있었고, 제가 혼자 받은 신규 회원 수는 전국에서 상위권에 속하는 아리따움 매장의 평균 가입자 수보다도 많았습니다. 단 일주일 만에 하루 3시간씩 투자한 것으로 말입니다. 신입사원 현장체험 발표 때 이 사례로 박수를 받았고, 다음 기수 후배에게 본인도 저와 같이 제품판매보다는 신규 회원유치를 하는 데 전념했다는 말을 듣고 뿌듯했던 기억이 있습니다.

신입현장실습- 신규회원유치

　마지막으로 취업을 준비하는 취업 준비생들에게 하고 싶은 말이 있습니다. '사람과의 교류가 이 세상을 살아가는 기본 원리'라는 것입니다.

　제 대학동기 중 학과 모임자리에 거의 참여하지 않는 일명 '아웃사이더'들은 대부분 불편한 선배들 때문에 모임에 잘 오지 않는다고 했습니다. 동기들끼리는 불편함이 적기 때문에 동기모임 정도는 가끔 참여합니다. 그러나 사회생활은 편한 사람하고만 상대하고 불편한 사람은 멀리 할 수 있는 여유를 주지 않습니다. 직장에 와보니 일 때문에 힘들어하기보다 사람 때문에 힘들고 괴로워하는 경우가 더 많다는 것을 알게 되었습니다. 상사들도 스펙 좋고 일 잘하는 사람보다 인간관계 좋고 사람 좋은 사람하고 함께 일하고 싶어 합니다.

저는 신입생 때 대학교 선배들이 맨날 술 사주고 모임에 불러 함께 노느라고 학점 관리에는 소홀했지만, 지금도 그 시간이 아깝게 느껴지거나 후회되지는 않습니다. 저를 챙겨줬던 선배들이 있었고 그 자리가 즐거웠으며, 선배들과 함께 어울리다 보면 좋은 조언도 듣게 되고 좋은 기회가 생기기도 했습니다.

제가 예비역이 되었을 때입니다. 선배들은 취업준비, 후배들은 스펙쌓기로 다들 바쁜 나날을 보내고 있었습니다. 제가 학교생활에 많이 관여하는 편이었는데, 그러다 보니 후배 학생회장이 제게 물어봤습니다. "후배들이 학과 점퍼를 맞추자는데 형도 하실래요?" 2000년대 중반까지만 해도 체대만의 전유물이던 야구 점퍼. 선후배를 중시하는 예체능 특히 체대에서 잘 모르는 선배들을 알아보고 인사하기 위해 입었다는 그 점퍼. 저도 그 점퍼를 1학년 때부터 갖고 싶었습니다. 아니 고등학교 때 지하철에서 대학교 야구 점퍼를 입은 어떤 대학생 누나의 모습이 정말 멋있어 보였습니다. 그때부터 입고 싶었습니다.

그렇지만 저는 반대했습니다. 점퍼보다 중요한 건 과의 단합이었습니다. 선후배 간의 왕래가 제가 1학년 때보다 훨씬 줄어들어 있었습니다. 우리 과는 학과실과 실습실 두 개의 공간을 사용하고 있었는데, 학생들이 쉴 수 있는 과실이 더러워서 아무도 오지 않았습니다. 선후배 간의 정이 뚝 끊기고 만날 기회도 대화 공간도 없었습니다. 군대에서 수많은 작업을 하고 제대했기에 학과실 리모델링 계획을 세우고 후배들을 설득했습니다. 학교는 선후배들이 모이는 공간이고 정이 통해야 하니, 점퍼 살 돈으로 학과실 리모델링을 하자! 결국 주말에 직접 청소하고 바닥 깔고 페인트 칠하고 새로운 가구 들여놓고, 더러운 과실을 깨끗이 만들었습니다. 선후배들이 함께 모일 수 있는 공간으로 재탄생한 것입니다. 점퍼는 다음 해에 맞췄습니다.

몇몇 친구들은 뭐 하러 4학년이 과실 리모델링하는 데 시간을 쓰고 있냐고, 참 오지랖도 넓다며 비아냥거리기도 했습니다. 그렇지만 저는 공간의 부재를 해결해서 선후배들 간에 편하게 소통하고 친해질 수 있는 자리가 꼭 필요하다고 생각했습니다. 회사생활도 마찬가지입니다. 믿고 의지할 선배와 동료가 없다면, 그렇지 않아도 힘든 회사생활이 더욱 힘들어집니다.

지금 도서관에서 혼자 공부하고 있는 사람은 주변사람들을 둘러보아야 합니다. 주변사람들에게 충실하고, 그들과 소통하고 교류하고 만나야 합니다. 어느 기업의 광고 카피 '사람이 미래다' 처럼 사람이 가장 중요합니다. 미래를 책임질 인재가 될 사람은 주변사람들을 소중히 생각해야 하고, 새로운 사람들과의 만남과 다양한 사람, 멋있는 사람들과의 교류에 익숙해져야 합니다. 무엇보다 현재 자신의 주변사람을 소중하게 생각했으면 좋겠습니다. 그런 사람이라면 분명 면접관을 감동시키고 취직에 성공하여, 회사생활도 잘할 것이라고 확신합니다.

마음도 화장이 되나요?

make up
your
Life
AMORE PACIFIC

아모레퍼시픽 메이크업 유어 라이프 캠페인이
여성 암환우의 마음까지 아름답게 그려드립니다

힘든 시간을 견디며 몸보다 지친 것은 마음이란 걸 잘 알기에
아픈 환자이기 전에 아름답고 싶은 여성이라는 걸 잘 알기에
아모레퍼시픽이 여성 암환우들이 잊고 지낸 아름다움을
따뜻한 희망으로 채색해 드립니다.

이제, 당신 차례입니다. Make up your life!

여성 암환우를 위한 국내 최초 외모가꾸기 교육프로그램 '아모레퍼시픽 메이크업 유어 라이프'는
치료과정에서 외모변화를 겪는 환우들에게 스스로 아름답게 가꾸는 노하우를 전하는 캠페인입니다

[참가문의 및 접수] • 공식사이트 www.makeupyourlife.net • 운영사무국 Tel : 02-318-8674 / E-mail : makeupyourlife @ amorepacific.com

권혁유

　세상에서는 하나의 길만이 정답인 듯 강요하고 있지만, 사실 성공한 사람이 걸어간 길도 하나의 좋은 예이지 정답일 수는 없다고 생각합니다. 자신만의 스토리로 최선을 다한다면 어느 누구든지 자신의 분야에서 자신이 원하는 것을 달성하리란 마음으로, 다양한 케이스, 다양한 분야에 진출한 친구들과 함께 글을 써보았습니다. 저희의 이야기가 많은 대학생들에게 실질적인 도움이 될 수 있었으면 합니다.

강자훈

　책을 준비하면서 취업을 준비하는 친구, 동생들, 그리고 이제 막 회사에 입사한 신입사원들과 많은 이야기를 나누었습니다. '목표와 방향이 뚜렷하구나!'라고 생각했던 친구들은 하나 둘씩 좋은 소식을 전해주었고, 단순한 목표로서만 취업을 준비했던 친구들은 입사 후 많이 힘들어했습니다. 취업에 성공하느냐가 중요한 것이 아니라, 얼마나 성공된 취업을 하였느냐가 중요한 것 같습니다. 취업을 준비하시는 분들 모두가, 꼭 자신이 생각하는 성공된 취업을 하시면 좋겠습니다. 감사합니다.

김경범

지금 나이 26세. 저만의 이야기를 쓰기에는 아직은 어린 나이가 아닐까 싶습니다. 그래도 이렇게 글을 쓸 수 있는 기회가 생긴 것에 진심으로 감사한 마음이 듭니다. 저의 이야기가 하나의 경험이 되길 바라는 마음으로 글을 썼습니다. 여러분 모두가 현실에 안주하기보다는 변화하는 삶을 살아가길 바랍니다.

김형민

회사에 들어온 지 2년이 다 돼가면서 많이 잊어버렸던 학창시절의 추억을, 이 글을 쓰면서 정리해 볼 수 있었습니다. 그 당시에는 몰랐지만 돌이켜보니 참 열심히 살았구나 하는 마음에 뿌듯함이 느껴집니다. 이 책을 읽는 여러분 모두도 지나간 학창시절을 아름답고 후회 없는 시간으로 추억하게 되길 바랍니다.

신용우

마케팅의 '마' 자도 모르던 공대생이 공모전과 대외활동을 통해 마케팅 부서에 입사했습니다. 이 땅의 모든 공대생 여러분! 대학생활을 하다가 혹시 마케팅에 관심이 생겼다면, 혹은 전공에 흥미를 잃었다면, 이 책을 읽어보시기 바랍니다. 여러분과 같은 고민을 했던 제가 조금이나마 도움이 될 수 있을 것입니다.

윤형준

취업이 목표라고 생각하면 괴롭습니다. 더 좋은 목표를 그려보세요. 예를 들면, 자신이 번 돈으로 공항 면세점의 VIP가 되는 것을 목표로 하는 것입니다. 생각의 차이지만 생각만 해도 좋죠?

그것에 가까워지려 하다 보면 더 좋은 곳에 취직하게 될 것입니다.

두 바퀴로 떠나는 전국일주 자전거길

박강섭 · 양영훈 지음 | 180*230 | 값 15,000원

'두 바퀴로 떠나는 전국일주 자전거길'은 4월22일 개통된 총 길이 1757㎞에 이르는 국토종주 자전거길을 이용하는 사람들을 위해 만들어진 책으로, 아름다운 우리나라 국토와 4대강을 자전거길로 둘러보는 국토종주 자전거길과 자전거길 주변의 볼거리, 먹거리, 잠자리 등 종합 이용정보를 함께 수록하여 오직 자전거로만 만끽할 수 있는 여행으로 독자들을 안내하고 있다.

머니 힐링

조성목 지음 | 신국판 | 값 15,000원

돈과 빚 그리고 잃어버린 꿈에 신음하는 사람들의 회복을 이야기하는 한 권의 책. 이 책『머니힐링money healing』은 현재 금융감독원의 국장으로 재직 중인 조성목 저자가 집필한 실용 경제서적으로, '돈'을 둘러싼 분쟁과 다툼 그리고 그 사이에서 큰 상처를 받는 피해자들을 조명하고 실질적인 회복, 회생 노하우를 들려준다.

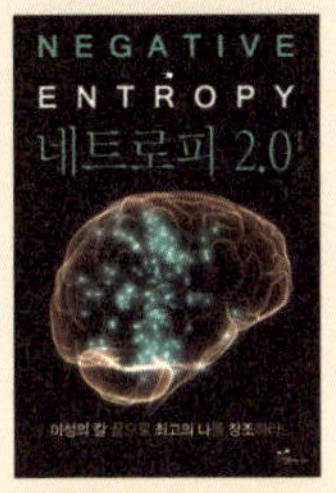

네트로피 2.0

한지훈 지음 | 신국판 | 값 13,000원

우리 가슴속에는 이미 최고의 '나'가 존재한다. 이 책을 통해 그 최고의 나를 만나는 네트로피를 발견하라. 엔트로피 상태에서 네트로피 상태로의 전환은 당신의 인생에 극적 반전을 불러올 것이다.

돌격영웅전

박근형 지음 | 신국판 | 값 15,000원

젊은이여! 위로는 끝났다. 신세타령 그만하고 일어나서 돌진하라! 시대를 앞서간 30인의 전 세계 영웅이 전하는 열정과 도전의 메시지. 중요한 것은 생각이 아닌 실천. 온몸을 던져 세상에 도전하고 그에 대한 평가는 시간에 맡기자. 그 열정이 세상을 이끌어 가는 원동력이다.

여전한 인생 vs 역전한 인생

구건서 지음 | 신국판 | 값 15,000원

누구나 원하는 인생역전, 하지만 인생은 조금도 변할 기미가 보이지 않는다. 이제 무기력한 당신의 인생에 여덟 개의 키워드[꿈·인맥·도전·재능·행동·기본기·준비·열정]를 입력하라. 가난과 짧은 학력을 이겨내고 꿈을 이룬 구건서 노무사가 제시하는 인생항해를 따라 나만의 인생설계도를 완성한다면 인생역전은 당신의 것이 될 것이다.